中國神學研究院  普及神學叢書

我將這卷書獻給希哲、希盈

他們是上主給我最珍貴的禮物

中國神學研究院
普及神學叢書

聆聽上帝愛的言說

教義神學新釋・卷一

余達心 著

基道出版社

中國神學研究院
China Graduate School of Theology

▼

中國神學研究院 · 普及神學叢書

聆聽上帝愛的言說

教義神學新譯 · 卷一

作者

余達心

叢書編委

余達心、張略、黃嘉樑

責任編輯

吳國雄

裝幀設計

奇文雲海 · 設計顧問

■

聯合出版

中國神學研究院、基道出版社

出版 / 發行

基道出版社

香港沙田火炭坳背灣街 26 號富騰工業中心 1011 室

LOGOS PUBLISHERS

Unit 1011, Fo Tan Ind. Centre, 26 Au Pui Wan St., Shatin, Hong Kong

電話：(852) 2687-0331 傳真：(852) 2687-0281

網址：http://www.logos.com.hk

承印

陽光（彩美）印刷公司

●

7/2012 初版

Cat. No. LP256A

ISBN: 978-962-457-440-1

刷次	10	9	8	7	6	5	4	3	2
年份	2022	2021	2020	2019	2018	2017	2016		

叢書總序

華人神學教育的本土化歷五十年耕耘而茁壯，新一代華人神學工作者更是人才輩出，使不少華人神學院走出了倚賴西方的格局。然而深一層的倚賴仍在。神學教育的模式，人才的培訓，以至教科書、參考書和期刊等幾方面，華人教會仍未能完全自立。近年不少華人神學期刊冒起，且水平極高。遺憾的是，華人神學著作，特別是提供教學之用的教科書，卻仍甚匱缺，以致西方神學教材仍是主流，西方神學的思考模式及其關注的問題因此仍盤踞不去。這對神學本土化做成了極大的窒礙。不少神學生也因此視外文能力要求為攻讀神學所必須跨越的高欄。要扭轉這形勢，我們必須大力推動華人神學工作者著述，使華人神學思想能萌芽茁長。與此同時，中國內地教會發展神速，神學教育巨大的需求，巨大而急，真是刻不容緩。但對內地神學教育一個最大的障礙正是教科書的嚴重缺乏。

面對著這實在而急迫的挑戰，中神決定籌劃「**中國神學研究院・普及神學叢書**」，為中國神學的發展，盡一分力。從籌劃到實現，起步實最為艱難，幸得黃澤華先生協助，以他豐富的出版經驗，加上用心的策劃和推動，使這套叢書的計劃終能開展。我們謹此向他表達極深的謝意。同時，得到基道出版社作為這套叢書的出版伙伴，實在重要非常。他們編輯認真、嚴謹，在編輯和校對的過程中，對確保書本的學術質素，有極高的要求。這實在使我安心不已。

這系列的叢書有另一重要的要求，就是要求作者一方面以嚴謹的學術取態書寫，但另一方面卻又要以淺白的論說和流暢的筆觸行文，讓一般願意認真思考的信徒，雖未受神學訓練，讀下去仍感淺易近人。結合兩種要求，殊非易事，猶幸作者們有同一信念，並以此為必要。因此，我們深信，這系列叢書必受普羅信徒歡迎。我們深知，現時所作的只是涓滴，深盼它能與更多涓滴之流匯成江河，以灌溉廣大乾渴的信仰心田。

余達心

增修版序

《聆聽：神學言說的開端》於二〇〇八年出版，讀者反應之熱烈，確使我感到有點驚訝，因為這類神學論說的書籍通常都是出版的票房毒藥，但這本書出版不久便很快售罄，經兩刷仍需求不斷。這實在是可喜的現象，說明了在當今的教會中，拒絕膚淺、追求信仰深思的信徒，大有人在。不少讀者告訴我，這本書很好看，因為它所處理的神學方法、啓示神學以至釋經學，本來都是一些頗為抽象艱澀的課題，但他們讀來卻感輕快，同時又感到自己一步一步的被導往信仰的深思中，對信仰有更確切和清晰的理解。這些反應於我是極大的鼓舞。

這本書透過台灣校園書房出版社出版不久，中神便籌劃「中國神學研究院．普及神學叢書」，及後更決定與基道出版社合作叢書的出版企劃。因此，當這本書要再版，便很自然成為叢書中的一本。

在「中國神學研究院．普及神學叢書」的框架內再版這本書，為我提供了一個很好的機會，在基道的編輯同工的協助下，再仔細審閱全書，並因而作出了若干增修。書中神學論述的內容基本不變，但論述中的某些文字表達及所用詞彙，經過一番斟酌而作出了修改增修，使文句更淺易流暢，而詞彙的使用也更為一致。或許更重要的是，原版中的一些失誤，例如某些詞彙的希伯來原文在排版的過程中變成了「怪字」，如今清理妥當，使我毋須再為這些失誤而感到不安，真是一大改進。同時，幾經思考，我決定把書名也作出修改。細想下，第一版書名《聆聽：神學言説的開端》確有侷限，因其焦點放在神學方法上。神學方法固然重要，但整本書的核心乃在上帝的道、其本質和如何詮釋它。誠然，「聆聽」確是神學言説的開端，但我們也要同時明確地表述教會所聆聽的「上帝的道」，亦即「上帝愛的言説」。因此，將書名改為《聆聽上帝愛的言説》應更為貼切。

我在這裏必須向黃澤華先生表達謝意。他不單盡心竭力地籌劃本叢書，更對本書提出了不少極寶貴的意見。在增修編輯的過程中，基道的同工吳國雄弟兄編輯的細緻與認真使我非常感動。這本書不少重要的修訂都是他建議的。我在此感謝他並為他工作的熱忱向他致意。

余達心

二〇一二年六月

原版序：當上帝的道抓住我

「我若說：我不再提耶和華，也不再奉他的名講論，我便心裏覺得似乎有燒著的火閉塞在我骨中，我就含忍不住，不能自禁。」（耶二十9）第一次讀這段經文已是三十多年前的事，這多年來它不斷在我心中迴盪，而在不知不覺間，先知耶利米的呼喊成為我的呼喊。作為神學工作者，我非常清楚自己的身分：我是蒙召作傳道的，而作為傳道者，我必須有道可傳。所謂「有道可傳」中的「有」，不是出於我，也不是由我「擁有」的「有」。反過來，是我所傳的道「擁有」我，緊緊地抓住我；上帝的道不由得我以一己之力去掌握（grasp）或以理知去構想創思（conceive），彷如哲學家竭智盡力地去掌握智慧。不！是上帝掌握我，是祂的道吸引我，說服我，勝過了我。甚麼時候當一個神學家所講論的是人文精神的靈感、覺悟或研思，他所傳的不過是人為自己建構的意識形態（ideology）。牟宗三先生用「意底牢結」來翻譯"ideology"一詞，真是妙絕。「意底牢結」說明人自己建構的意識形態或世界觀，可以像監牢一樣，將人禁錮。神學始於倒空，要倒空的正是這「牢結的意」，然後讓道灌注。**神學的言說始於聆聽，在靜虛中學習道的言說**。

我們講論，不是因為我們有「理論」要講，而是因為我們受差遣「奉他的名講論」。作為奉差遣的，教會沒有選擇，我們若不傳祂的道，便必然地心裏覺得有燒著的火，閉塞在骨中，我們就含忍不住，不能自禁。

教會所傳的是甚麼？這一點保羅最清楚。他說：「我本來比眾聖徒中最小的還小，然而他還賜我這恩典，叫我把基督那測不透的豐富傳給外邦人。」（弗三 8）教會所傳的是基督測不透的豐富。對保羅來說，能夠被上帝呼召作這樣的傳道者是一種莫大的恩典，一種他自覺不配有的權利。不是責任，而是由恩典而來的權利。

教會承受了這恩典，可以向世界闡明「歷代以來隱藏在創造萬物之上帝裏的奧祕」，叫「天上執政的、掌權的，現在得知上帝百般的智慧」（弗三 9～10）。教會的宣講，原來是大有能力的，可以叫天上執政的、掌權的「現在得知」上帝的智慧。對，是「現在得知」，不是「將來」、「末後」。上帝的道灌注教會，使她的生命將基督的豐富活現出來，叫天上執政的、掌權的不得不驚訝福音改變生命的大能。作為傳道者，這是我的信念。我深深明悟，傳道是改造個人生命、社會文化以至歷史的工作；正因如此，傳道者的生命乃是關鍵。「傳道乃鑄人之作，鑄人必鑄己以道」是我的座右銘。

當我埋首寫作這系列的神學書卷時，我沒有忘記，最重要的「寫作」乃是將道寫在人的生命中。因此，我寫作的整個取向是向信徒闡釋生命的學問，而非建立一套精密的神學思辨系統。作為一個神學工作者，我是教會的僕人，所為的是教會的宣講。我的核心工作是「批判」——批判教會的宣講是否忠於上帝的道，是否按上帝的啟示而宣講。宣講乃始於聆聽上帝的道，因此，神學工作的首要工作，正是檢驗教會有沒有好好地聆聽上帝的話。教會的宣講必須直達人生命困惑、墮陷之處，才算忠於上帝的道。因此，聆聽上帝的道，必然包括聆聽世道和人心的呼喊。神學批判教會宣講的同時，也必然在批判人文精神的隱患與危機。於是這卷書在交代神學所為何事的時候，將聆聽上帝的啟示，跟隨上帝智慧的邏輯，與剖析人的存在處境，融合在一起。

在寫作中，學問的深厚、剖示的銳利和思辨的清晰固然重要，但與此同時，我沒有忘記自己是牧者，是教會的教導者，因此寫作的對象不是與我劍來刀往的學者，而是神學生、平信徒，於是行文便務求深入淺出，平易近人。我希望這卷書給人的印象確是如此。

余達心

二〇〇八年五月

二〇一二年五月第二稿

目錄

第一部

神學，所為何事？

第1章 神學的任務

神學的任務

1.1 教會需要神學？

在不少信徒的心目中，神學是一門既抽象又遙遠的學問，似乎與信仰生活及事奉體驗沾不上邊。對他們來說，神學著重思辨不是問題，縱使當中牽涉抽象的思辨，若有必要，這還是無可厚非的；真正的問題卻在於，神學所關注的往往是一些與信仰生活相去甚遠的議題，甚少針對信徒們在信仰生活上遭遇的種種掙扎。最使人感到困惑的是，神學，即「教義神學」（dogmatic theology）或「系統神學」（systematic theology），往往予人一種印象，就是它將直接、熱切而充滿屬靈感力的信仰經歷，化成客觀、冰冷的理性思想系統。無怪乎華人教會不少教牧或信徒領袖對神學都抱有幾分抗拒的感覺。這真的不能怪他們。不是嗎？歷代以來，不知多少目不識丁的信徒，既不明白神學家高深難明的偉大思想建構，也不知複雜的教義爭辯所為何事，一生從未讀過甚麼奧古斯丁（Augustine）或馬丁．路德（Martin Luther）的任何著作，信仰生活卻似乎沒有受到甚麼虧損。反過來，他們只知單純地委身基督，活出上帝的旨意，追求與天父親密相交，維持活潑的敬拜生活，並不懈地向人講述耶穌基督的故事，以生命活出信仰；他們不懂神學又有甚麼大礙？不錯，對不少信徒而言，神學彷彿是一種既可敬卻又可無的東西。在今日，最有活力而增長神速的靈恩教會，也似乎對神學的必要性有很大的疑問。說得準確一點，他們未必否定神學，而是覺得，不少學究式的神學，若不是被理性思辨所束縛，便是被傳統教義公式所僵化，反成為信徒感悟聖靈大能的一大障礙。又有一些信徒，他們既不怕抽象思維，也不怕系統的信仰表達，企望對信仰有更深的了解，卻無奈地感到，教會提供的教義神學往往只會自說自話，與身處的社會、文化的種種危機，牛馬全不相及，毫無關切之痛，因而覺得神學雖玄妙有趣，卻是不切實際。還有一些信徒更覺得神學不單無用，其實只會為教會帶來傷害。不是嗎？在教會的歷史中我們看到層出不窮的神學爭論；為了一個字，甚至是一個字母，便相持不下，甚至引致分裂。君不見公元三二五年的尼西亞會議（First Council of Nicaea），兩派爭持得你死我活，為的就是 *homo-ousia*（本體相同）與 *homoi-ousia*（本體相似）之間的一個"i"的差別。這有甚麼意思？他們不禁問。於是在二十世紀六、七十年代，一句口號在當時「普世派教會」廣泛流傳，就是「教義只會分裂，服務才會帶來合一」（"doctrine divides, service unites"）。

不單信徒對神學心存疑問，就是一些神學家自己，對神學也竟有不少保留。最顯著的例子莫過於十九世紀末、二十世紀初大名鼎鼎的德國神學家兼教會歷史學家哈納克（Adolf von Harnack），亦即巴特（Karl Barth）的老師。他認為使徒時期的教會既未有教義神學，也未有將信仰化成理性系統。後來在教會出現的所謂教義神學或系統神學，在教會最初的兩個世紀，根本就不存在。這正好表明，教義神學或系統神學對於教會的信仰生活並不是必要的。反過來，教會當時著力的是屬靈操練及宣講見證。哈納克甚至認為，在教會歷史中出現教義及詮釋教義的思辨系統，其實是一件相當不幸的事。它標誌著原初活潑的基督教信仰被希臘哲學體系宰制而變質，基督教因教義的枷鎖而失卻了信仰應有的活力。[1]

1.1.1 神學的起始

論到神學的必要性，其實哈納克只説對了一半。初期教會的確經過很長的一段時間，仍未有日後才出現的教義系統，而當時教會表述信仰時，確實專注於具體的信仰生活。可是，初期教會雖然沒有刻意建構一套教義，但教義的出現卻似乎是她無法避免的歷史需要。

教會作為基督的身體，所要表明的，乃是在基督裏同歸於一的奧妙。那些被贖的新人類在基督裏彼此相愛、合而為一，不單是一種理想，而是活生生的事實。因此，羣體生命相連，合而為一，是教會存在的核心。然而教會要在萬變的歷史處境中保持這種合一的生命型態，殊非易事。分佈於不同時空，身處不同文化處境，如何保持彼此認同的共同身分？共同信仰的宣認與委身是關鍵所在。教會因此要在萬變的歷史處境中保持不變的信仰，在多元文化中確保信仰的大公性（catholicity），以致信徒雖身處萬邦卻能有同一的身分，宣講同一的福音，信仰生命的表達能共通而一致。這樣一來，教會便無可避免要清晰界定自己的信仰，並且在不斷的轉變中確保正確忠實而前後一致的信仰表達。初期教父要確立「信仰準繩」（*regula fidei*, rule of faith），正是這個原因。雖然當時教會未有「教義神學」這名稱，但「教義」實質上已因應教會的發展而存在。一個非常實際的需要就是教導那些將要受洗加入教會的人，使教會的信仰可以一代接一代傳承下去。初期教會的「信仰準繩」就是重要的教材。

甚或在敬拜中的共同宣認（confession）到底根據甚麼？要制訂這樣的共同宣認，便涉及神學思辨的工作。「他本有上帝的形像，不以自己與上帝同等為強奪的，反倒虛己，取了奴僕的形像，成為人的樣式」，腓立比書二章6至11節這段耳熟能詳的經文，其實就是初期教會對基督的宣認。今日不少新約學者認為，保羅所引的這段宣認，其實是出自初期教會廣為流傳的一首崇拜詩歌，而非出自保羅的手筆。換句話說，早於保羅之前，教會已感到有需要將信仰的宣認寫出來。因此，哈納克對基督教信仰發展歷史的詮釋並不可信。他認為保羅是將基督教教義化的始作俑者，而彼得就代表未受教義污染的原始基督教。這一首宣認基督道成肉身的詩歌卻讓我們看到，教義出現於最平常的教會生活中，無待神學家經一輪學術鑽研才出現。

教義不單表達了信仰的大公性，在基督教信仰受到外來思想挑戰時，教義更擔當著護教的角色，向挑戰者展示基督教信仰內在的一致性、圓融性（inner coherence）和合理性。初期教會教義的雛形，往往都是在護教的辯道中萌芽生長。譬如殉道者游斯丁（Justin Martyr）在他的《第一護教辭》（*The First Apology*）中，向異教徒闡明基督教信仰的獨特性時，三位一體的信仰已呼之欲出。他將聖父、基督與聖靈並列在一起，雖然三一的理念仍未十分明確，但教義的麟角已漸露。愛任紐（Irenaeus）是偉大的護教者眾所周知，他的《駁異端》（*Against Heresies*）更潛藏著偉大的神學思想的種籽。而在他的護教著作《使徒宣道的明證》（*The Proof of the Apostolic Preaching*）中，三位一體教義的基本面貌已成形。在特土良（Tertullian）駁斥異端帕西亞（Praxeas）的神觀時，「三位格」（*tres personae*, three persons）及「一本體」（*una substantiae*, one substance）的「公式」（formula, formulation）便出現了。「三位一體」（*trinitas*, trinity）這樣決定性的信仰詞彙和理念，原來是護教時無可避免之表達。

1.1.2 質疑教義的緣由

哈納克貶抑教義神學其實另有目的，這動機源於自由主義的神學立場。他為了使基督教信仰切合現代人的世界觀，便不惜將那些被現代人視為怪力亂神的宗教元素摒於基督教以外，將超越的啟示詮釋成人文精神的洞見，將救贖的道理詮釋為一套實用的倫理指引，把耶穌化成完美人格的模範以供參考。對他來說，是教會錯誤地把樸實的加利利人耶穌神化了，把活生生而極具感染力的道德典範變成了一套神話化的宗教信仰。哈納克嚮往的是人文精神自我完善的理想而不是道成肉身的救贖，是實際的生活指引而不是超越的啟示真理，是信仰現世的實用而不是上帝旨意的奧祕。從這樣的角度看神學，除非神學變為「人文科學」，要不然便一無用處，更對人文精神的發展造成障礙。不錯，不少人企望在基督教中尋找一些直接而即用的精神啟發或道德指引，立竿見影地回應他們個人存在、社會或文化的即時需要；這些人哪會有耐性去深思上帝的永能和神性以及道成肉身的奧祕。他們根本看不到人性扭曲和墮陷才是一切問題的根源，更看不到超越的啟示和救贖是人類的答案。亦因如此，他們自然會覺得以超越啟示為基礎的神學不值一顧；在他們看來，討論一些在他們眼中不著邊際的教義理論更是浪費時間。然而，對於那些深信超越真理的人而言，生命最肯定和確實的指引，乃在於那看來似乎愚昧不堪的救贖行動以及其背後的上帝的旨意。上帝的啟示不是為人提供生活疑難的即時答案或社會文化矛盾的解決方案，而是要根本地改變人性以及人為自己編造卻又偏偏扭曲人性的世界觀。神學若堅持從超越啟示出發，講論上帝那看來愚昧的啟示，便不能避免被現實的世人看為無用。同時，上帝那測不透的智慧在世人眼中確是一套令人摸不著頭腦的言說，既玄且空。神學最大的挑戰就是要解說那近乎不能言說的道理。超越、無限、絕對的上帝，如何用有限的人的語言，用其五官所及的小千世界所引發的思維、想像、感受去講述？這超越無限的上帝竟又成為肉身且死在十字架上！人的想像及思維的容量根本承載不下這樣的奧祕。聰明的現代人可能會這樣說：「這樣的信仰簡直不可思議，與理性思維和一般常識格格不入，也因此沒有認知的內容和價值。」所以，說神學不易明白，自有其道理。然而，對於那些願意與上帝一同愚昧，向超越真理開放並用信心接受真理的人，神學是簡單易明的。話雖如此，教會在歷代以至現時所展示的神學體系或討論的問題，往往又令信徒感到高深莫測，使他們望而卻步。問題在哪裏？導致這種局面的原因是甚麼？這局面是不是可以避免的？神學是否必然與抽象而複雜的理性思辨連結在一起？

1.2 神學所為何事？

以上對神學的質疑其實包含著兩個問題。第一，神學所為何事？它是不是教會生命表達的必要部分？第二，假若神學是必要的，甚麼樣的神學才能真正表達教會存在的本質與使命，因而使教會的生命力活現出來？

神學所為何事，或神學是甚麼一回事？為神學下定義，我們當然可以望文生義，稱之為「關乎神的學問」。這直接而簡單的定義看來沒有甚麼不妥，反正在初期教父使用的希臘文中"*theo-logos*"一詞便可直譯為「神之學理」，有如"*anthropo-logos*"可理解為「人之學理」。然而，如此一來，視神學為一種學理或可供認知的原理，可能蘊含著一個假設，就是人可以視「神」為知識的對象（the object of knowledge）；通過對「祂」的認知，人可以掌握一套關乎「祂」的學問。問題就出在這裏了。

我們若企圖將神化成一個可被探索、思考的客觀事物或客體（object），從而建構一套關乎這客體的學問，我們一開始便會遇到不可能破解的難題：這客體果真存在？我們怎知祂存在？我們若連這認知的對象是否存在也不肯定，那我們的認知應從何入手？假若人必須依賴上帝主動的啟示，方能確定祂的存在和認識祂，那祂便不是一般的客體了。如此一來，這樣的認知對象果真可以任我們將之「客體化」（objectified），將「祂」的特性掌握在手，以建構成一套關乎「上帝」的知識嗎？祂在甚麼情況下成了我們的認知對象？祂作為認知對象到底是怎樣的呢？這些問題，相信不是我們可以解答的。在不能清楚界定認知對象的情況下，這門學問便很成疑問了。因此，這麼一個單純的對神學的定義，也可能蘊含著扭曲神學的「玄機」。不過，話得說回來，一般信徒如此理解神學，當然不是意圖將上帝化成一個可供認知、掌握的客體。反過來，那些一心尋求認識神的人都知道，上帝乃有別於一切可供認知的客體。我們對祂一切的認識都是由祂主導和引領的，是祂幫助我們突破認知的侷限，進入更廣大的天地。上帝雖是我們認知的對象，但祂不是客體，而是掌握著我們的主體（Subject），包括掌握著我們對祂的認知活動。這事實根本性地改變了我們對知識的理解。

1.2.1 神學是信仰表述的文法

不過話得說回來，神學的第一層基本意義，的確可以從

"*theo-logos*"一詞中去領悟。"*logos*"在希臘哲學傳統中乃指所有「言說」(discourse;或作「論述」)內藏的基本法規(first principle)。「邏輯」(logic)正好反映這方面的意思。按此理解,「神學」的工作就是鋪陳「言說」上帝的法規。簡單而言,「言說的基本法規」(the first principle of discourse)就是語言的文法(grammar)和邏輯。亦即是說,神學就是一種「文法」,一種說話的規範,是論述上帝時潛藏在論述之內的文法或邏輯。這樣理解神學,在中古時代是相當基本的。中古神學並不如一般人所以為的一味專注於哲學思辨,忘卻信仰生活。其實,它反省的焦點恆常放在教會的「教義」、「信條」之正確的言說或表達,為的是保存教會的正統信仰。對他們來說,維護正確信仰就是維護上帝所交付教會的神聖真理;所以神學也往往被稱為「神聖學問的法則(或方法)」(the discipline of sacred learning)。神學中少不了的哲理討論,全為了訂定言說的規則,亦因此往往給放在神學討論的開端,稱之為「導論」(prolegomena)。

1.2.2 神學確保信仰的大公性

無論信徒對神學採取甚麼態度,他們都不能避免與神學扯上關係。廣義地說,神學其實在我們的信仰生活中無處不在。每一個信徒經歷上帝,講論上帝,無論是向別人或是向自己,其背後都有一套「神學」。這樣的「神學」代表著信徒在生活中不能避免地不斷思考、反省、總結其信仰經歷。這套「神學」誠然是一套與生活連結在一起的「神學」,卻同時是一套個人化、主觀化的「神學」,它依據的經歷無論如何真實,它對經歷的詮釋無論如何客觀和嚴謹,當它未得大公教會確認,它仍然不可以被視為「大公神學」(catholic theology)或「公共神學」(public theology)。當教會用「神學」這詞彙的時候,她所指的正是「大公神學」，也就是眾人所確認的教義所蘊含的信仰內涵和其中的根據。

所謂「教義神學」乃是教會闡釋大公信仰之神學。「教義」是教會確認自己身分時所作的信仰宣稱，也同時是向世界宣講的真理。「教義」對教會來說是客觀的真理，它的內涵是上帝所啟示，並由教會正確地表述出來的。「教義神學」的工作就是闡釋這些教義的內涵，將它們演繹成當代可以明白並且感到適切的真理。當教會清清楚楚地表述自己的信仰而確立教義的時候，她一方面為自己的本質及使命作「自我定義」；另一方面，也是更重要的一面，她乃是向世界宣告，這些教義真理是全人類都應該確認的真理，是關乎他們的命運的真理。因此，教義神學不單對所有在基督裏的信徒有一種大公性的權威，也同時是一種「公共真理」，是全人類生命規範的共同依據。教義神學必須也是「公共神學」，而不是教會閉著門自說自話的言論。教會要讓抗拒神的世人看到，要解決個人存在的困惑、社會的墮陷、文化的危機，他們必須回到這「公共真理」。教會不單需要與世界進入「公共論述」(public discourse)，回應他們對信仰的質疑與攻擊，更有責任以上帝的啟示點出現世之迷失、墮陷與危機的根源。在對話中，神學無可避免需要與世界有共通的語言和共同的理性基礎。因此，尋找「公共對話」的「接觸點」也是神學的任務。不過，尋找對話的「接觸點」若然成了神學的核心關注，神學便很容易游離本位，落入虛渺之談，早晚被俗世的世界觀所宰制。這進路的危險，從士來馬赫(Friedrich Schleiermacher)以降，在哈納克、布特曼(Rudolf Bultmann)、田立克(Paul Tillich)以至當今推崇多元主義的神學家身上，昭然若揭。不過我們總不能因為這危險而怯於尋找「接觸點」。為了公共對話，為了讓上帝的真理成為人類文化的生命基礎，我們必須努力進入公共空間。我們必須領悟，不單個人需要救贖，文化也需要救贖。文化是甚麼？文化就是人性的具體實現。有甚麼樣的人性便有甚麼樣的文化。救贖了個人，卻任讓他仍然陷於扭曲人性的文化之內，那麼個人所得的救贖便顯得非常蒼白和殘缺了。神學因此要肩負一個相當艱巨的任務，就是要將上帝的道演繹開來，使它化成文化，使文化成為道的肉身。從這角度看，神學就是一項翻譯、演繹的工作。

1.3 更精確的定義：神學是批判的科學

經以上的導引，我們似乎已經有足夠的準備，可以正式為神學下一個簡單定義。參考了多方面的討論，我認為巴特為神學所下的定義最具啟發性。神學是甚麼？對巴特來說，答案很簡單：神學是一門「科學」(“a science”;“science”一字的德語“Wissenschaft”可指一切有系統的學問和知識，包括自然科學與社會科學、人文科學等)。然而，神學是一門甚麼樣的科學？他繼續闡釋：神學是一門批判的科學(a science of critique)。[2] 批判甚麼？神學所批判的是教會的宣講(proclamation)，看它是否忠於上帝的啟示，是否忠於啟示中那「道成肉身」的向度。在這裏值得一提的是，「批判」一詞往往給人一種負面的印象，叫人覺得批判帶有否定的意味。其實「批判」一詞在一般的哲學論述中，除了具批評、質疑的意思外，也可以指剖析、檢驗、判斷和規範等認知活動。在康德(Immanuel Kant)的鉅著《純粹理性批判》(*Critique of Pure Reason*)中，「批判」一詞就有這等意思。「理性批判」所做的是剖析理性，探究其本質，了解其規限，並在其規限之內肯定其所能確立的知識。在這裏，「批判」絕對沒有否定理性之意。

神學是「科學」？一般人想到「科學」便立刻想到物理、化學、生物一類的自然科學，彷彿只有這類知識才堪稱為科學，而信仰更往往被視為是與科學格格不入的。這想法是出自對科學的誤解。甚麼是科學？[3]科學是一種客觀的認知方法。然而怎樣才算真正的客觀？套用德國哲學家胡塞爾（Edmund Husserl）的一句口號，「回到客體本身」（"to the object itself"），這才算是真正的客觀。亦即是說，惟有當我們的認知方法被客體本身的獨特性所決定，由它的本相去規範我們的認知活動，我們得到的知識才算得上是真正客觀的和科學的。如此一來，神學若要稱為科學，其認知方法便必須由它認知的對象——即上帝自己——來決定和規範。當巴特把神學定性為科學，他其實是界定了神學的思考方式與取向。認知上帝的方法不可以純粹由人理性思維的習性與前設所規限。上帝是一位怎麼樣的上帝，決定了我們需怎樣認識祂。

1.3.1 神學批判教會的宣講

巴特認為神學的主要任務在於批判反省。如上文所說，它的任務是要批判教會的宣講，看教會在宣講上帝的道時是否忠於祂的啟示。這啟示既以道成肉身為軸心，那麼教會的宣講是否像基督道成肉身一樣，適切地回應人的生命處境，是非常值得關注的。這樣一來，神學批判的工作可說是分為兩方面的。

一方面，教會在宣講時，必須為自己的宣講確立表達信仰的準則（criteria for the expression of faith），確保教會沒有謬講上帝的道；亦即是說，教會在言說上帝的啟示時，必須使用一套適用於表達這啟示的信仰語言（language of faith）。而這一套基督教獨有的信仰語言內蘊著一套獨特的文法。要正確地言說上帝的道，教會所用的語言必須受這套文法規範。要不然，語法錯誤，上帝的道便會被扭曲。神學的任務便是要將言說信仰的正確文法展示出來，並檢視教會的宣講是否恰當。若我們相信語言文法與邏輯是相通的，那麼神學的工作同時也是要將信仰的邏輯陳述出來。從這角度看，神學可以被視為信仰的文法（the grammar of faith）和信仰的思維邏輯（the logic of faith）。

教會在宣講中，對其宣講的語言作出批判性反省，既是必須，也是無可避免的。教會所宣講的，縱是上帝的道，也無可避免地要使用人的語言及思想架構。然而，這些語言及思想架構極可能包含著否定上帝或把人神化的「意識形態」。如此一來，我們在言說上帝的啟示時，便有可能因為所用的語言和思想架構而扭曲了啟示的本意；更可怕的是，我們受著時代的意識形態所操控而不自知。因此，批判的反省便必須在我們尋找表達啟示的語言時，同步進行。例如當我們用漢語「道」一詞來表達約翰福音中的"*Logos*"時，我們便無可避免地引進了「道」這詞彙所蘊含的儒家及道家思想。聽福音的中國人聽到「太初有道」的宣告，便很容易以他們熟識的「道」的觀念去解讀「太初有道」這句偉大的宣告。為了確保信息能如實傳遞，我們便需解說此「道」不同彼「道」，如是亦難免要批判儒家和道家的宇宙人生觀。其實當約翰用 *Logos* 一詞以表達創造宇宙萬物的終極本體，他可說是「挺而走險」的，因為在當時此一詞彙會立刻使人聯想到斯多亞派（Stoics）的 *Logos*，這會使人捉錯用神嗎？即以為 *Logos* 所指的是貫穿於宇宙之內的物質原理與法規，因而無法領悟上帝最偉大奧妙的啟示，就是「道成肉身」的耶穌基督。約翰的手法精妙之處就在這裏。他大膽地運用這詞彙，卻巧妙地將耶穌基督的生命注入這詞彙中，將新的意義賦與這詞彙。

從宣講是否忠於神的啟示這角度看來，教義神學的確出現於異端流行之時。在初期教會，教義因應異端而出現，一個明顯例子便是《尼西亞信經》(The Nicene Creed)的訂立。教父亞他拿修(Athanasius)的神學著述《論道成肉身》(*On the Incarnation of the Word*)可算是基督教信仰語言的文法典範。《論道成肉身》不單確立了言說基督的正確文法，更規範了整個神學的思維取向。對亞他拿修來說，基督教信仰的中心是上帝親自成就救贖，確保了救恩的絕對可靠性。這信仰是神學的起點，是神學的導引，其他一切理論，無論有多高超或吸引，都是無關宏旨的。它確立了以基督為中心以及以救贖為依歸的神學取向。對他來說，基督教信仰的核心是基督，而基督道成肉身的核心是人類的救贖。他就是用這樣「務實」的角度去批判了亞流(Arius)的基督論。在他看來，亞流所關注的是形而上(metaphysical)的問題。亞流宣稱基督是「神」，但有別於那絕對的上帝；祂具有上帝所擁有的神性，但不是上帝本體(Being)。亞流論說基督，其焦點乃在於建立一套沒有矛盾的形而上論說：如何確保基督具有神性，又能保住一神論，同時又說明聖子與聖父的分別。對亞他拿修來說，任何有關基督的論述，目的只有一個，就是要說明基督所成全的救恩之所以如此絕對可靠，乃因基督不折不扣的就是上帝；亦即是說，十字架的救恩是上帝自己親自來到世上為我們成全的。他的焦點完全放在救贖的確實性上(the reality of salvation)，而不在意到底這道理從形而上的角度來看是否說得通。亞他拿修固然相信道成肉身的道理以形而上的思維來看是絕對說得通的，但形而上的建構卻絕不能成為詮釋信仰的焦點。

1.3.2 宣講以道成肉身為向度

另一方面，神學必須對教會的宣講作出另一種批判，以確保教會的宣講真的能做到「道成肉身」，切實地對應世人的困惑、執迷、墮陷與捆鎖。尋求精確而清晰的信仰表達，當然需要深思辨析。同時，為了尋求大公教會一致的認信，並千錘百鍊出信仰的普遍公式，抽象的思辨有時在所難免。但教義的詮釋解說，墮陷不在其「抽象」而在其「抽離」。當教會闡述信仰，特別在爭辯當中，專注於抽象思辨而忘卻了具體的生命處境，把信仰的表述抽離了必須回應的生命課題，才是真正問題的所在。糾正這種偏差，正是神學的批判工作。當然，神學家自己往往是罪魁禍首；因此，神學家的自我批判是非常重要的。教會為了忠於道成肉身的啟示，她必須將上帝的道帶入市井之掙扎中、文化的憂患處以及社會的幽黯與衝突中。上帝的心意本是如此。但教會的宣講往往是重述先賢在其獨特的處境中的信仰表達，將昨日的信仰詮釋放諸今日，也將昨日出現的神學問題重複討論，完全察覺不到處境不同，問題也不同了。人的罪性誠然未改，但罪惡的樣式變了，人墮陷的型態變了，人受捆鎖的模式也變了。過往人被鬼附，以基督之名為人趕鬼，人便得釋放，感悟到福音的大能。在今日，撒但改換了壓制人的形式，使鬼魔附在社會制度和文化結構之內，那麼趕鬼便是另一回事了。今日不少教會既不信鬼魔會附於個人之內，也不知鬼魔附於社會結構之內的事實，因而完全不了解人所受的困厄與痛苦，試問如何向他們宣告基督可以釋放他們？福音如何真的能成為叫他們得釋放的福音？在第三世界興起的解放神學，對教會宣講的偏差與錯誤作出了嚴厲的批判，使不少基督教羣體醒覺。要帶來解放，宣講福音有時要針對政治及經濟制度；但有些時候，單從政治經濟的層面尋求解放是不足夠的，甚至可以是徒勞無功的，因為最根深蒂固的問題可能在於世界觀的架構，涉及人的信仰以及由之而來的生活習慣。印度的「世襲階級制」(caste system；或作「種姓制度」)，其對賤民及婦女的壓迫，屢經政改而無果。印度所需要的是精神革命，是信仰的轉化。今日在印度，賤民神學(Dalit theology)一方面為賤民爭取公義，反對不公平的對待，一方面也要深入文化信念，正本清源，同時清晰地對那些默許階級建制的教會提出嚴厲的批判。

1.3.3 神學本於教會

在闡釋神學的任務時，巴特不厭其煩地反覆申述：「教會首要的任務是宣講基督的福音，而神學的首要功能是檢驗及校正這宣講，以確保其忠誠。」[4] 教義神學只有在宣講福音的教會中才有用武之地，不傳講福音的教會根本用不著神學。神學若要不辱於命，它必須將自己置於教會生命的中心，其作息存留全在教會的生命實踐之內。巴特如此理解神學，其用心乃是要將神學置於教會之內，使它不致淪為一種純個人追尋真理的哲理思辨。

神學不是宗教哲學。宗教哲學所思索、研究的是根深蒂固於人類生命中的宗教現象，企圖對此給予最徹底的解釋或尋找貫穿於所有宗教的共通原理，至終把宗教約化成一種人文精神的活動。有宗教哲學家嘗試尋求一種能以回應人之終極關懷的生命智慧，使人活得完滿，但這類宗教哲學家大概為數不多。近代的宗教哲學則比較集中探討宗教語言、意象、象徵的文化意義或其中的道德理想。其焦點是人文精神的自我詮釋或自我超越；超越的上帝、啟示和人類的救贖，對他們來說也不過是一組象徵，表達著人文精神的渴求或理想。試問，神學與這樣的宗教哲學怎可以混為一談？

神學也有別於基督教哲學。神學思辨的內容雖與基督教哲學有不少共通與重疊的地方，但焦點與取向卻不相同。基督教哲學的目的，一般來說，是要尋找跟哲學家對話的「接觸點」，用上帝賦予人類的共通理性，並用文化中普遍接受的一套思想語言、概念或範疇（categories），去解說基督教信仰，使之被公認為所有理智的人都應該接受的真理。如果說基督教哲學是一種宣講的活動，它的任務是「探路」，那神學則擔當檢視和糾正的角色，看教會的宣講是否忠於上帝交付與教會的真道。

1.3.4 神學肩負教會內省與教導之職

神學是為教會的宣講而存在的；抽離了宣講，神學便會變得空洞蒼白，淪為一種自說自話的語言遊戲（language game）。我們可以說，神學是教會在宣講福音時的一種內省的活動。宣講一般被理解為外向的宣講行動，但我們千萬不能忽略，教會在向未得福音的人宣講的同時，也必須持續不斷地向信徒宣講上帝的道，以鞏固他們的信仰生命。向外有效的宣講必源自內在的活潑生命。因此神學主要的工作仍是教會內部的工作，焦點不在宣講的技巧或有效性，而在信仰的正確表述。神學肩負著教會內省的功能。當然，因為正確的信仰表述必須是適切處境的表述，因此，宣講之是否有效，神學亦有其責任。若教會的宣講沒有果效，神學有責任檢視教會的宣講到底是否抽離了處境的實況，致未能觸及人憂患之處。

除了在宣講中擔任批判的任務，神學在教會肯定自己的身分、確立自己的信仰，亦即教會的「認信」中，亦扮演著重要的角色。嚴格來說，認信也是宣講活動的一部分，但因應教會一般常用詞彙的習慣，為方便起見，我們作出了區分。一如上文所說，神學為教會的宣講和認信整理出一套語言文法和邏輯，使教會在言說信仰時有所依循。

除了認信的確立，神學也擔任教導之職。一如德國神學家卜仁納（Emil Brunner）指出，在初期教會，教義神學的出現乃因應教導、栽培初信者的需要，使他們對所信的福音有整全而非零碎的理解。同時，教義神學的出現亦基於一個基礎性的信念，就是神的啟示是整全而一致的。換句話說，神在不同時代雖然透過不同的人以不同的方式傳遞祂的啟示，祂的啟示卻始終如一地是一致而整全的，沒有內在的矛盾。從關乎宇宙、人性的普遍啟示，到作為詮釋神一切作為的客觀依據的聖經，到一切啟示的基礎與中心，即神的道，就是耶穌基督，他們彼此之間都是有機地連結相通、統一整合而不能分割的。教義神學的任務正要將這種有機的統一性表達出來。這種表達的最基本層次就是聖經的詮釋。在不同時代或處境出現的聖經啟示，其相互印證與相互引申，都需要一整全的架構去透析。這就是教義神學的工作。在某一層意義來說，教義神學可說是一種「宏大敘事」（grand narrative），那怕它是後現代主義者所鄙棄的。

建立初信者的基本信仰教導（catechetical instruction）是教會延續生命所必須的，也可以說是教會牧養的首要工作。神學工作者是教會的「教師」，應慎而重哉地履行教導的責任。或許可以更進一步說，神學工作者的思辨應以基本信仰的教導作為指引。信仰教導其中一項不能避免的工作，便是呈示異端信仰。剖析和駁斥異端往往是闡釋正確信仰的上好教材。教父愛任紐的《駁異端》便是一個很好的例子。他在駁斥異端時，清楚地闡釋、界定正確的信仰，讀者不單認識到異端錯謬的所在，也因此同時掌握到正統信仰的內涵。因此，《駁異端》往往被視為大公教會第一部系統神學著作。這位偉大的教父常被稱為教會的護教者（apologist）。對他來說，最有力的護教莫過於闡述純正的福音信仰。從愛任紐的示範，我們看到教義神學擔當著護教的任務。說到這裏，我們值得思想一個切身的問題：身為教會的教師，愛任紐在他的時代面對當時的異端攻擊，打了漂亮的一仗，今天我們面對的異端又是甚麼？假若神學工作者只顧不斷重述過往的異端，並戮力以攻，恐怕他所打的不過是昨日之戰。

若與過往的異端相比，今日對教會最具殺傷力的異端，我認為是多元主義神學（pluralistic theology）。其以開放為名，掩飾其不信——不信上帝啟示——及其執著的意識形態；它打著神學的旗號，顛覆教會的正統信仰。請注意，我在這裏否定的是多元**主義**（請特別留意「主義」這兩個字），而不是多元性（plurality and diversity）。文化的多元性是不容否定的事實，而基督教在多元文化中多樣化的表達，實在也沒有甚麼希奇。歷代以來，大公教會本就是相當多元的，因為大公教會確認了一點，就是信仰的多元經歷以及多元表達，只會使她更形豐富。當然，要保持教會的合一，以免在多元中失其大公性，就必須認定信仰的統一性（unity）是必要並且是可能的。多元主義者卻認為統一性既非必要亦不可能；他們更視統一性為一種壓制，故應加以否定。他們所堅持的是「我」的選擇權，因而將基督教置於宗教的超級市場中，任君選擇。[5] 同時，多元主義者認同康德以主觀為出發點的知識論，認定客觀實相不可掌握，能掌握的只是在主觀意識中呈示的表象，他們認為要達至統一的真理根本是不可能的。這種心態可稱之為「知識論的絕望」（epistemological despair），可說是現代的一種心靈死症。無奈不少神學家卻深受其荼毒，視之為理之所在而不敢越雷池半步，更遑論以基督教信仰批判之。倡導宗教多元主義的人雖說抱有知識論的絕望感，但骨子裏卻是極其獨斷而自大的。當他們品評不同宗教，以之為同歸的殊途之時，他們其實是自覺站在一個比所有宗教都要高的位置，自以為看透眾多宗教的本質，看透它們的執著與限制，以及超越這些宗教之路。他們從來不覺得需要為自己所站的立腳點提供理據。希克（John Hick）與潘尼卡（Raimon Panikkar）是當今所謂多元主義神學的佼佼者。他們都打著基督教神學的旗號，卻逐一質疑、逐一再造基督教的主要教義，使基督教完全開放，可與任何信仰認同或相輔相成。基督教經此再造，也就面目全非了。因此，多元神學是當今教會的嚴重內患。神學不能不處理這些教會的內患並批判之，這是毫無妥協餘地的。但要這樣做，教會便必須回應世界的挑戰，而這也是世界的需要所在。由此我們也可以看到，神學在教會內履行正確教導的時候，正正亦是迎向世界的挑戰、回應世界的需要的時候。

1.4 教會立於本位，神學鏗鏘有力！

當今之世，俗世主義（secularism）當道。所謂俗世主義就是以當下、此刻的現世存在為一切，並以之為絕對，除此以外，並無其他可被視為真實的，沒有超越意義，也因此沒有不變的標準和法則。[6]個人成為惟一可以絕對肯定的實相，個人的意識、感觀和好惡也因而成為至終的價值參考。當個人主義被推到極致，相應地，客觀的參考也因而受質疑甚至被否定。每一個人就是一個自建的世界。每一個個人的世界都有其內在的邏輯與獨特的經驗內涵，因此是一個自圓的意義世界，與其他的個人世界基本上互不相通（incommensurable）。在這互不相通的前提下，多元主義可說是一種自欺欺人的神話。我們所面對的，不是多元主義，而是後現代的總結，即惟「我」獨尊的「一元」主義。「一元」是「我」的主體性。後現代所呈示的人文精神的崩潰，是前所鮮見的。人在其中所經歷的疑惑、混亂與放任也是鮮見的。我們可以說，神學面對前所未有的挑戰：要以上帝的道戳破個人主義的神話，揭示後現代主義的謬誤以及多元主義的空洞，並展示正確的人觀與世界觀，開出超越的視野，重建理性作為人尋求感通的依據，以解後現代人疏離、困惑之苦。從這角度看，教義神學也是文化重建和創建之學。我們經過二十世紀的所謂「意識形態時代」，受政治、經濟以至意識形態的壓制，生命備受踐踏、糟蹋，苦不堪言。這些意識形態締造的社會理想，一度給人極美好的憧憬，卻又使不少人徹底失望；其所引發的革命，多以解放為口號，但卻往往帶來了壓制人性的極權統治，為人類造成極大的悲苦。理想的實驗，一次又一次推出，也一次又一次失敗。二十世紀讓人見證「人為的上帝」是何等虛妄。文化重建的需要至為迫切——比任何時期都更為迫切；而超越真理對現時的適切性，也比任何時期都更清晰可見。教會的神學工作者必須敢於接受這文化批判與文化重建的挑戰。那些隨波逐流的多元主義神學家既缺乏信仰又缺乏道德勇氣，他們對時代既沒有信息，便注定為時代所棄。

1.4.1 教會失其本位則無道可傳

當教會無道可傳，她對世界便完全無關痛癢，世界也可以對她置之不理。她若要有道可傳，那她必須清楚自己的身分以及歷史責任。教會很多時候會忘記自己的身分，忘記她在救恩歷史中的重要性，忘記了她對世界的責任。

當教會失其本位，則神學無所用。無所用的神學為繼續求存，往往會出賣自己的靈魂，把自己變身，務求得世俗之學的尊重，能以保留其在學術殿堂中的小小角落，結果卻為世俗之學所俘虜，化為宗教研究之學，視教會歷代的信仰為尷尬，不惜以文化歷史學、社會學、心理學及各形各式的意識形態把基督教信仰「去上帝化」、「去基督化」，重新詮釋信仰，務求將世俗的排拒減至最低，以致它能與世俗之學同遊。神學的不忠其實反映著教會存在的狀態。教會在歐洲凋零沒落，有人歸咎於神學變質的禍害；然神學之變質，正好反映教會當時對啟蒙運動的衝擊，束手無策，而其束手無策乃因其屬靈生命的空洞；教會身分的危機早在啟蒙運動出現之前已呈顯無遺。歐洲人正正對教會在人文精神的領導上失望，才另覓新的精神出路。啟蒙運動之勢既成，歐洲的教會對它的意識形態不單沒有提出先知性的批判，更惶恐落人之後，慌忙地趕上啟蒙列車，將信仰重新詮釋，削足就履，以迎合啟蒙運動的文化大企劃——即以「自法理性」(autonomous rationality)和個人主義掛帥的「自由人文主義」(liberal humanism)去改造、重建歐洲的文化。其結果是西方人文精神陷入深遠的危機——科學主義和功能理性否定了人格生命最核心的特徵，自戀的個人主義將社羣所必須的共同價值以人權之名撕裂，放乎東風，自由與理性受到前所未有的扭曲，民主變成「大多數人的專政」。於此，歐洲教會仍被動地任由這種世俗文化改造她的信仰於無形。何也？教會失卻了信仰的活力以至對世界精神的感染力。神學的失守只是教會信仰生命空洞的表徵。啟蒙運動的文化理想與創建，對人類人文精神的扭曲和破壞，今天仍在發展中。教會對這一段歷史實有著不可推卸的責任。

當教會生命空洞，神學家縱然戮力地忠心詮釋信仰，他的宣講也可能只是曠野的呼喊，在精神的曠野中隨風飄散。上世紀當納粹主義在德國當道之時，德國教會匆匆妥協。「教會的妥協」所揭示的是「妥協的教會」。這妥協的教會在信仰上早就失其本位，早就向世俗人本主義投了降。教會失其本位，甚麼樣的妥協也可以發生。在巴特的領導下，當時一羣教會牧者與信徒組織了「認信教會」(Confessing Church),抗衡當時所謂的「國家教會」(State Church)。巴特以神為本的神學曾一度使德國教會出現更新之象,但人本的人文精神無論在社會文化或在教會的生命中,都根深蒂固,巴特的呼聲有如曠野的呼喊,被人本主義各種意識形態的談論所湮沒。這一再表明,神學之能有所用,教會必須知其本位、忠於其宣講生命信仰的使命。當神學不再與教會的宣講同步,而只能在曠野中呼喊,這可能顯示教會已陷於失其本位的狀況之中。在這情況下,神學扮演先知的角色,可能會帶來教會的更新,也可能只是在向頑石宣講,對方會了無反應。我於一九九八年在德國的海德堡大學(Universität Heidelberg)參加改革宗的神學會議。會議期間的主日,我們一眾與會者前往一所大學教堂參加崇拜,那是標誌著德國改革宗信仰的重鎮。巍峨宏偉的大學教堂使人肅然起敬,但參與崇拜的人數,連我們這些外來的二十多人在內,也不到五十人。其冷清使人淒然神傷。這大學教堂——聖靈堂(Heiliggeistkirche)——曾一度領導歐洲改教運動,德國改革宗的信條《海德堡要理問答》(Heidelberg Catechism)即在此確認,如今卻被棄於一旁。她的冷清可以說是標誌著基督教信仰在歐洲的衰落。這給予我們很大的警剔:當教會失其本位,忘記自己是誰,她便會因無道可傳而成為歷史遺迹,只能供遊人憑弔。

教會立於本位,其宣講才鏗然有力,其神學才是生命真言。於此,我們不能不回到最基本的問題:教會是甚麼?很多信徒面對這簡單直接的問題時,會感到茫無頭緒;不少牧者在策劃牧養的藍圖時,也可能從不會細想這基本的課題:教會的存在為何?多少神學家在編寫神學教程時,往往只因循地交代「神學本於教會」,卻將教會論放到神學系統的最後一章。對此我們卻不以為然。要深入掌握神學所為何事、它如何在教會履行其使命時發揮其用處，我們便無可避免要透析教會的本質了。

1.4.2 教會的本位：末世的羣體

教會是甚麼？教會是基督救贖的初熟果子，是基督道成肉身所展現的真實人性的具體說明，更是末世真象的表徵。她不單將當下因救恩而來的生命轉變見證出來，'將人性原初的面貌表達出來，她的存在本身是一種改造歷史的動力。她的生命，在上帝的救贖計劃中，要在現世中透出末世將臨的上帝國度。因此，她的存在是一種以上帝國度全然彰顯為導引的存在。末世的真象應然在她的生命中湧現出來。從這角度看，教會最基礎的定義是「末世羣體」（the eschatological community），[7] 其存在的目的和意義，乃是要向現世的人見證將來在末世全然彰顯的上帝國度，即上帝的旨意全然實現的生命型態，在當下已在教會的生命中透現出來。教會羣體是一個邁向末世真象的羣體。因此教會亦是一個歷史的羣體，她走著救恩為人類開拓的新的歷史進程，這進程引至人類全面的更新，而教會在其中就是這更新的歷史動力，她的使命也就是革命性地去更新個人、社會及文化。

作為末世的羣體，教會在罪的籠罩下發放出末世的異彩，就是上帝的旨意成就在一羣軟弱無力的人身上，如同成就在天上。為了這羣軟弱無能的人，能成為改變生命的見證，上帝將各樣屬靈的恩賜給予他們，使他們滿有聖靈的能力，包括宣講的能力，先知講道、預示的能力，醫病趕鬼的能力，服事的能力，勸化的能力，治理的能力等等。教會因此是一個滿有屬靈恩賜的羣體（charismatic community）。[8] 但這些恩賜必須融合在一起，以愛作其內涵及動力，方能發揮其改造生命的功效。不然，所謂的恩賜也不過是出於人的才能，有時更可以造成破壞。這充滿屬靈恩賜的末世羣體，其實質的生命內涵，正是耶穌基督的生命所展現的立約、倒空以至捨己的愛。一羣本來自我中心的人被基督改變而連結在一起，彼此立約，學習相愛，成為基督的身體，這就是教會。教會因此是一個羣體，一個立約的羣體（covenantal community）。在其中，信徒一同操練倒空自己、捨棄自己以至於像基督一樣，為他者放下自己的生命。因此，教會在世人的眼中是一個奇怪的羣體，因她自稱為「感恩慶祝的羣體」（eucharistic community），而在慶典中，她所慶祝的是死亡，是基督在十字架上的死亡。不錯，教會是慶祝死亡的羣體；每一次當我們虔守聖餐，我們就在慶祝基督的死亡。然而，在我們慶祝基督為人捨己的時候，我們也同時慶祝自己全然捨己的生命操練。我們向世人宣告，基督救贖的大能已改變了我們的生命型態，使我們從自我中心、自戀、自我絕對化的生命型態中改變過來，放下我執，願意學習倒空、捨棄，與人立約，用一己之生命，肯定、承托、守護、照顧以至「贖回」他人的生命。這是彼此相愛的生命型態，人在愛中達至彼此契合，卻同時在契合中成全一己的自我。總結教會的生命內涵，我們可以說，教會是一個「充滿屬靈恩賜的末世的立約、倒空和感恩的羣體」（the Church is an eschatological charismatic covenantal kenotic eucharistic community）。

教會存在於世，一方面是自己成為歷史，體驗上帝國度的真實一步一步地在她自己身上實現；另一方面，她在上帝的計劃下，要帶動人類的歷史轉向，叫他們，不論是個人或社會或文化的整體，從舊有的被扭曲和受壓制的生命型態中釋放出來，得著新的生命，體悟上帝本意賜予人的生命是何等精彩和奧妙。教會有沒有活出末世導向的生命？她有沒有宣講末世的信息？神學有責任檢驗教會在這方面的生命型態及生命信息。

神學因此必須將末世的視域擺在教會面前。末世意識、末世思維、末世行動應該在神學的論說中清晰地表達出來。當神學反省自己是否忠於上帝的道、忠於教會的本位，我們必須首先檢視的是，我們的神學論說有沒有導向末世的歷史意識及思維方式。當今神學最大的缺失，極可能是末世視域和歷史感的失落。教會參與於救贖歷史，與上帝一同締造歷史，這事實有否在神學的論說中給闡述出來？假若沒有，問題出在哪裏？這是神學工作者必須深思的，也正是神學的一項重要任務。總括來說，神學必須有清晰的歷史感，敏鋭地看到人類歷史的方向，透析這歷史蘊藏的危機與必然的命運，同時幫助人類改寫歷史，轉向上帝的國度。沒有歷史感的神學是不忠的神學。

1.4.3 承載末世使命的神學

教會所見證的是基督救贖的大能，她要宣講的是改造生命的福音。她要向世人展示福音的大能如何徹底改轉生命，而她就是活生生的見證。神學所需要保障的，就是教會所宣講的是不折不扣的福音，而不是摻雜了人為砂石或被世俗之學稀釋了的福音。神學同時也要保障教會，保障她所宣講的對應人當下的實存困境。

真正經歷罪苦，實實在在地受罪受苦的是個人。人性被扭曲、被壓制的最具體的經歷，恆常發生在個人身上。因此，教會的宣講最迫切和實在的，是針對個人生命存在的宣講。愛與關懷不能抽象，必須有真實的對象，而個人正是這一真實具體的對象。不關心個人而只關心宏大的社會制度、經濟結構、文化意識等，這樣的關心極可能是虛假的，它可能出自個人的社會、文化理想或者出於自我實現的驅策。缺乏對個人困窘的同情與關切，任何社會、文化的改革宏圖，都可能變成壓制及扭曲人性的建制。因此，教會沒有其他選擇，她首要的關注，是個人苦罪的解脱。神學既是由立約羣體而出，它必然反映這羣體對那些為苦罪所困的人的深切關懷。因此，忠於本位的神學必然對人的困陷充滿悲憫激情（*pathos*, compassion）——如骨中有火在燃燒，含忍不住。

然而，設若教會真正關心個人的生命型態，她絕對沒有可能不關心個人存在的生態，就是他作息存留所在的社會與文化狀況。社會與文化是個人的生命支持系統，不單規範他以保護他，也可以是壓制他和扭曲他的結構。社會制度、文化傳統和經濟結構，無形又無孔不入地影響著每一個人，由外而內又由內而外地規範著每一個人，甚至支配著他的命運。因此，要改變一個人的命運，社會、文化、經濟的改革是不能避免的了。在關心個人命運與存在狀態的前提下，教會的宣講無可避免要針對這些制度、傳統與結構。

神學若真的是改變生命的信仰詮釋，那神學也無可避免地必須是更新文化的信仰詮釋。上帝的道不單揭示個人生命的墮陷，也同時批判社會、文化的墮陷。

我們從以上所詮釋的教會本質與使命得知，教會的信仰與當今流行的意識形態或文化理想，無可避免會發生正面衝突。教會以享受超越的上帝的同在並與祂契合為一切存在意義的基礎和依歸，俗世主義以可見的世界為意義的全部，沒有超越可言；教會以末世為個人的生命導向以及歷史的終極目標，俗世主義結合了個人主義，以個人當下的存在為意義之終極所在；教會以為個人的成全在於「約愛」（covenant love, chesed love）的實踐，人之所以為人乃因他有愛的自由與能力，因此社羣生命是個人生命成全的所在，然而當今流行的個人主義以個體的權利和自由為絕對，以私利為人類互利的起點；教會相信世界及人類乃上帝所創造的，具有客觀的實相以及客觀的理性法則，由宇宙的運行到道德的規範，都有道可循，有理可依，但當世流行的主觀主義以為世界一切的現象不過是主體意識建構而成，主體意識既歿，則一切都如煙飄散，而當下的我就是理性，就是法則；教會相信美善只能以美善為目的，不為其他動機所驅使，但今日市場主導的文化則以功能為價值的衡量。

凡此種種的取向相謬、價值衝突，都使得教會被世界排拒。弔詭之處就在這裏，神學艱難之處也在這裏。面對世界的排拒，神學工作者卻必須活出捨己的生命，不求世界的接納與肯定，只一心為世界的需要而宣講，無懼拒絕，以「雖千萬人吾往矣」的堅決、卻同時以柔和謙卑的心，竭力排除一切障礙，讓抗拒真道的世界清晰無比地得聞福音。與此同時，作為一個隨時準備捨己的羣體，神學必須有「倒空」的準備，不墨守人為的信仰表達，隨時更新變化以切合時代的需要。

這樣的神學，才真正反映教會作為一個「充滿屬靈恩賜的末世的立約、倒空和感恩的羣體」，也惟有這樣的神學才是不辱使命的神學。

註釋

1. “Dogmatic Christianity is therefore a definite stage in the history of development of Christianity. ... Dogmatic Christianity stands between Christianity as the religion of the Gospel, presupposing a personal experience and dealing with disposition and conduct, and Christianity as a religion of cultus, sacraments, ceremonial and obedience, in short of superstition, and it can be united with either one or the other. ... Dogma in its conception and development is a work of the Greek spirit on the soil of the Gospel.” Adolph von Harnack, *History of Dogma*, vol. 1, trans.

Neil Buchanan (London: William & Norgate, 1905), 15 ~ 16, 17.

2. Karl Barth, *Church Dogmatics*, trans. G. W. Bromiley (Edinburgh: T & T Clark, 1973), 1/1:4 ~ 17.
3. 二十世紀初德國神學家沃貝爾(Georg Wobbermin)力辯神學不但應位列於科學之內,更是眾多科學中最為崇高的真科學,因為神學「追尋真相,對真相企求達至人可能達至的最高及最完整的知識」("Striving after the highest possible adequacy and completeness of knowledge, about the reality to which we have access")。對於這樣的理解,巴特(Karl Barth)問得好:「但是,好的神學哪會以『我們可以直接通達的真相』作為知識的對象?」("But what good theology will assign its object to 'the reality to which we have access?'")參 Barth, *Church Dogmatics*, 1/1:7。
4. Barth, *Church Dogmatics*, 1/1:82 ~ 83.
5. 多元主義神學最好的例子,莫過於希克(John Hick)在其 *An Interpretation of Religion: Human Responses to the Transcendent* (New Haven, CT: Yale University Press, 1989) 一書中所展示的思想。
6. 英文"secular"一詞源於拉丁文"*saeculum*",意指"the present, the here and now"。
7. 在這裏,我非常同意天主教神學家孔漢斯(Hans Küng)對教會本質的闡釋。他認為教會最基本的特質乃在於她的末世導向。參 Hans Küng, *The Church,* trans. Ray and Rosaleen Ockenden (New York: Sheed & Ward, 1967), 79 ~ 104。
8. 孔漢斯亦認為教會的結構,基本上是一個聖靈恩賜的結構(charismatic structure);Küng, *The Church,* 171 ~ 191。

第2章 神學方法：理念篇

2.1 神學的起點：十架的救贖

2.1.1 第一要訣：緊隨在上帝啟示之後

2.1.2 第二要訣：以救贖為詮釋的鑰匙

2.1.3 第三要訣：進入苦罪的世界

2.2 啟示與處境的辯證互動

2.2.1 固執一端的危機

2.2.2 田立克的「對應關聯法」

2.3 神學的第一種失陷：從適切到妥協

2.3.1 笛卡兒之路：以人為本之路

2.3.1.1 西方人本神學的先驅：士來馬赫

2.3.1.2 亞洲人本神學的代表：宋泉盛

2.3.1.2.1 「移位神學」：對傳統教義的改寫

2.3.1.2.2 讓處境騎劫信仰

2.3.2 當神學被文化所馴養

2.4 神學的第二種失陷：簡化真理

2.4.1 基要派與福音派的危機：將真理變成命題

2.4.2 福音派的反省：文化使命與整全福音

2.5 方法與生命

2.5.1 真理與方法的關聯

2.5.2 齊克果對真理的洞見

2.5.2.1 美感情操的真理觀

2.5.2.2 道德情操的真理觀

2.5.2.3 宗教情操的真理觀

2.5.3 中國人文精神的呼應

2.5.4 神學乃鑄人之學

2.6 神學與理性思辨

2.6.1 經驗與理性的連結融合

2.6.2 信心尋求理解

2.6.2.1 何謂理性？——理性的兩層意義

2.6.2.2 意義架構不等於理性本身

2.6.2.3 信心乃是對客觀事實的回應

2.7 神學與自然啟示

2.7.1 獨立於「十架神學」的「自然神學」?

2.7.2 論述大自然的神學

2.7.3 「美學神學」的必要性

2.1 神學的起點：十架的救贖

如上一章所述，神學的任務是檢驗、反省教會的宣講，而教會所宣講的福音，是道成肉身的基督為人類所成就的救恩，就如約翰福音開宗明義所說明的，「但記這些事要叫你們信耶穌是基督，是上帝的兒子，並且叫你們信了他，就可以因他的名得生命」（約二十 31）。與約翰同於一轍，使徒時代教會的信仰宣告，全都環繞著三項以基督為中心的簡潔信條：

1. 「耶穌是基督」（參徒二 36，十 36；西二 6；約壹五 1）；
2. 「耶穌是上帝的兒子」（參太十六 16；徒九 20，十三 33；羅一 4；來四 14）；
3. 「耶穌是主」（參林前十二 3；羅十 9；腓二 10～11）。

這三環緊扣的信條更以崇拜的禮讚方式表達出來：「大哉，敬虔的奧祕，無人不以為然！就是上帝在肉身顯現，被聖靈稱義，被天使看見，被傳於外邦，被世人信服，被接在榮耀裏。」（提前三 16）

我們不難看出，三一上帝觀其實早已在這些以基督為中心的宣告中呼之欲出。使徒之後，教會將他們所承傳的信仰——以基督為中心及三一神觀的信仰——更清晰而完整地表達出來。《使徒信經》(The Apostles' Creed)便是一個很好的例子；它的信仰宣告以基督為中心，而其結構則採用三一的結構。三一的信仰表達在日後多次大公會議中佔著非常重要的位置，但無論三一的信仰表達有多重要，它的焦點只有一個，就是確立基督是完完全全的上帝。在尼西亞會議的辯論中，三一信仰給明確地表達出來，但焦點很明顯是基督絕對的神性。教會竭智盡力，要尋找最穩確的詞彙去表明基督不單具有神性，祂就是上帝自己。在尼西亞會議中，基督神性的確實，是無可置疑的，但當時對於應否採用「本體相同」(*homo-ousia*)這樣絕對的詞彙，以說明基督的神性與聖父的神性完全等同，教會則尚有猶疑和分歧。經過審慎的思辨，大公教會最後議決採用「本體相同」這神學詞彙。促成這決定的關鍵，乃在於教會要毫不含糊地宣認基督所成就的救恩是絕對肯定的，是絲毫不會動搖的，因為這救恩是上帝親自來到人間所成就的。穩立於這一點，教會有必要清晰地、毫不忌諱地表明基督是完完全全的上帝。尼西亞的教父沒有忘記保羅在以弗所書三章所述的福音的奧祕。福音的奧祕就是基督的奧祕，而基督的奧祕就是上帝以莫測的愛救贖人類的奧祕。救贖永遠是福音的核心。在揭示這奧祕中，上帝要藉教會向天上執政的、掌權的表明，那些自我中心、敗壞、軟弱不堪的人可以因基督的愛全然改變，成全上帝創世的旨意。這就是保羅在以弗所書一章 3 至 14 節清晰而簡潔地總結出來的福音：上帝在創立世界以前在基督裏揀選了我們，預定我們藉基督得兒子的名分，我們藉著基督的血得蒙救贖，過犯得以赦免，並能以照祂的旨意在日期滿足的時候與天上地下一切所有的在基督裏同歸於一，一同成為上帝的產業（或同得上帝為我們預備的產業）。這福音是上帝「一次交付聖徒的真道」，我們不單要持守，更要為之竭力爭辯（猶3），也要常作準備，存溫柔敬畏的心向人講解這信仰的緣由（彼前三15）。自使徒、初期教父以降，歷奧古斯丁、阿奎那（Thomas Aquinas），以至馬丁．路德和加爾文（John Calvin）等先賢，無不以這福音作為教會存在的根基。

既是這樣，神學沒有別的根基，其方法也必然受基督道成肉身以救贖人類這事實所規範。

2.1.1 第一要訣：緊隨在上帝啟示之後

道成肉身的啟示是天上地下最大的奧祕；它超乎人一切想像，突破人為「上帝」或「宇宙」所設定的一切框框，其顯示的愛，也超乎人間所能經歷的。道成肉身不單指那超乎萬有、創造萬有又貫乎萬有的道，進入狹小的時空而成為微不足道的人，更指這位絕對有能力在彈指之間將宇宙化為烏有的上帝，竟願意被釘於十字架上，忍受人的罪惡向祂肆虐猖狂囂張。「他……取了奴僕的形像……既有人的樣子，就自己卑微，存心順服，以至於死，且死在十字架上。」（腓二7～8）這奧祕怎能言說？人一切理解、詮釋的嘗試都顯為虛空，除非人放棄一切試圖，甘以謙卑的態度聆聽上帝親自向他言說，並接受祂的「愚拙」。道成肉身「迫使」人放下人間慣用的思維邏輯，也迫使人放下「掌握」的心態，以一種「緊隨在後的思維」（thinking-after）去領悟那不能領悟、言說那不能言說的奧祕。緊隨上帝的啟示，根據祂的作為行動，聆聽祂對這些行動所作的詮釋，是神學方法的第一要訣。

馬丁．路德貫徹了這一要訣，為我們作出示範。他簡潔有力地説：「真神學及對上帝的真知識全在被釘的基督裏。」[1] 要認識上帝，我們不應自作聰明，而應在上帝指定的地方與祂相遇，按祂所定的方式去認識祂。上帝既定意要在十字架上清楚地、毫無保留地揭示祂是一位怎麼樣的上帝，祂對人的愛到底有多深，那我們便別無選擇，只好在十字架上與祂相遇。不單如此，上帝更藉十字架針對人生命的墮陷——祂以放下與捨己對照人的我執與自大，以恩惠回應人的怨毒，以無能戳破人追逐權力的虛幻。路德稱這思維方式為「十架神學」（*theologia crucis*, theology of the cross），以對照中古時代流行的另一種思維方式，就是企圖從創造的奇妙入手，去了解這位創造主的智慧，去捕捉祂的永能和神性。中古神學的焦點恆放在上帝的超越、無限、完美、全知、全能，並費盡心思去為這些觀念尋找最恰當的定義。路德將這類神學進路統稱為「榮耀神學」（*theologia gloriae*, theology of glory）。不避簡化之嫌，路德認為這類神學所高舉的是人的理性思維。這類神學家相信人可以憑理性掌握到上帝的屬性，甚至可以揣摩祂的本體。無可避免地，這樣的神學是以形而上的哲思為主導。其後果就是人顧於建構最慎密精妙的思想結構，而忘卻緊隨上帝的思路和緊靠祂的啟示。這是神學遠離信仰生活的起始。「十架神學」深悟保羅所領受的：

> 十字架的道理，在那滅亡的人為愚拙；在我們得救的人，卻為上帝的大能，就如經上所記：我要滅絕智慧人的智慧，廢棄聰明人的聰明。智慧人在哪裏？文士在哪裏？這世上的辯士在哪裏？上帝豈不是叫這世上的智慧成為愚拙嗎？世人憑自己的智慧，既不認識上帝，上帝就樂意用人所當作愚拙的道理拯救那些信的

人……」(林前一 18～21)

2.1.2 第二要訣：以救贖為詮釋的鑰匙

上帝道成肉身，為的是救贖人類。這就是教會宣講的核心。神學也別無選擇的必須以救贖為思想的導引。亦即是說，假如我們要理解上帝是一位怎樣的上帝，便得透過祂救贖的行動去理解祂；同樣地，我們要解說基督的神性，也必須從救贖的角度去解說。以救贖為詮釋的鑰匙是神學方法的第二要訣。在尼西亞會議上，亞流與亞他拿修兩者之間的神學對決是形而上思維(metaphysical thinking)與救贖思維(soteriological thinking)的對決。亞流質疑基督的神性完全與聖父同一並同等的觀點。他提出了一些聖經的依據(箴八 22；可十 18，十三 32；約五 19～20，十四 28，十七 3；西一 15)，但他對這些經文的詮釋很快便被其他教父駁倒。[2] 在會議中，經文的論述並非亞流據理力爭的焦點；他質疑的關鍵乃在形而上的問題。概括地說，他質疑基督既是由聖父「所生」(begotten by the Father)或「所出」(generated from the Father)，祂如何能與聖父自有永有地共存於永恆？聖父既生聖子，則聖子必後於聖父，在聖父未生聖子以前，聖子應仍未存在；[3] 要不然，所謂「生」或「出」便無意義。就算這「生」、「出」發生在時間之外，也不能抹去「先」與「後」的邏輯次序。以這樣的邏輯推論，聖子有「並未存在」的「一刻」，因此只有聖父才是真正自有永有的。如此一來，聖子如何能與聖父同一並同等呢？亞他拿修深知這樣的問題是由形而上思維的格局引申出來的。然而，形而上思維可以引領我們到哪裏去？形而上思維真的可以引領我們達至終極真相嗎？形而上的思維真的能改造人性，救人脫離苦罪嗎？在他看來，以這樣的思維方式去試圖掌握「聖父生出聖子」的真相，基本上是虛妄而沒有意義的，因為這根本不是上帝要向我們啟示的——啟示的核心乃在道成肉身的基督為人類所成就的救恩。

試想，在希臘羅馬的文化處境中宣講福音，教父如何能避免希臘形而上的思維格局？因此我們可以想像當時的教父承受著多麼大的文化壓力。然而，亞他拿修以及與他站在同一陣線上的教父們，堅拒形而上思維的框框。他們這樣做，不是因為他們否定形而上的思維，而是看到這思維的侷限。形而上的思維極其量只能掌握被造宇宙某一層次的真相，要明悟造物者的智慧及祂奧祕的旨意，它可說是一無用處的。亞他拿修提醒我們，要認識這位道成肉身並被釘十字架的上帝，我們必須從祂的救贖行動入手，緊隨祂救贖的思維邏輯。初期教會在文化思潮的壓力下，於關鍵時刻能以保持福音純正，避過類似亞流主義的異端，其引路的明燈就是緊執上帝救贖的思維邏輯。這是神學的正路，我們必須行在其中。

這樣的神學進路對一些人來說可謂了無新意。不錯，這的確是了無新意，但神學所追求的不是標新立異，而是忠實地闡釋真道。我們當銘記愛任紐發出的警告，千萬不要「發明新的教義」，因為這樣做，我們便會好像諾斯底派（Gnostics）一樣，為人類「發明新的荒謬」。我們所認定的神學進路絕不是我們自己發明的，使徒保羅早就將這進路清晰勾勒出來，再由教父亞他拿修開展，由奧古斯丁發揚，又由改教神學家馬丁·路德和加爾文承繼。他們都開宗明義地以基督十字架所成就的救恩為起點、為依歸、為導引。我們認定這是正路，要繼續行在其中。

2.1.3 第三要訣：進入苦罪的世界

道既住在世人中間，以恩典擁抱苦罪，以真理光照黑暗，教會作為道的活現，便得進入人間的水深火熱處。神學就是要在不同的時代，想通「道住在人間」的意義。因此，神學的第三要訣是「進入」——進入苦罪的世界並與之認同。基督教與中國道家哲學的最大分野乃在，道家追求逍遙，而基督教卻著眼於「背負」。「道可道，非常道」是道家的名言，而基督教神學的任務卻是要將不可言說的道化為普通人都能明白、言說的道。不單如此，這道最真實的表述竟是承載人間苦罪的十字架。因此神學的視野，它的著眼點，它思想的素材，不單只限於聖經的啟示，而人間的生活經歷，其間的掙扎、尋問、陷溺、超越的嘗試和人性中閃爍著的上帝形象之光芒，也應包括在內。神學工作者不單需要閱讀啟示的敘事與詮釋，也同時需要閱讀世界，閱讀人的心靈，閱讀文化歷史中人文精神的狀態以及種種危機的徵兆。神學工作假如只需閱讀、只需站在一旁的閱讀，無論是聖經或文化歷史，那是多麼輕鬆的事。然而，基督來到人間，不是客觀地觀察世情，而是深入苦罪的深淵，戳破人為自己建構、編織而到頭來轄制自己的理想世界。當基督將真理陳示於人前，映照出他們的虛幻，他們會全力反撲，將真理處決，讓黑暗稱為光明，將光明定為黑暗（賽五20）。十字架是人類處決真理的象徵。在其上，上帝的道被藐視、踐踏以至壓碎。正因如此，假若神學以十架為起點和依歸，它無可避免會面對世界的否定和藐視，只因宣講上帝的道必然會揭露那些「依形而立、恃力而行」的宗教和政治建制的罪惡，並挑戰這些建制的合法性。要醫治人的創傷，要使人從壓制中得釋放，要驅走人心靈裏及社會內的幽黯勢力，要指引人行公義好憐憫，神學便必須將上帝的道演繹成合符上帝國度的文化價值、社會制度及經濟結構。神學進入社會、文化的共公空間中，成為建造文化的一股力量，是不能推卸的任務。教會的神學必須同時是公共神學。它要積極進入文化中塑造價值的任何領域，將神的道化成人間的價值。

2.2 啟示與處境的辯證互動

2.2.1 固執一端的危機

救贖的邏輯將上帝的兒子帶到人間苦罪的深淵中，上帝的心靈與人的悲困共鳴和呼應，救贖人類的道有血有肉地臨在於充滿苦毒的人間。不錯，教會所宣講的是福音，而不是九霄雲外的哲理。上帝的道是有所向的，其所向是人具體的生命處境。因此，神學恆常走動於上帝的啟示與現實的處境之間。我們要注意的是，兩者有著一種不能分割的辯證關係。對於「處境」毫不對應的「啟示」應該不是真啟示，極其量它可能只是扭曲了的啟示。同時，缺乏「啟示」光照的「處境」，必然是漆黑迷茫一片，其境況必仍在蒙蔽之中。忽略這種辯證關係，以為可以純粹從一端開始，只會將信仰簡化、扭曲。我的意思是說，假若我們以為可以單從處境入手，在分析處境時將啟示擱在一旁，彷彿啟示暫且毋須說話，只待剖析處境後，才到啟示出場，給處境對症下藥，這樣的思維方式可謂大錯特錯。殊不知分析處境、透析人的需要時，我們的前設已決定了我們所能透視的。沒有啟示的光照，人根本無法看到他處境的本相和問題的根源；他只會將問題錯置，被引向無關痛癢的解決之路。反過來，假若我們以為上帝的啟示既是永恆的絕對真理，放諸四海而皆準，歷萬世而不改，因此無論在任何場合和處境，信息都必須以劃一的格式呈示，這也是極大的誤解。不錯，真理是同樣的真理，但對應不同處境，真理的呈顯會有所不同，表達的格局也會有所不同。真理的呈顯永遠是真理的「重現」（reactualization），它需要以文化的素材作為「重現」的媒介。真理信息必須因應處境，切合生命，並為受眾接收的能力所及，方能成就真理的重現。因此，教會在傳遞真理信息時，承載信息的文化「載體」（media），無可避免已成為信息的一部分。傳播學大師麥克盧漢（Marshall McLuhan）的名言「媒體就是信息」（"the medium is the message"），可謂一語驚人。簡單的一句話道出了信息與媒體不可分割的微妙關係，改變了傳播學的思維。當然，在接受這傳播理念的同時，我們也不能不警惕，如果讓「媒體」取代了「信息」，媒體本身只會空洞無物，就如麥克盧漢自己指出，到了這境況，媒體的功能便會由傳遞信息變為「按摩」（"the medium is the massage"），令人感到舒適，卻沒有生命的啟迪。[4] 麥克盧漢經多年細察傳媒的發展後，發出另一驚人之語，就是「媒體是混亂的年代」（"the medium is the mess-age"）。他深深的體悟到，任由媒體去宰制信息，媒體本身便真的會成為惟一的信息。徒有媒體而沒有信息，社會必至混亂的境地。這正好提醒我們傳道之人，過於專注於受眾的領受而不惜削足就履，遷就妥協，我們所傳的道就必被閹割或稀釋而至面目全非，結果全無生命感染之力。

2.2.2 田立克的「對應關聯法」

田立克看到超越啟示與具體處境的辯證關係，因而提出「對應關聯法」（method of correlation）作為神學方法，以此開展他的「存在神學」（existential theology）。[5] 從處境入手，他的著眼點不在處境所出現的危機，而在這些危機深層的根本問題。對他來說，文化或社會危機將人喚醒，叫人開始問一些更深層次的問題，直至他們觸及最終極的問題。這終極的問題才是真正切身的問題，真正是關乎人存在的問題，也正是上帝的啟示所要針對的問題，其答案也只有在上帝的啟示中方能找到。神學家在特定的處境中掌握人在生命深處不斷尋問的「存在問題」，然後導引他在上帝的啟示中尋找答案，這是神學任務的所在。田立克這種神學進路可謂精妙而深邃，挑戰神學家進入文化的精神深處，與之對話，洞悉其深藏的焦慮與困惑，層層深入的剖析，然後將基督教的精神資源呈示，用宗教象徵向人指引超越之路。能行走於基督教信仰以及文化深層結構的人，其功力必非常深厚，而田立克可算是當中的佼佼者。

在田立克看來，神學家是穿梭於人的問題與啟示所提供的答案之間的。然而，倘若人不明白自己存在的真正問題，或者連問題都問錯了，那他如何企求可以從啟示那裏找到正確的答案？我們必須注意，上帝的啟示不單只為提供答案，它更可以光照人的存在處境，使人更明瞭自己真正問題的所在。人可以自欺而逃避真正的問題，或誤解自己的處境而問錯問題。問題既然錯誤，正確的答案便自然難以尋到。因此，神學家不能單忙於奔走於提問與答案之間。他往往要在人發問以先，將上帝的啟示擺在提問者面前，光照他的心靈，燃亮他的處境，讓他清晰反省，了解自己的問題；神學家甚至要對他所問的作出批判，或要改變他所問的。真正的辯證思維，就是在一開始，神學家在對處境作剖析、作提問以先，已將超越啟示的視域展示，使人有另類的參考架構去了解自己。道成肉身的啟示正是如此。上帝沒等人去發問，然後提供答案。反過來，是祂親自來到人間，因應人的處境，向人發出生命的提問，引導人層層深入自己生命的深處，發現真正的存在問題。道成肉身的神學不怯於就人的處境發出問題，其所問的往往正是人刻意避而不問的問題。

沒有真正掌握啟示與處境的辯證關係，於辯證的兩端固執其一，往往是神學失誤的一大原因。神學可以因過於遷就文化而失掉信息，也可以因固守經文或信條的文句而失掉道成肉身的啟示。

2.3 神學的第一種失陷：從適切到妥協

深入文化，參悟其苦罪，是神學不容退避的任務。但深入文化，神學便必須針對文化的墮陷，發出先知批判的信息。當教會不敢向墮陷的世代傳講上帝的話語，只懂遷就文化並與之唱和，上帝的道便會隱沒，而神學也成為人自說自話的言說。神學亦輕易被文化擄去。

2.3.1 笛卡兒之路：以人為本之路

與十架神學形成強烈對比的，是一種以文化意識為起點的神學。在西方，這神學進路深受啟蒙運動影響，甚至可以說是啟蒙運動精神的化身。德國神學家蒂里克（Helmut Thielicke）稱這神學進路為「笛卡兒進路」（Cartesian approach），而傳統的神學方法則為「非笛卡兒進路」（non-Cartesian approach）。[6] 兩者可說是南轅北轍。傳統的神學以客觀啟示作起點，不論是藉大自然彰顯的普遍啟示，抑或是以聖經為基礎的啟示皆然；而「笛卡兒進路」則以文化意識或個人意識結構，作為理解宗教想像和經驗的起點。「笛卡兒進路」顧名思義是用「我思故我在」（*cogito, ergo sum*, I think, therefore I am）的思想型態去做神學。笛卡兒要為知識尋找絕對穩固可靠的立足點。這談何容易。因為任何宣稱是知識最終極、最穩固的基礎的，都可以備受質疑。懷疑一切，是時代的精神。穩固基礎何處尋？笛卡兒的答案既簡單又具說服力：當我正在懷疑之時，有一個事實是不容我懷疑的，就是我此刻正在懷疑。我可以甚麼都不能確定，但有一事是我可以絕對確定的，就是我的懷疑。是誰在懷疑？是我。我的懷疑證明了我的存在是無可置疑的。我的意識通過懷疑的活動，自證其必然存在。因此，笛卡兒認為，人的意識是一切知識的起點和規限；凡立足、建基於這意識之上的知識，都可以被認定是穩妥的，而任何超出這意識範圍的知識，便不能確定，也不是確實的。在這起點上再向前推進一步，那麼，人一切的經驗既在意識內發生，它出現的型態也必然受著意識的結構所規範。這樣，所謂客觀知識其實反映著主體意識的內在結構或意識活動的規律。所以，要追尋客觀真理或事物真相，便必須進入意識之內，進行剖析、解構的工作。在個人意識以外，有的不過是眾多個體意識互動所產生的文化意識，而宗教和道德則反映這文化意識所追求的理想。於是，所謂神學便不過是文化理想的自我認識和自我檢視的活動。如此一來，神學再不是傳遞超越啟示的活動，而是文化自身的內省和創新的活動。這樣的神學可統稱為「人本神學」或「以人為中心的神學」(anthropocentric theology)，因為它以人的意識為起點，並以此為總結。

2.3.1.1 西方人本神學的先驅：士來馬赫

自由主義神學(liberal theology)之父士來馬赫既是尋求將信仰融入文化的先驅，也同時是「笛卡兒進路」的貫徹者。我們可以説，士來馬赫是一位徹底以處境為主導的神學家。他主張正視知識分子對基督教的蔑視，因此向他們宣講基督教信仰時，必須以現代人的世界觀和人觀出發，企求找到一個接觸點與他們對話，從而突破他們對基督教的抗拒，令他們願意聆聽信仰的闡述。由笛卡兒的「我思故我在」開始，現代人以主體意識為判斷真理的尺度，而士來馬赫便以主體意識為起點，剖示在人的意識深層內，有一種絕對的、無可取代的依賴感（a sense of absolute dependence）。而這種依賴感是只有宗教才能回應的。宗教是源自人意識裏頭最深層的渴求，渴求生命整全，渴求穩妥的安身立命基礎。士來馬赫嘗試說服現代人，基督教信仰既不會威脅啟蒙運動的人文精神，同時又能最徹底而全面地回應人類最深層的渴求。他將基督教重新詮釋，把基督化成人文精神的最高典範。基督的生命毫無保留地表現出潛藏於人性內的絕對的、全然的依賴感，祂對天父的信賴，象徵著人對「終極本體」無可取代的信賴，信賴「祂」是生命最終極的承托，信賴「祂」對人有無條件的愛、有至終的肯定。人不單被安立於終極本體的承托上，也安立於以愛為生命成全的基督徒羣體之內。人的罪不過是人的「失覺」，感應不到這種渴求，以致生命缺乏承托與整全性。順應著啟蒙運動對人性的肯定，以及人可以自我成全的信念，士來馬赫這種進路固然不為現代人所抗拒，但也使得基督教信仰變得可有可無。這樣的基督教所揭示的，其實沒有一樣不是人可以自己發現的。面對著輕視基督教的文化人，士來馬赫恥於向他們宣告福音對啟蒙運動精神的嚴厲批判。因傳道者的退縮與妥協，啟蒙運動便得不到福音的光照，更趨於將人的主體性絕對化，至終反將人的主體性引向崩潰之路，由是基督教便失去了將人文精神導向真自由、真理的契機。尤有進者，人根本的罪性，以及罪性在當時展現的種種形式，全未被觸及。啟蒙人自以為活在自由與理性的生命狀態中，殊不知現代人對生態的破壞、資本主義假自由之名對人進行前所未有的剝削、個人主義造成的疏離以及共同價值的崩潰、理性被利益集團的任意塑造，凡此種種，都因啟蒙人的自大所致。神學工作者如士來馬赫雖以處境為起點卻未有將真實的處境問題呈示，是一種失職。其失誤在哪裏？乃在於神學工作者在剖示處境的時候，輕忽了啟示的光照。或許，真正問題的所在，是神學家如士來馬赫等根本就不相信超越的啟示，因此他們有的就只是人文精神的資源。

教會無道可傳，被世界潮流淹沒以致隨流失去，甚至被社會文化俘虜，任其按所定的模型重新模造，而致其信仰面目全非。這種情況，在當下現代與後現代潮流交替糅合之際，比比皆是，層出不窮。不少神學家更不甘後人，爭相趕搭時代快車，不問目的地，也不辨方向。當今之世，俗世主義氾濫，超越視野隱沒，以人為中心、為萬物尺度的「自由人文主義」已成為不容質疑的「世俗宗教」。一切所謂客觀真理既是主觀意識的產物，那麼所謂放諸四海而皆準的道德標準、永恆不變的價值或歷史的目的和意義，不過是文化想像；所謂「天國」、「永恆」或「救贖」，也不過是人心靈渴求的折射，出於詩意的想像。「上帝」是人將其渴求的美善作無限投射或將其自身無限擴大美化而塑造出來的形象。「人按其形象造神」這樣的「人本神話」，是這時代的標誌。悲哀的是，正值人自我絕對化到極盡而通向自毀之路，亟需先知的警世之音之時，教會卻怯於文化大勢而退入傳統的保護罩內，神學家更識時務而政治正確地跟隨文化大隊，不惜把基督教信仰重新詮釋，以迎合後現代人的文化理想。這樣的教會或神學，至終被時代所唾棄。

2.3.1.2 亞洲人本神學的代表：宋泉盛

若説士來馬赫是西方人本神學的先驅，宋泉盛可説是亞洲人本神學的重要代表。士來馬赫在個人的深層意識裏尋找神學的起點，宋泉盛則以亞洲文化傳統與政治處境作為體悟上帝大愛的平台。從一九七五年再思基督教宣教的神學探討開始，[7]

他便探求以亞洲心靈的眼睛，去洞察潛藏於亞洲文化傳統及宗教經驗之內的、亞洲人對上帝創造的偉大與救拔的大愛之領悟，是領悟得何等深邃。不單如此，基督的生命在亞洲人民生活中之彰顯，又是何其真實。他嚴厲批判西方文化壟斷了基督教信仰的詮釋。西方不單視自己的文化為承載上帝啟示的必要元素，更將其上帝觀及救贖觀絕對化，視之為惟一正統的教義真理。當西方將獨特於他們歷史的宗教經驗傳予亞洲，以此作為基督教之不二真理，亞洲人便失卻了在自己文化母體中體悟上帝的空間，從而忽略了自己人文精神傳統所散發的啟示光芒。他對於西方基督教的救贖觀更提出了根本性的質疑。他認為創天造地的上帝從沒間斷地在不同民族的歷史中施行救拔、解放。聖經所記載的救贖與解放不過是一個民族的經歷，是上帝對世人眷佑的個別事例。[8] 基督教卻將這段歷史絕對化，視之為全人類的「救恩歷史」(*Heilsgesichte*, salvation history)的軸心，並將其在這段歷史中所體悟的上帝定形、教義化，結果使之成為偶像。說得清楚一點，西方教會一直所崇拜的上帝其實是一尊偶像。正因如此，西方教會否定了「救恩歷史」以外的任何救贖事實。西方的「錯誤」，源於西方教會根據其文化偏見及片面的宗教經驗去裁剪上帝。[9] 在其神學三部曲「蓮花世界中的十字架」(The Cross in the Lotus World)的第一冊《耶穌，被釘十字架的人民》(*Jesus, the Crucified People*)中，他明確指出，出自西方的傳統基督教神學所建構的上帝，是一位對人類犯罪過度敏感的上帝。因此，教會長期以來所宣講的上帝或其神學所描繪的上帝，是一位賞罰報應的上帝。[10] 如此一來，十字架便大有問題了。十字架，一個殘酷不堪的刑具，一件只能令上帝噁心的傷天害理的事，竟被教會說成是上帝用來救贖人類的工具。這樣的「十架神學」在宣告報應的上帝戰勝了仁愛的上帝。[11] 傳統教會的十架神學，將耶穌理解為上帝付給撒但的「贖價」或代罪人受刑的「代罪羔羊」。從亞洲人民的經歷我們卻可以看到，十字架代表強權對弱小之不公義的欺壓，代表民眾所受的痛苦。被釘十架的耶穌就是被釘十架的亞洲廣大羣眾，因為耶穌與他們認同，站在他們那一邊。耶穌在十架上的呼喊，是在抗議世界的不公不義。耶穌站在受苦羣眾的一邊，表示上帝站在他們的一邊。上帝站在受欺壓的人的一邊，與他們一起與罪惡抗爭，甚至與他們同釘十字架。

2.3.1.2.1「移位神學」：對傳統教義的改寫

如此重新詮釋基督教信仰，從神學方法的論述來看，宋泉盛稱之為「移位神學」（theology of transposition），或正確一點應稱為「改寫的神學」。[12] 他要以亞洲苦難的經歷「改寫」基督教傳統的神觀和救贖觀。神學的第一度「移轉」就是對「救恩歷史」的重新理解。「救恩歷史」傳統上被詮釋為上帝透過以色列民族以及西方教會拯救萬民的歷史。「移位神學」要做的是，闡述上帝如何在亞洲本身的文化和歷史中彰顯祂的創造、祂對人的悲憫，以及從未間斷的救贖行動。上帝在亞洲，在非洲，在世界的每一個角落，都活躍於人的生命中。神學的重要職責是在不同文化或處境中洞悉上帝的行動。假若神學試圖為上帝寫「上帝的傳記」，那亞洲的神學家便應以亞洲人民在其悠長的歷史中對上帝的體悟作為素材，去書寫這部傳記。[13] 西方所堅持的傳統「救恩歷史」應被「改寫」為「在歷史中發生的救贖」。這樣，上帝拯救人類的歷史便不會被以色列民族與基督教教會所壟斷。

神學的第二度「移轉」是耶穌及祂的十字架，其工作是重建正確的十架神學。耶穌是誰？耶穌是二千年前行走於加利利的木匠的兒子，是當時一位社會批判者，敢於嚴厲批判壓制人性的宗教及政治。但要正確回答這問題，便要洞察耶穌真正的身分：祂的生命與上帝的生命緊密結連，上帝的公義和仁愛在祂的生命中彰顯出來。祂就是上帝旨意的彰顯，是上帝真生命的化身，體現（embody）上帝的公義而敢於向強權挑戰，實現上帝的自由與能力，勇毅不屈地站在受欺壓的人那一邊，為真理發聲，直至死在十字架上。實踐上帝生命的耶穌不應被「凝固」於二千年前的加利利。耶穌在受苦的羣眾當中，成了邊緣無告的人的申辯者（advocate），也是受壓受傷的人的救助者。「真正的耶穌和受苦的人民在一起」。[14] 哪裏有人敢於在強權的暴虐中，以公義和真理為那些受欺壓的人申辯，並救助那些因而受創的人，耶穌便在那裏。

> 耶穌顯然是被邊緣化的人民有力的代言人，代表他們説出心中訴求。最後，耶穌與他們為伴，幫助並支持他們，與他們團結一致。當他被釘十字架時，「兩個兇犯跟耶穌一起釘在十字架，一個在祂右邊，一個在祂左邊（可十五27；太二十七38；路二十三32）。」無論是象徵或是實在，耶穌都「與」苦難的人民一起死……在被釘十字架的耶穌身上，我們看到被釘十字架的人民。反過來説，也是一樣。在痛楚和苦難的人民身上、在被折磨至死的人民身上，我們親眼看到被折磨、被釘死在十字架上的耶穌。[15]

簡而言之，「耶穌是被釘十字架的人民！耶穌這個名字的意思就是被釘十字架的人民！」

2.3.1.2.2 讓處境騎劫信仰

在宋泉盛看來，千百年來，猶太人完全誤解了上帝藉眾先知所作的啟示。同樣地，教會這二千年來所宣講的上帝觀和救恩觀亦是錯謬的，其所高舉的耶穌是扭曲的。教會這許多世紀以來不單自欺，還欺騙了一代接一代的信徒。保羅錯了，愛任紐錯了，亞他拿修錯了，奧古斯丁錯了，阿奎那錯了，路德錯了，加爾文錯了……基督教原來建基於一個錯誤的詮釋。這相信是人類文化史的一大發現，也是一大醜聞。既是這樣，站在高於基督教的「阿基米德點」(Archimedean point)來透視基督教的本質，既看透了，看穿了，那麼基督教還有甚麼價值？可這問題還不是最重要的，更重要的是，既透徹認識了耶穌的真意義，為甚麼還要執著「耶穌」這名字？為甚麼還堅持要提及「上帝」和祂的愛？有這樣的必要嗎？中國人不必相信上帝而為真理從容就義，自古已然，因為中國人相信「天地有正氣」。這「正氣」比「上帝」來得真實。所謂「正氣」，「是氣也，寓於尋常之中，而塞乎天地之間。卒然遇之，則王、公失其貴，晉、楚失其富，良、平失其智，賁、育失其勇，儀、秦失其辯。是孰使之然哉？其必有不依形而立，不恃力而行，不待生而存，不隨死而亡者矣。」[16]當秋瑾為公義從容引頸，當瞿秋白和楊開慧等革命先烈與腐敗的政權抗爭而不計生死，我們看到的就是「天地浩然之氣」。為甚麼要視之為耶穌的再現？為甚麼說「耶穌就是被釘十字架的人民」？為甚麼不可以說「秋瑾就是被釘十字架的人民」？既然已身在亞洲，為甚麼還要以「十字架」為鎮壓的工具？為甚麼不用「炮烙」、「凌遲」？這些刑罰的痛楚不一定亞於「十字架」。放諸四海，我們為甚麼不可以說「曼德拉(Nelson Mandela)是被釘十字架的南非人民」、「亞奎諾(Benigno Aquino, Jr.)是被釘十字架的菲律賓人民」？「哲古華拉（Ernesto Che Guevara）是拉丁美洲受暴政殘害的人民的基督」? 為甚麼硬要提説「耶穌」的名號，彷彿祂鶴立於這些革命先烈而有一種超越的身分。我們為甚麼不可以索性一次而永遠地放下「上帝」、「耶穌」、「基督」這些名號，讓「大道」、「真理」、「正義」選擇其「肉身」? 真正參透一切、與上帝契合、與基督認同的智者（或神學家），一定會超越了聖經的言説、教會的信約、信徒粗糙不堪的信仰，不執於任何有形的象徵。仍然著書言説「耶穌，被釘十字架的人民」，顯然是一種執著。完全融於文化、處境，徹底讓「耶穌基督」的身分隱沒，才是真意之所在。任何眷戀只會將「上帝」、「耶穌」、「基督」化成偶像。

從另一個角度看，就亞洲的實況而言，我們不能不問，宋泉盛的「福音」，對亞洲提供了甚麼獨特的精神資源？——對亞洲的民眾來説，面對殘酷的鎮壓，上帝何其沉默！祂的大愛如何在沉默中展示出來？耶穌的認同與上帝無聲的同在，對苦難的羣眾而言，是否顯得空洞和蒼白？與其説上帝「救贖」，倒不如説是受苦羣眾的自救。受壓迫剝削的羣眾所需要的，不是耶穌在十架上無能的抗議或上帝默然的認同。他們需要的是革命領袖。不錯，他們自己要成為歷史的主體。如此一來，「沉默的天父」、「耶穌」、「十字架」這些象徵，對他們而言依然是空洞無物，絕不如一位如毛澤東般的革命領袖來得實際。到底在貧窮肆虐、腐敗猖狂、剝削無度、欺壓平常的亞洲社會，移位神學所帶出的上帝的「悲憫」，對這一切實況究竟有甚麼實質意義？這是否仍是人民鴉片？相對於馬克思（Karl Marx）及毛澤東的革命理想與理論，經「移位」的基督教信仰有何優勝之處？年青的毛澤東和當時的共產黨黨員們才算是真正的道成肉身，因為他們將革命理想付諸於現實。革命羣眾對「公義」、

「人權」、「平等」、「自由」、「民主」的訴求，何待「移位神學」的靈感召喚？毛澤東毋須「移位神學」的洗禮，其革命足搖撼天地。因此，若說基督教神學在革命訴求澎湃的亞洲有任何意義，它大抵只可以為這些革命作可有可無的註腳，事後孔明地指出這些革命乃上帝救贖的實現。

這樣的神學淪為註腳乃為事小，更大的問題就是它可以讓處境「騎劫」信仰，使它政治正確地為主流的意識形態效力。這樣的危險，宋泉盛是不會不知道的。一九七四年一月二十九日至二月二日，二十二位來自歐洲、美國和亞洲的神學家聚集在瑞典的博斯塔德（Båstad）進行以「新中國之神學含義」（"Theological Implications of the New China"）為題的神學研討會。在會上，宋泉盛嘗試用他的移位神學方法為中國的文化大革命作神學詮釋。當時不少所謂普世派的神學家像新酒灌滿一樣，沉醉於文化大革命的神話，以之為上帝救恩的活現。宋泉盛以〈新中國與救恩歷史〉（"The New China and Salvation History: A Methodological Enquiry"）為題發表宏論。在文中他數度提出「權力批判」的重要。然而整篇文章對權力的批判，只限於輕輕地提及毛澤東權力過於集中的危險，卻沒有對當時極權政治的暴虐作出任何抗議與批評。文章的重心乃在閱讀上帝的手在新中國歷史的牆壁上所寫下的啟示，乃在於在新中國的文化建設中看出上帝的作為、看出人被推向更高的人性。當時新中國所創建的「生命的模式和型態」，正在向全人類揭示真理的所在。所揭示的可能取代了一切同類的真理追尋，[17]而神學家必須在其中洞察到上帝的作為。宋泉盛相信，「現時在中國展現的是救恩歷史的世俗版。雖然它的主導意識形態是無神的唯物主義，它仍是不折不扣的救恩歷史。」[18]重新理解上帝在歷史中的救贖行動，重新詮釋救恩歷史的真義，並改寫西方傳統所扭曲的耶穌，宋泉盛掌握了新中國的神學意義：

> 在耶穌的亮光中，而不是在西方所謂的歷史基督教的範本內，我們開始看到上帝的作為在新中國的深宏意義。現時新中國推行的秩序似乎局部地反映出上帝從混沌中所創造出來的秩序。[19]

正當神學家浪漫地將新中國吹捧為平等、自由、樸素、友愛的典範，將文化大革命讚譽為「人性化」（humanization）的歷程和上帝救恩展現的平台，中國廣大的人民正陷於水深火熱、暗無天日的災難中。十年文革是中國的十年浩劫，為中國人文精神帶來極大的創傷；在文革中，中國人所經歷的是極度非人化的生活，而人性最醜陋的一面在其中表露無遺。可是一眾鄙棄傳統基督教信仰的神學家不單沒有對此作出先知正義的批判，反惟恐神學落於人後，倉皇地追趕這列革命列車，不惜削足就履，將革命意識形態神學化。這樣的神學，對新中國而言，沒有獨特的信息，也沒有提供照徹其黑暗的亮光。失職的神學更可以指鹿為馬，以暗為光，將奴役、壓制人的政權美化，將災難性的文化實驗神話化。

2.3.2 當神學被文化所馴養

否定了超越的啟示，毫無保留地投向自由人文主義或革命意識形態的陣營，放棄原初的信仰，向文化大勢全面妥協，甘被文化馴養（domesticated），這樣，神學一方面可以成為顛覆教會的「特洛伊木馬」（Trojan Horse）；另一方面，這樣的神學對它所服事的文化處境而言，可說毫無貢獻，因為它根本不能提供超越的視野，幫助文化在超越的光照下自我批判、轉向，救文化於自毀的漩渦。它極其量只能扮演文化的「幫閒」角色，加速其墮陷。因遷就文化而失掉信息，是西方神學近三百年的一大失誤。教會因這失誤負出了沉重的代價。歐洲教會慘淡式微，神學的失職是其中一個主因。因它只顧處境而輕忽超越的道，甚而視之如敝屣，不少亞洲神學到頭來只成了社會、政治、經濟評論，甚或淪為意識形態的工具，致使基督教雖與亞洲相遇，卻只擦身而過。

> 你們是世上的鹽。鹽若失了味，怎能叫它再鹹呢？以後無用，不過丟在外面，被人踐踏了。（太五 13）

教會是世上的鹽，她對世界重要，乃因她對世界有獨特的先知信息。有道可傳是她獨特的身分之所在。無道可傳的教會就如失了味的鹽，丟在外面，被人踐踏。有道可傳，教會才真的履行其作先知的本分。要重拾先知的角色，神學必須從以人為中心的思路回轉，轉向以上帝、以祂的啟示為準繩。當今的文化將以人為中心的意識形態推到極盡，並將它深化到文化的每一層面、每個角落。結果自戀主義與相對主義當道，實效主義和功能理性成了惟一的客觀標準。人文精神的破落已顯露無遺。今天的教會可謂楚歌四面。然而，在楚歌的背後，我們可以隱約聽到自戀一代自覺迷失的呼喊、割裂社會響起社羣生命崩潰的警號、個人在疏離關係中孤單的哀鳴、人在市場功能主義宰制下的呻吟。同時，不少獨特的文化傳統在全球化的壓力下不斷萎縮，觸發沉鬱的身分危機的焦慮，令不少人對全球化質疑以至批判。重尋超越的視野是這個極度世俗化的時代的心靈呼喚。

2.4 神學的第二種失陷：簡化真理

2.4.1 基要派與福音派的危機：將真理變成命題

揭示了第一種神學失誤後，我們必須正視另一種神學失誤。自命固守傳統基督教信仰的基要派（fundamentalists）及福音派（evangelicals）很容易犯上這一類神學失誤——將永恆不變的真理簡化成永恆不變的信仰命題（propositions of faith）。「屬靈四定律」的命題式宣講便是一個很好的例子。這些命題儼如上帝口諭的覆述，放諸四海、放諸萬世，也不折不扣的是啟示真理的複印版。處境完全無關宏旨，它不過是信息的接收處。信仰命題的宣告固然是真理表達的重要形式，是不容否定的；但基要派忽略了一個很重要的事實，就是真理的宣告者——上帝——所宣示的真理不是一套命題，而是生命的表述。祂的真理往往是以行動表述的。祂不單是真理的言說者，更是真理的實踐者。祂的真理貫徹於祂愛的行動中。祂向人宣示的真理信息不是抽離的命題，而是對應人間苦罪的生命之道。這生命之道一方面是永恆不變的，一方面卻又是能具體適切人存在實況的。上帝道成肉身，親自來到罪人的處境，這行動徹底改變了人對真理的體悟。上帝的道依然是亙古不變的道。祂施行的救贖一次而又永恆地為人類完成了，完全不受時空的限制。奇妙的是，超越時空的上帝的旨意是用有血有肉的形式書寫出來的；永恆有效的救贖是在罪惡囂張、人性受盡壓制的處境中完成的。基督宣告上帝的釋放，這釋放一方面指罪惡勢力將完全被粉碎、上帝的國度將完全消滅撒但的國度，而人將永恆地從罪的轄制中釋放出來。然而，耶穌基督在宣講上帝國度的大能時，祂是指著人當下具體現實的境況而言的。「鬼附」是當時罪惡勢力操控人的一種普遍形式；耶穌基督遇見這具體的苦難，宣告一個簡單的真理命題，就是「上帝國度的能力要粉碎撒但的權勢」。所宣告的是永恆不變的真理，但與此同時，這真理在那一特定的時空中之呈示，就是被鬼附的人會得到釋放。換過另一時空，「上帝國度的能力要粉碎撒但的權勢」這一宣告，所針對的可能是另一種罪惡的綑綁或壓迫，而它帶來的釋放也可能是另一類型的釋放。道成肉身的上帝沒有因為人需要永恆的釋放而輕看當下此刻的綑綁。不，此刻的釋放閃爍著永恆釋放的光芒。在上帝的眼中，它如同永恆的釋放一樣真實。永恆的道就是這樣，既永恆，又實存。基要主義的錯誤乃在於沒有深悟道成肉身的奧祕。它將救贖完全「天堂化」、「永恆化」及「末世化」，彷彿福音對現世不公不義的社會制度，其對人性的轄制、踐踏與扭曲，以及人在其中所受的創傷，是無關宏旨的。基要派的福音被不少人視為人民鴉片，這樣的控訴可能不甚公平，但也並非毫無道理。也因為這緣故，教會在過往也付出了沉重的代價。

2.4.2 福音派的反省：文化使命與整全福音

福音派的興起乃為糾正基要主義在兩方面的缺失。第一方面，基要主義為保衛純正信仰而走入文化貧民窟，否定任何可能挑戰信仰的思辨及神學研討。福音派卻倡議神學要走進文化的精神樞紐，迎向當代思潮對信仰的挑戰。他們認為，在文化面前確立信仰，不應迴避理性思辨，而應以基督教信仰的睿智批判當代的文化潮流。在另一方面，基要主義認為「傳福音」為教會的首要任務，而「傳福音」則限於救恩信息的傳播；至於文化的改造、社會公義的伸張，都在乎人聽信福音後生命改變而產生的果效。福音派則強調整全的福音，認定福音的焦點不在個人的得救，而在上帝國度的彰顯。上帝國度的彰顯即上帝公義、仁愛、和平的實現。這一切必須活現於個人存在以及文化、政治、經濟的生命表現中。話雖如此，基要主義的影子恆在福音派的信仰表述中出現。

一九七四年在瑞士洛桑（Lausanne）舉行的「世界福音會議」（World Congress on Evangelism），可說是福音派神學的分水嶺。一九七四年以前，福音派神學為了維護正統的基督教信仰，忙於對抗自由派神學及科學主義，其神學的格局，可說是以「護教」為主，企圖糅合科學理性與聖經權威，既重視學術思研，卻又劃定了相當清晰的信仰界限。聖經權威、自由派神學推陳出新的理論、挑戰信仰的科學學說、理性的運用及其衍生的問題，通通主宰著福音派神學的議程。這樣的思維格局不是沒有代價的。恆以護教的角度出發，文化危機或文化的內在矛盾所導致的種種人文精神的困惑，便因而備受忽略，以致神學沒有在現代文化急劇轉變中發揮其應有的作用，與塑造文化意識的契機失諸交臂，神學因而失卻其應有的公共性，退守到教會羣體的圍牆之內。而就在這時候，世界在政治、經濟、社會型態以及國際關係等各方面都急劇轉變，不少第三世界國家正經歷後殖民時期的政治蛻變，軍人政府與跨國集團互相勾結，人民受盡剝削，公義的訴求和解放的呼聲在南美、非洲、亞洲，此起彼落。後殖民時期也引發文化身分的尋索。福音與政治及文化的議題在普世派教會成了神學反省的核心，而福音派對這些議題卻噤若寒蟬，與普世派教會形成了強烈的對比。當普世派教會在討論如何根據聖經、神學去判定美國和南非的種族隔離為罪惡，福音派卻仍在討論如何對付聖經批判；當南美政變頻仍，革命四起，南美神學家正上下而求索，極力尋找基督教的救贖觀與政治、經濟解放的關聯，北美的福音派對此卻視而不見，聽而不聞，繼續激烈辯論創造與進化的問題。

《洛桑信約》(The Lausanne Covenant)擴闊了福音派神學的視野。福音不再是單單關乎個人得救的信息，而是關乎個人、社會和文化三者緊密相連的整體的真理，因此社會行動不能與佈道分割，福音信息也不能跟社羣的共融與整全分割。社會責任，文化身分及更新，以及聖靈的工作和恩賜，成為當時三個非常重要的神學議題。[20] 對這三個議題的反思、摸索與辯論，本應在福音派神學中產生巨大的轉化作用。然而，三十多年過去了，福音派的文化反省與論說，大多還停留在文化的表層，其對文化的關注仍離不開實效主義，即尋求如何消解文化對福音的抗拒。福音派對文化現象常常採取「條件反射式」的回應，即當基督教信仰受到某思潮挑戰時，便作出「護教戰」式的回應；或當某社會思潮衝擊教會的主流道德價值時，教會便立刻作出聲討。福音派鮮有主動地、具承擔地深入文化的靈魂，洞察其危機所在，並與社會整體同覓更新之路。結果世俗的文化獨走世俗之路，神學家們則繼續在自己的小圈子內自說自話。

2.5 方法與生命

那麼，我們如何保持啟示與處境之間的辯證關係？如何身處世界漆黑、悲苦、怨毒的深淵，而不被現實淹沒，反能讓超越的真光透入其中，使世界得見解脫之亮光？如何真誠地與世界一起為真理上下而求索，讚歎人類博大深邃之智慧，卻又同時謙恭地聆聽上帝的話語，不恥於堅持樸實的生命之道？如何與人文精神對生命的參悟、觀照、理想，感應相通，而又能洞悉其限制，從而作出忠誠的批判？如何保守不變之真理，而又敏於歷史處境之變化，敢於突破真理表達的框框？如何珍惜基督教信仰傳統，卻又能使它歷久常新，使它與當代教會的嶄新經驗互相呼應，以達聖徒相通之效？如何在建構理論之時無忘以實踐為檢驗理論之試金石？神學方法是否能完整地建立起來，端視乎神學工作者是否能回應這些問題。

2.5.1 真理與方法的關聯

探求神學「方法」，探求解決真理與處境之間的張力的「方法」，焦點往往放在「方法」。先求「方法」是現代人「成功」之所賴，但也可以是心靈死症之所在。伽達瑪（Hans-Georg Gadamer）的詮釋學經典《真理與方法》（*Truth and Method*）精闢地點出了這一盲點。通向真理，「方法」並非不重要，但迷信「方法」，卻可以使人與真理似近在咫尺，實相隔千里。西方因啟蒙運動的影響，將科學方法理想化，以為它既可以客觀中立，抽離於追尋真理者的主體生命，也不會影響到真理的展現。這種方法論的狂妄至終被戳破，結果卻使到西方哲學從盲目相信科學的絕對性轉而掉入「知識論的絕望感」的深淵中，不敢再相信認知的可能。「現代—後現代」爭論的核心，乃在於以所謂客觀的「方法」去掌握客觀的真理，到底是不是虛幻的理想。在這場爭論中，大家都明白到，我們要重新理解「方法」。現代人大抵沒有想過，真理可能不是他們所想像的那樣，是一種可以捕捉、掌握、以程式剖示的「東西」，而是一種需要透過尋求真理的人以自己的生命去展現出來的「東西」。「方法」可能不可以獨立於生命而存在，而是內蘊於其中。如此一來，尋找真理的人的生命型態便變得舉足輕重了。基督教的真理觀正是如此。真理不是供人研討、檢驗、遠觀和崇敬的東西。它可以向人發出為之而生、為之而死的挑戰。

2.5.2 齊克果對真理的洞見

齊克果（Søren Kierkegaard）在他的《此抑彼》（*Either/Or*）及《恐懼與顫慄》（*Fear and Trembling*）兩書中闡述了三種不同的真理觀，以及相應的三種對待真理的態度，展示出三種迥異的生命境界（three stages of life）。[21]

2.5.2.1 美感情操的真理觀

第一種真理觀以真理為完全獨立於真理尋索者以外的一種客觀真相；尋找真理的人是真理的觀察者、驗證者和闡述者。面對著真理，真理尋索者就仿如一個在畫展中觀賞名畫的人，站在名畫面前出神地觀賞。然而無論他如何被這畫作吸引，如何投入它創作的世界，他無論如何也不會活在畫中。黑格爾（Georg Hegel）可說是這類真理尋索者的代表。齊克果諷刺他建造了最宏大、最無懈可擊的思想堡壘，但自己卻沒有住在其中，只住在堡壘旁邊的一所破陋小屋。齊克果亦以唐璜（Don Juan）的戀愛來說明這種態度。唐璜追求愛情，征服了不少女士，卻從未想過與任何人廝守。他活於愛情的追逐中，卻不肯讓真愛在他的生命活現出來。這比喻不少人熱切地追求一見真理之面，卻沒有打算住在真理裏面，或讓真理住在他的生命中。齊克果稱這種生命型態為「美感境界的人生」（aesthetic stage of life）。

2.5.2.2 道德情操的真理觀

第二種真理的追尋者知道，追尋真理不同參觀畫展；站在真理面前，我們不能作旁觀者，而是需要作抉擇：擁抱真理抑或排拒真理。然而，檢驗真理，確定其真偽，主權仍在於「我」，起點也在於「我」。「我」必須運用與生俱來的理性盤問

「真理」，以確定其真偽。齊克果以康德為這類真理追尋者的典型。亞伯拉罕接到上帝指示，要他獻上以撒。亞伯拉罕應如何抉擇？康德示範如何在這情況下運用理性作道德判斷。康德對發出指示的「上帝」說：「我不能恭行你所要求的，因為我不能違背理性所確立的道德原理。再者，就算你的聲音的確從天上而來，我也不能絕對肯定你就是上帝。」一個宣稱願意全然投入真理，讓真理主宰生命的人，卻仍執著最後的防線與主權。他立於真理之外，直至他「絕對肯定」「真理」就是真理，然後才投入。這樣進退，毋須冒險。[22]弔詭之處就在這裏。一個不肯為得著真理冒險而孤注一擲的人，在確認真理之後，又是否肯為真理而生，為真理而死？同時，他所要求的「絕對肯定」，相信永遠都是遙不可及的。這種人渴慕自己成為真理的活現，但卻執著自己，不肯被真理懾服，甘願放下自己所設定的量度真理的標準。齊克果稱這種生命型態為「道德境界的人生」（moral stage of life）。

2.5.2.3 宗教情操的真理觀

第三種追尋真理的人，與真理相遇的時候，主客的位置完全對調了；不是他去檢驗真理，而是他自己受真理的檢驗。在沒有辦法絕對確定真理就是真理的情況下，他甘願冒險，孤注一擲，為要投向真理。亞伯拉罕獻以撒的時候，就是以這樣的生命情操對待真理。這種生命境界，齊克果稱之為「宗教境界的人生」（religious stage of life）。在齊克果看來，當時基督教充斥著如黑格爾或康德式的神學家，基督教信仰怎可以不式微？

2.5.3 中國人文精神的呼應

中國人文精神的傳統對真理的觀照，與基督教傳統相互呼應。儒家也好，道家也好，都非常注重向大道全然開放，由它導引，讓它灌注，讓它在尋求真理的人身上作生命的表述。漢朝思想家揚雄在其晚年著述《法言．學行》中論到最高的學問時說：「學行之，上也；立言之，次也；教人，又其次也。」也就是說，最高的學問是那種以生命驗證出來的學問，憑一己創見以立論的那種學問是次一等的，而傳授那學來的學問又再次一等。揚雄相信真理展現之最真確所在是人的生命，而不是形而上的理論或那些能變鐵成金之術。當時不少人一窩蜂地研究化鐵成金的「科學」。有人問他，鑄金之術是不是最高的學問？他的答覆是：「吾聞覿君子者，問鑄人，不問鑄金。」(《法言．學行》)意思是說，一個見過君子的高潔生命的人，他一定會趨之若鶩，因而尋問如何鑄造如此的人格，而不再尋問變鐵為金的事了。人到了一種生命境界便有所參悟，鑄金之術不過是小學而已，其所掌握的真理極其量不過是片面的，而不是真理整全彰顯的所在。以此作為真理的全貌，人文精神以至大自然無不受到虧損。君不見科學在西方興起，三百年間似帶給人類極大的進步，但實際上人文精神受到嚴重物化，人作為人與物無異，而大地受無度的掠奪污染破壞，已到不能承載生命的地步。湯恩比(Arnold Toynbee)認為西方現時發展出來的科學，是一套缺乏良知和捨己情操去約束自己的科學，這科學正將地球的「生物層」(biosphere)摧毀，將人類推向「地獄的虎口」。他指出，在人類悠長的歷史中，科技的發展絕不是近期才出現的事，而是一直都是文化創建的重要組成部分，不過卻從未像近代科技一樣，割離了人文精神價值，如脱韁野馬，直奔己路，結果全然主宰大地，給人類帶來極大的災難。[23] 他異常悲觀地說：

看來人類將不能救自己脫離他魔性的物化力量與貪婪

> 所帶來的果報，除非他的心靈更新變化，叫他盡棄現今日所追求的，反其道而行。[24]

我們可以從歷史的角度看到，物理之知若抽離德性之知，知識可以是人類的咒詛。中國人文精神的智慧在此清晰可見。程頤說得好：「君子之學，必先明諸心，知所養，然後力行以求至，所謂自明而誠也。」(《二程集》) 追求知識，不為握真理而據為己所有，為的是與真理契合，讓一己能按真理「盡己之性」。追求知識為的是生命的成全。當二程的學生問：「進修之術何先？」他們問的是「術」，是方法。二程的答案是：「莫先於正心誠意。」(《二程集》) 對他們來說，追尋真理的人的生命狀態是揭示真理的重要條件。

2.5.4 神學乃鑄人之學

同樣地，神學就是鑄人之學，其工作不是要掌握真理，而是學習向真理開放，以期被真理掌握，使一己之生命被真理燃亮，為真理發光。神學任務能否得以完成，相當在乎神學工作者的生命型態。真理與處境辯證之張力是否得以調和，端視神學工作者的生命內涵，包括他對上帝的敬虔，對真理忠誠的執著，他對人的悲憫，他對文化的透析與承擔，他對歷史的使命感，他對生命的熱愛，他對教會的委身。不錯，這些生命素質原來是神學「方法」的一部分，也是解決道成肉身內蘊的張力的決定性條件。當神學工作者偏執於一端，這多少反映了他生命經歷的闊度或屬靈體悟的層次有多闊多深。

寫到這裏，不期然想到中古神學家阿奎那。阿奎那可算是神學家中的神學家；他的《神學大全》(*Summa Theologiae*) 旁徵博引，思想縝密，既全面而又深邃，既平白說教卻又充滿哲思睿智，更充滿屬靈的感染力。我們可以說，時至今日，他對基督教思想的貢獻仍是難以超越的。不過每當聽到他的名字，很多人便立刻想起經院學派的學究主義（scholasticism），因而對他的神學持否定的態度。然而，他確是一位值得效法的神學工作者。他所屬的道明會（Dominican）專以傳福音、祈禱為事，故稱為「傳道者之修會」（the Order of Preachers）。這修會為堅持到不同的新興城鎮自由佈道，不願受固定的修會產業所束縛，寧靠布施維生，甘於貧窮。阿奎那雖任教於大學，卻不忘四出向普通信眾講解上帝的道。阿奎那專家紀伯納（Bernard Gui）這樣形容他：

> 向普通的信眾，他清心地宣講上帝的道，以溫柔和能力⋯⋯微妙的辯解，他留歸學院；對於一般人，他就按他們領受的能力給他們生命的教導；他知道，教師必須適切他的聽眾。[25]

他以答問的形式撰寫神學，其目的清楚不過——為了解惑與教導。他知道自己的身分是「教會的教師」而不是獨來獨往的哲學家。他努力掌握當代思潮，為的是讓福音在這些思潮中能更清晰地表明出來。結果，他開出信仰與人文精神匯通之路，不單為信仰的表達開闢新的空間，更替那些在當時備受新思潮衝擊的信徒解惑。他對文化作出了適當的批判，但也同時肯定文化，並在其中選取洽當的素材來表達信仰。當他為自己的神學作總結時，他顯示了極深的謙卑與真誠。他去世前不久的一天，彌撒完畢，他並沒有如常回到書室寫作，彷彿經歷了甚麼重大的屬靈經歷。當為他抄寫的同工催促他如常工作時，他這樣答道：「我不能，因為我所寫的一切，彷如禾稭一樣。」[26] 一個敬虔的神學工作者最大的渴望，不是完成一部驚世之作，而是得見上帝的面，直觀上帝（*visio Dei*）。在上帝的面光中，一切依賴人的概念、語言所詮述的上帝，就像禾稭一樣。從阿奎那這一位偉大的「教會的教師」身上，我們看到，謙卑、敬虔、徹底奉獻、渴慕真理、熱切詮述上帝話語、對人文精神持廣闊胸懷等生命狀態，是神學工作的基本條件，也是神學方法開展的重要基礎。惟具備這樣的生命基礎，神學工作者才會有「緊隨在上帝啟示之後」的情操去開展一套忠於上帝啟示的神學方法，這樣才會有穩固而深邃的神學思想，也惟有這樣的神學思想才能導人認識上帝，與上帝契合，與祂親切到彷如直觀上帝，直接見到祂的面，生命完全被祂的榮耀和美善所灌注。

借用揚雄的說法，略加修改，我們可以這樣說：「傳道乃鑄人之作，鑄人必鑄己以道」。由此引申，神學也就是鑄人之學，一切學問的目標都是為了鑄造人的生命。要是這樣，神學工作者自己必須首先被上帝的道鑄造。因此，神學方法若沒有敬虔的生命及清晰的使命作為實踐的條件，它只會導人走向虛謊的小學。

2.6 神學與理性思辨

一般信徒對神學卻步，最大的原因是神學討論往往堆滿了他們感到陌生的哲學詞彙和概念，而這些東西似乎跟他們的信仰生活相去甚遠，也跟他們平時閱讀聖經時所碰到的詞彙、概念不大相同。同時，他們也有疑問，神學闡述是否一定要通過相當抽象的理性思辨才能表明？聖經闡述上帝的永能和神性，何曾用邏輯推理或形而上的概念？聖經用的是故事或歷史敘述。耶穌常用的是比喻，或更直接地用行動作生命示範。這些豈不是言說上帝啟示的典模（paradigm；或作「典範」、「範式」）嗎？教會是否真如哈納克所言，給希臘哲學擄去而受其宰制禁錮？前文提及哈納克對教會歷史的觀察，這實在是值得我們深思的。充滿生命活力的原初基督教信仰的確曾不時陷於哲學形而上的系統，受其挾持，失卻了信仰的適切性與感染力，這是我們不可不察的。然而，我們也斷不能因噎廢食，因神學易於受哲學思想體系所困而放棄信仰思考。不過，更大的問題卻是，對很多人來說，理性與信心兩者，在追尋和認知真理上代表著兩種完全不同的方式，甚至南轅北轍；一種以明辯、慎思、求證的客觀方式為依據，一種卻以主觀的宗教經歷及意志的決定為依據。理性代表科學的認知，而信心代表由神祕經驗而來的觀照（vision），兩者不單無法相融，更經常出現衝突。

2.6.1 經驗與理性的連結融合

思考既是人生命的一部分，與人的經驗、感情、意志根本是連結融合（integrate）在一起，不能分割的。經驗不可能脫離思想而成為一種對生命具建設性的經驗；脫離理性的經驗或理性無法領悟的經驗，勢必在生命中引發一種不能抑制的求問或質疑。這種求問或質疑若得不到解決，生命的整全性便會受到威脅，甚至崩潰。同樣地，感情和意志也是一樣，它們也必須與理性融通和共鳴，方能叫生命得以完整。因此，人在經驗中、在感情感應上、在意志的決斷中，無時無刻不是同時運用理性去剖析、理解、判斷其所經驗、感應和決斷的。基督教相信，理性思維是人與生俱來的，是上帝賜予人，讓人去領悟祂在創造、救贖中的心思和智慧。當然，理性會有誤墮自我中心的陷阱的時候，因而失卻超越的視野，困於自設的框框中，彷如蒼蠅被困於透明的瓶內，看到外面的世界，卻飛不出去。在這種情況下，我們可以說理性被扭曲了，處於一種自我異化的境況，不能正常發揮其應有的功能。這樣的理性無論是用於科學、哲學或用於神學，都會引致扭曲的宇宙觀和人生觀。理性若與信仰有甚麼衝突，所指的應該是扭曲的理性而不是上帝賜予我們的原初的理性。

值得注意的是，「教義」（dogma）一詞，絕不如一些人所以為的，是所謂的「教條」。"dogma"一語乃由希臘文"*dokein*"一詞而來。而 *dokein* 即「思考」（to think）之意。亦即是說，教義代表著我們經過審慎思辨和引證而表達出來的信仰。未經思考的信仰若出現在個人身上，是一種未有根的信仰，因為這信仰還未經過他的生命經歷的檢驗，也未經過這個人的理性的檢驗，因此便未有融合到這個人的整體經驗及思維之中；如此，這未經思考的信仰遲早會在生命中引起緊張、分化，要不然便是信仰被「括」（bracket）起來，放在生命以外，成為一種與生命異化的東西。在羣體的層次，未經思考的信仰就是未經大公教會一同思考的信仰，亦即是未得到共同確認的信仰。這未經思考的信仰也可以在教會的羣體中引起緊張、分化，或被信仰羣體「括」於教會之外。教會要確認某一信仰表述，必須經過思考的檢驗，察看這表述是否與整體的表述一致。思考信仰，在個人的層次以及在羣體的層次，都是非常自然而必要的事。

今日的信仰羣體，不單要為這一代去共同思考如何一致地表達信仰，也同時要思考今日所表達的信仰是不是教會在歷代所表達的信仰，今日教會所宣講的上帝是不是亞他拿修、奧古斯丁或加爾文的上帝。大公教會不單是今日的「大公」，而是包括著歷代信徒的「大公」。「我信聖徒相通」包含了今日的信徒與昔日初期教會或中古時代的信徒在思想上的相通、在生命上的相連。今日的信徒需要去理解昔日的信徒的「信」，以尋求那貫通今昔的信仰思維邏輯。要這樣做，我們必須思考(*dokein*)。

2.6.2 信心尋求理解

從一個實際的角度看，我們不可能不作思辨性的思考。使徒彼得囑咐我們，一方面要用聖潔的生命去辯明證實我們所傳的道，但另一方面卻要常作準備，當有人問我們盼望的緣由的時候，以溫柔的心去回答(make defense)各人。理性既是上帝所賜的，賜給信祂的人，也賜給拒絕祂的人，同時也是祂所命定的人性的重要部分；運用理性思維去檢視、質詢信仰，是一件非常自然的事，我們必須以溫柔的心去回應。要回應，我們又得了解質詢背後的前設與邏輯以至整個世界觀，並因應這些而説出信仰的理據，使他們領悟真知識和真智慧的所在，使疑惑消解。不單是未信之人，就是連信徒自己也不時對信仰有疑惑。疑惑往往驅使我們更深入反省信仰，因而對信仰有更深、更闊的理解。這樣的信仰反省正是奧古斯丁及安瑟倫(Anselm)所謂的「信心尋求理解」(*fides quaerens intellectum*, faith seeking understanding)的意思。不錯，神學就是「信心尋求理解」的行動。然而「信心尋求理解」不單為了處理疑惑，它有更重要的作用——由信仰而來的一套新的世界觀，正可以在「信心尋求理解」的過程中被建立起來，而我們於此亦可以最容易明白到信心與理性的關係。

2.6.2.1 何謂理性？——理性的兩層意義

甚麼是理性？齊克果曾這樣問：「甚麼是理性，致使我願意將永恆的福樂信託於它？」齊克果這問題問得非常好，不少人從未弄清楚理性是甚麼，便完全相信理性可以帶領我們通往真理。他們未經批判地假設理性與科學即等同客觀，也不去搞清楚人之所謂「客觀」到底是甚麼一回事。

一般來說，理性最少有兩層意義。第一層意義是指「理性活動」。我們只要活著，每一刻都會有無數的經驗不停在我們的意識之內快速流轉。這些不停流轉的經驗可以完全獨立，彼此互不相干。假如我們任由這些經驗散亂在我們的意識內，我們的意識便會散亂一片，而我們也因而會活在混沌之中。我們內裏的「理性活動」正是一種「賦予秩序」的活動。它將這些無數的經驗進行分辨、篩選、分類，然後連結組合，組成一個有條有理的「意義架構」（structure of meaningfulness），叫我們所經驗的世界井然有序。不要以為這理性活動既將秩序賦予我們的意識，那它便一定是秩序和意義的來源。其實它如何將散亂無序的經驗結合成為一有序的「意義架構」，也不一定完全由它決定和主宰。經驗——由外在的真實世界引發的經驗——可以有它們自己的特性與規律，是不容理性活動任意主宰的，理性因此要因應外在的實相來作整合的工作。總而言之，「理性活動」為我們的意識建立「意義架構」，叫我們所經驗到的世界井然有序。而這「意義架構」反映了主體的內在生命，也同時反映了外在世界的實相。它的「客觀性」受著主體的條件所限制，絕不是科學主義者所理想化了的「純粹客觀性」（pure objectivity）。但我們也要小心，這並不代表人所建立的「意義架構」是完全主觀的，只能反映人內在的狀態和取向。這是理性的第一層意義。

理性的第二層意義往往才是真義的所在。當我們建立了「意義架構」，使我們在規限當中看出宇宙的秩序，亦即讓外在的「客觀事實」（objective reality），在主體所能提供的條件下，成為「主觀事實」（subjective reality）。這是上帝在創造世界時所定的旨意。人的生命內藏了反映客觀世界的條件，好讓人如實地與世界相交，達至人與世界感應契合的境界。上帝所賦予人的理性是一種感應外在真相，並與之契合的理性，為的是叫人可以與萬物同歸於一。這理性應稱為「立約的理性」(covenantal reason)。當然，理性反映外在真相的能力是有限的，好叫人不能全然將世界握於自己的股掌之中，收歸於自己的意識之內，而有萬物皆在於我的妄念。了解到這限制，人必須繼續謙卑地向世界開放，才能繼續擴闊其對世界的認識。任何人對世界的認識都是「暫時性」(tentative)的，好叫人知道他仍未得世界整全的真貌，人必須繼續與世界對話，體悟到認識真理原來是一個歷史進程。

2.6.2.2 意義架構不等於理性本身

不幸的是，人恆常有一種狂妄之心，往往視一己所建構的「意義架構」為理性的化身，反映著宇宙的理性結構和客觀實相。一些哲學家如黑格爾更將其所建構的思想體系，視為等同「宇宙的理性」(Reason)。對於不少這類哲學家和科學家而言，任何不合他們「意義架構」(世界觀)的經驗，都會被摒於「理性」大門之外。宗教經驗就是一個很好的例子。現代人建立起一套科學主義的世界觀，這世界觀固然有其客觀基楚，但它不一定完全反映了宇宙的真相。當人將它絕對化，並以它為「理性」的化身，便會排拒一切不能與它完全融合的經驗和世界觀，並統稱這一切為「非理性」。這種「理性」基本上是封閉的。

不少基督徒在認識上帝之前也曾經陷於這種「科學主義」式的「理性主義」的窠臼之中，他們也曾經一度以科學否定宗教經驗，以之為「非理性」。但當他們與上帝相遇，他們一度封閉的世界觀便頓然開放，過往所認定的「理性」也呈崩裂之狀。對不少信徒來說，他們簡直就是經歷了世界觀的崩塌。要過新的生活，他們必須在嶄新的信仰經歷的基礎上，重拾過往對世界的經驗，運用內在的理性活動，將這一切經驗重新結合，建立一個新的「意義架構」。這過程也就是「信心尋求認知」的過程。在這過程中，理性活動與信仰經歷互相配合。信心與理性在我們的信仰生活中，根本不能分割。

2.6.2.3 信心乃是對客觀事實的回應

信心並非一如很多人所以為的那樣，是一種純主觀的活動。信心之出現是回應一個客觀的事實，就是上帝的真實——祂透過自己的話語，透過道成肉身的行動，將自己「客體化」在人的面前，以致人可以與祂相遇，可以認識祂。信心的起始不是出於信的人，而是出於上帝的信實（God's faithfulness）。就算上帝成為肉身，成為陳示在人面前的客觀事實，人也可以因自己的盲目而視若無睹。上帝以祂的靈打開罪人的心眼，叫人看見。如此，因聖靈的工作，上帝客觀的真實便頓然成為人主觀的事實。這一切都有賴上帝的信實。對，是上帝的信實喚起人信心的回應。保羅在羅馬書一章 17 節說：「因為上帝的義正在這福音上顯明出來；這義本於信，以至於信。」上帝信實地實踐祂與人所立的約，將「約愛」傾注在罪人身上，由是將「上帝的義」顯明出來。因著祂的信實，人可以「因信得生」。就連人信心的回應也是因著上帝的信實而發生的。「本於信，以至於信」說明了「信心」客觀與主觀的兩面。客觀的一面是指上帝信實的守約行動，而主觀的一面是指人信靠上帝的回應。

2.7 神學與自然啟示

我們在上文談到「十架神學」與「榮耀神學」的對比時，非常清楚地對「十架神學」的路向予以肯定。但如此一來，我們是不是就否定了從中古到現代羅馬天主教一直都推崇的「榮耀神學」? 說到這裏，我們必須要為中古教父和天主教的傳統說句公道話。首先，「十架神學」與「榮耀神學」的強烈對比，可以說是馬丁 · 路德在改教論戰中，用來說明在救恩的事上人的努力毫無用處，這包括人的理性思維，藉此，凸顯屬世智慧的虛妄。當然，路德的觀點是既正確又重要的。然而，我們必須緊記，大凡論戰，都有可能將某種取向極端化和簡化。在這種情況下，所謂「榮耀神學」其實可以說是路德對天主教的神學傳統的一種簡化。嚴格來說，在中古時代，就是在中古晚期(The Late Middle Ages；公元 1300 ～ 1450 年)，純粹的「榮耀神學」是不可思議的。中古的所謂經院神學其實比我們想像的複雜得多。在我們的印象中，經院神學往往討論一些不切實際的理性問題，例如一根針的針尖能站多少個天使？新教徒(Protestants)經常用這例子來說明中古神學有多荒誕。但這種漫畫式的描繪很容易以偏概全，以極端的事例當作一個傳統的全貌，這樣做實無助真誠的理解與學習。我們不要忘記，馬丁 · 路德所攻擊的是中古晚期給扭曲了的經院學派，他並非要全盤否定經院學派的路線。田立克說得好:「經院學派在中古晚期被扭曲了；但經院學派的真正目的是對人生各形各式的問題作出神學詮釋。經院學派極豐富的文獻對中古的靈性生命有極大的影響力。」[27] 不少被稱為經院學派的神學家，同時也被視為「神祕主義者」，而當時所謂的「神祕主義」，絕非東方式的「融入梵天」或「與萬化冥合」的神祕主義，而是指將教義化成主觀經歷的生命操練。

經院主義與神祕主義根本並不對立。神祕主義是經院認知的主觀經驗。通過靈修、祈禱、默想和克己的操

> 練而達至與上帝契合，是教義基礎的所在……在中古，神秘主義與經院主義是相互結連為一的。[28]

因此不要以為中古的經院神學家只知用理性和哲學思辨去建構神學，他們當中不少是非常敬虔，有深厚的屬靈功力，並對十架神學完全信服的。因此，用理性思辨，從被造的宇宙認識上帝的永能和神性，並不一定與「十架神學」對立。問題出在所謂的「自然神學」——宣佈獨立於「十架神學」的「自然神學」。

保羅毫不含糊地說：

> 上帝的事情，人所能知道的，原顯明在人心裏，因為上帝已經給他們顯明。自從造天地以來，上帝的永能和神性是明明可知的，雖是眼不能見，但藉著所造之物就可以曉得，叫人無可推諉。（羅一 19～21）

人的心被上帝設定為顯明祂自己的地方。若上帝要向人顯明祂自己，人的心就有能力感應得到，而保羅見證說：「上帝已經給他們顯明。」上帝「已經」，即表明上帝向人顯明祂自己，根本是客觀的事實。加爾文指出：

> 按人自然的本能，人心中對上帝的神性其實是有知覺的。這一點是毋須爭論的了……上帝自己在所有人裏面種下了關乎祂神聖威嚴的認知。[29]

不單如此，上帝藉著祂所造的天地將自己的永能和神性展現在其中，清晰到人「明明可知」。詩篇十九篇宣告：「諸天述說上帝的榮耀，穹蒼傳揚他的手段。」正如加爾文說：

> 祂不單在人心中播下敬虔的種籽，更啟示祂自己，並每日在整個宇宙的工藝中揭示祂自己。因這緣故，人沒有可能睜開眼睛而不被驅使看到祂。誠然，祂的本體是不可知的……但祂已在每一件被造之物上面清楚地刻下祂榮耀的記號，清晰並明顯到連目不識丁或愚鈍的人都不能用無知作為不認識上帝的藉口。[30]

換句話說，大自然根本滿佈著上帝的自我揭示，人若願意，他是可以在其中掌握到上帝造物的智慧與能力的。

人既有內在的能力感悟上帝的真實，而在人的身外又有宇宙彰顯神的榮耀，那人豈非可以運用一己之力，掌握宇宙中上帝所留下的標記，從而認識上帝的永能和神性的某方面？對，事實確是如此。然而，這只是故事的前半部。上帝起初創造天地，並以創造人類作為創造的高峯，祂的本意確是這樣。上帝創造天地、人類，不是為了創作力的表達，而是為了生命的分享，創造是愛的流露與成全。上帝將自己的美善、智慧、能力灌注在被造物的生命中，被造物流露出這些神聖的生命特質，自不待言。不單如此，上帝沒有創造一個靜態的宇宙，它創造了一個可以接受上帝邀請的宇宙，能與祂感通、互動、契合，並更深更廣地分享祂生命的豐盛的這樣的一個宇宙。被造物所具有的上帝美善，還只是冰山一角；在與上帝的互動中，上帝的豐富會進一步展現並灌注在被造物的生命中。冰山有多宏大，還看被造物如何「與上帝參」[31]——參與上帝生命的活動。就是如此，上帝的永能和神性在互動的進程中更形顯露。人在這互動中對上帝的認識就是最佳的自然神學。自然神學本應是自然不過的事。

2.7.1 獨立於「十架神學」的「自然神學」?

故事的後半部卻完全改變了整幅圖畫。人從感通、互動、契合的進程中退出來，封閉於自建的意義架構，將自己絕對化，因而與上帝隔絕。為了鞏固自己的建構，免受動搖，使之完備，更悉心按自己的形象塑造一位神，叫自己可以自足於自設的世界中。於是他將宇宙本來透出的上帝的永能和神性重新詮釋和模塑，憑己意使之化成偶像。人自己打造的世界，至此便完備齊全，連「上帝」都有了。於此，大自然本有的神聖光芒被人的精神意志折射內向，成為人的神聖光芒。

> 〔人〕雖然知道上帝，卻不〔將上帝〕當作上帝榮耀他，也不感謝他。他們的思念變為虛妄，無知的心就昏暗了。自稱為聰明，反成了愚拙，將不能朽壞之上帝的榮耀變為偶像，彷彿必朽壞的人和飛禽、走獸、昆蟲的樣式。（羅一21～23）

在這樣的情況下，自然啟示被人利用，使之轉化為偶像的創作。「自然神學」當然有可能落入這樣的陷阱而不自知。

但這故事是可以改寫的。當人放下障妄，棄我執，向上帝重新開放，因基督的救贖，人被幽暗勢力所弄瞎的心眼將頓然打開，重見天地的真貌以及自己的本相。透過成為肉身的道，人可以洞悉那創天造地之大道。到那時，自然啟示將還其本來面貌，而透過自然去領會造物主創造的智慧、能力、美善，將是何等尋常的事。自然神學有其位置與效用，不過必須在「十架神學」的光照之下。

2.7.2 論述大自然的神學

不少新教徒認為十架既是上帝最清楚揭示祂自己的地方，我們既通過十架認識祂並認識祂的大愛是何等長闊高深，我們是否還需要自然神學？聖經既將上帝創造的目的、旨意向我們陳述，將人作為人的生命真諦闡明，自然神學還有甚麼用處？這些問題顯示了新教傳統在某方面的缺失。加爾文説得好：「人不自知，便不能真知上帝⋯⋯人未認識上帝，亦只會對自己一無所知。」[32] 人愈認識自己的無知、虛妄、貧窮、疾病及甚於此的罪惡與敗壞，人方能領悟上帝的智慧、美善、豐富及純潔公義。循這思路，我們可以説，人愈認識自己的生命結構是何等精妙，上帝在他身上的設計是何等細緻，其配合是何等巧妙周詳，他便會愈了解上帝與人感通、互動的構思是何等完備。我們對上帝的感情便不止於無盡的感恩，而能對祂所做的生出一種讚歎之情、一種美感的共鳴。同樣地，人愈認識大自然配合得天衣無縫的結構——既複雜卻又簡潔無比，那生生不息的秩序，深嚴的法規以及令人屏息的千變萬化，那麼，人除了對上帝的大能驚異不已外，還可以對祂的美感有所共鳴、感應。上帝的「美感」是新教神學家少有觸及的範疇，而上帝的「榮耀」也往往只是一個頗為空洞的概念。這正是因為我們忽略了「論述大自然的神學」(theology of Nature)。大自然的奧妙喚不起我們美的情操，我們的宗教感情便只能是對救恩的感激、對天國使命的激情。在我們信仰的心靈境界中，詩歌、藝術、科學，都彷彿與神學認知毫無呼應。我們不能不承認，新教的神學家的確很少在詩作、藝術和科學方面，對人文精神有甚麼貢獻，結果這便落入自然主義者、人文主義者手中。塑造文藝文化及科技文明，與我們的信仰彷彿無關宏旨。現代的福音派神學家在這方面的虧缺尤甚。為何如此？我們不得不深究。深究下去，我們不難發現，福音派神學其實深受啟蒙運動影響。同時，過度簡化地將「十架神學」與「榮耀神學」對立起來，也是原因之一。

2.7.3「美學神學」的必要性

西方自啟蒙運動以來，一直高舉理性，崇尚理知。為求客觀，便將主體排拒於知識以外，而美感因而定性為主觀體驗，在認知的範疇中沒有任何角色。美學因此一直不入知識論之範疇。美感被認定為不是通向知識的管道。三百多年來，理性與科學幾近專橫，人的美感被圈定在主觀之內，備受忽視、壓抑。「浪漫主義」哲學家們對啟蒙運動的猛烈批評，正是為此。當西方進入二十世紀，理性主義的偏頗漸現，而理性的限制也愈來愈明顯。美感在認知真理方面的重要性也重新被確認。

在神學方面，自馬丁．路德否定中古神學的所謂「榮耀神學」以來——以理性洞窺宇宙奧妙並藉此參悟上帝永能和神性——新教恆以基督的受苦作神學的起點。神的榮耀、祂在受造之物透出的榮美也因而備受忽略。同時，新教非常強調「聽」上帝的話語。正因為「聽」重於「看」，自初期教父以來在默觀中管窺上帝榮美的傳統也相應式微。創造之光芒不單隱沒於十架之下，就是連十架本身的光輝，也好像被苦罪的慘烈所吞噬。上帝的榮耀被救贖之愛遮蔽了，而救贖之美、神愛之美也無從言說。因此，新教在美學方面的開拓可謂極之貧乏，這說明了為甚麼自改教運動以來，新教在藝術、文學方面的貢獻或影響極微。我們極需要探究「美感」在上帝之創造中有甚麼位置？上帝對「美」有何觀照？我們如何尋求得見上帝的美？美學的神學反思，即「美學神學」（theological aesthetics；或作「神學美學」），實是福音派神學家亟需開拓的範疇。

註釋

1. “True theology and knowledge of God lies in the crucified Christ.”引自 Gerhard Ebeling, *Luther: An Introduction to His Thought*, trans. R. A. Wilson (Philadelphia, PA: Fortress Press, 1972), 226。
2. 參 J. F. Bethune-Baker, *An Introduction to the Early History of Christian Doctrine* (London: Methuen & Co., 1903), 161～163。
3. 亞流的名句正是“There was a time when He (God the Son) was not.”(「有一刻祂〔聖子〕是不在的。」)
4. 麥克盧漢(Marshall McLuhan)於一九六七年籌劃以簡易的表達形式再出版他的名著《媒體就是信息》(*The Medium is the Message*),無奈印刷商將“message”一字錯植為“massage”,麥克盧漢將錯就錯,保留錯版題目,更以此為一種覺悟,認為「媒體」確有為受眾按摩的功能。
5. Paul Tillich, *Systematic Theology*, three volumes in one (Chicago: University of Chicago Press, 1967), 59～64.
6. 參 Helmut Thielicke, *The Evangelical Faith*, vol. 1, trans. G. W. Bromiley (Grand Rapids, MI: Eerdmans, 1974)。
7. Choan-Seng Song, *Christian Mission in Reconstruction: An Asian Attempt* (Madras: Christian Literature Society, 1975).
8. Choan-Seng Song, “From Israel to Asia: A Theological Leap in Third World Theologies,” *Ecumenical Review* 28 (1976): 252～265.
9. 宋泉盛:《耶穌,被釘十字架的人民》,莊雅棠譯(嘉義:信福出版社,1994),頁64。
10. 宋泉盛:《耶穌,被釘十字架的人民》,頁65～70。
11. 宋泉盛:《耶穌,被釘十字架的人民》,頁145～154。
12. 有關“theology of transposition”,有譯作「移位神學」,也有譯作「變調神學」的。“transposition”一詞通常用於音樂技法上,其意為「變調」,即是將一首樂曲改寫,由原先的曲調改為另一曲調,因此稱為「移位」。按他自己所提供的詞彙定義,“transposition”是指「時間和空間的轉移」。上帝「道成肉身」就是時空轉移的典範,而翻譯、傳訊卻又是轉移的一種。我們又可以把它譯作「移轉」,是其「移位」並同時「轉化」的意思。其實“transposition”一詞的詞彙定義也有「改寫」之意,因此我們可以說,綜合他的論述,他所做的基本上是為亞洲的處境「改寫」基督教的信仰。

13. 宋泉盛：《耶穌，被釘十字架的人民》，頁 10～182。
14. 宋泉盛：《耶穌，被釘十字架的人民》，頁 22。
15. 宋泉盛：《耶穌，被釘十字架的人民》，頁 362。
16. 引自蘇軾之《潮州韓文公廟碑》。
17. Choan-Seng Song, "The New China and Salvation History: A Methodological Enquiry," in *Christianity and the New China* (South Pasadena, CA: Ecclesia Publications, 1976), 122～123.
18. "What we have in New China is a secularized version of salvation history. It is no less salvation history even though its basic ideological thrust is that of atheistic materialism." Song, "The New China and Salvation History," 124.
19. "It is in the light of Jesus Christ, and not on the basis of the Western version of historical Christianity, that we can begin to see the profound meaning of God's act in New China. The order that now prevails in New China seems to reflect partially the order which God has brought into being out of chaos and disorder." Song, "The New China and Salvation History," 126～127.
20. 參 C. René Padilla, ed., *The New Face of Evangelicalism: An International Symposium on the Lausanne Covenant* (London: Hodder & Stoughton), 1976。
21. 《此抑彼》(*Either/Or*)展示了兩種生命境界，並指向第三種，但卻未有作出明確的論述。第三種生命境界則由《恐懼與顫慄》(*Fear and Trembling*)一書清晰道出。
22. 齊克果(Søren Kierkegaard)在《當前的時代》(*The Present Age*)一書中取笑現代人喜歡冒險的意念，卻在冒險的邊緣準確計算安全系數，確保絕無危險。他諷刺的是那些如康德一樣的神學家。
23. 參 Arnold Toynbee, *Mankind and Mother Earth* (London: Granada Publishing, 1978), 13～20。
24. Toynbee, *Mankind and Mother Earth*, 20.
25. Bernard Gui, *The Life of Saint Thomas Aquinas: Biographical Documents*, ed. and trans. Kenelm Foster (Baltimore, MD: Helicon Press, 1959), 47, quoted in Frederick C. Bauerschmidt, *Holy Teaching: Introducing the Summa Theologiae of St. Thomas Aquinas* (Grand Rapids, MI: Brazos Press, 2005), 18.
26. 參 Bauerschmidt, *Holy Teaching*, 20。
27. Paul Tillich, *A History of Christian Thought*, ed. Carl E. Braaten (New York:

Simon & Schuster, 1972), 135 ~ 136.

28. Tillich, *A History of Christian Thought*, 136.
29. "There is within the human mind, and indeed by natural instinct, an awareness of divinity. ... God himself has implanted in all men a certain understanding of his divine majesty." John Calvin, *Institutes of the Christian Religion*, ed. John T. McNeill, trans. Ford L. Battles (Philadelphia, PA: Westminster Press, 1967), 1.3.1.
30. Calvin, *Institutes* 1.5.1.
31. 這裏引用了儒家「與天地參」的觀念。
32. Calvin, *Institutes* 1.1.1 ~ 2.

第3章 神學方法：實踐篇

3.6　虛靜、聆聽的神學

3.6.1　成肉身的與虛靜的語言

3.6.2　言説那不可言説者

3.6.3　靜默的操練

3.1「上」與「下」的辯證關係

如上一章所述，神學方法的三大要訣，第一是緊隨上帝的啟示去領悟真理，不讓人的思維走在啟示之前；第二是以救贖作為詮釋的鑰匙，開啟認知上帝之門；第三是進入有血有肉的人間處境，從處境望道，而愈知道之真確。這三大要訣有如一個立體結構的三維向度（three dimensions）。立體結構的三維向度必須相互緊扣方能構成一個立體。同樣地，神學若要立體起來，這三大要訣必須相互緊扣；缺一向度，神學則趨於平面化；缺二向度，則神學立刻呈線性（linear）之狀。三個向度之間並沒有先後次序之分，任何一個向度都可以作主軸座標（coordinate），支撐其他兩軸，建構出立體的神學。因此，我們可以從啟示開始，可以從處境開始，也可以從上帝的救贖行動開始。重要的是它們互相緊扣。在過去的一段時間，神學界頗流行所謂「由上而下」和「由下而上」的區分。這種二分法的思維可謂非常線性，正正忽略了「上」與「下」之間有著辯證的關係，即「由下而上」必須同時有「由上而下」的向度。正如我們在第二章曾引述加爾文的名言「人不自知，便不能真知上帝……

人未認識上帝，亦只會對自己一無所知」，其所要表達的正是這個道理。當然，當德國神學家潘寧博（Wolfhart Pannenberg）倡導所謂「由下而上」的神學，他是主張人可以運用人類共通的理性，以展示上帝的啟示在歷史中是無處不在的。這種苦心孤詣是值得肯定的，只是我們必須謹慎，勿忘辯證。以人類的共通理性作神學論述的起始，不一定有問題，不過我們要注意的是，我們是否願意讓上帝的啟示去光照我們所謂的「人類的共通理性」? 若我們願意，那麼「人類的共通理性」所代表的「下」便已經有了上帝啟示的「上」了。如此，縱然我們由「下」開始，這「下」也不離「上」的參與。「道成肉身」便正好表明，在上帝設定的真理表達中，「上」與「下」是緊密相連，結合為一的。

3.2 神學方法的實踐示範：以處境作起點

神學必須三環緊扣，以基督為中心，以救贖為鑰匙，以道成肉身為向度，方能立體。福音派常為人詬病，強調基督與救贖的首要不遺餘力，但貫徹道成肉身卻有心無力，並對人存在的處境觸覺遲鈍，深入剖析更欠奉。這種批評實在值得我們深思。我們既確信無論是「由上而下」或「由下而上」的神學進路，只要保持「上」與「下」的辯證關係，都是異曲同工的，那我們作神學方法實踐的示範時，便不妨以處境作為起點，以處境作為真理論説的開端，如此，我們便可以説明福音派神學亦絕非想當然地一定是由「上」而「下」的。我們將於下文詳細闡釋以處境作起點的神學可以如何開展。不過我們在這裏會先作一簡述，給讀者開列一個簡明的大綱，好作大家的導引。

處境神學（contextual theology）的第一步當然是處境的剖析。但應以甚麼現象作開始？我們可以從最廣泛受關注而又公認為極其嚴峻的危機入手。那不二之選當然首推正威脅大地及全人類安危的生態危機了。我們會展示生態危機的種種現象，之後便會進一步深入危機的精神或屬靈根源，揭示現代人的心靈死症，那就是「人類中心主義」結合「世俗化」的趨勢。「人類中心主義」與「俗世主義」其實是出於一轍，也如銀幣的兩面。深入究其背後的原因，我們便可以看到人類自我絕對化的罪性。人以自己作為「主體」，作為一切生命法理的依據，作為一切外在真相的基礎，從而建構一個否定上帝的世界。超越的意義被放逐，現世頓成一切意義的所在。當人將這世界觀貫徹並把它推到邏輯的結論，人至終便會步向「非人化」（dehumanization）之路，自我身分崩潰，物化為純物理化學的組合，或被實用理性約化為功能以至商品。當人文精神枯竭，隨之而來的便是道德價值的失落，羣體生命亦因而割裂。下文將展示種種文化現象，抽絲剝繭，以揭示根源的問題乃在人的自戀、我執，然後再以基督捨己的生命對照人的自我中心，以十字架救贖之路引領現代人走出其所處的困局。

3.3 生態危機：人文精神失落的警號

我們當今面對怎樣的處境？在二十世紀五十至七十年代，第三世界正奮力擺脱殖民統治及重建自己的文化傳統。在當時，不少神學家所關注的是，基督教信仰如何在政治、經濟的解放以及文化身分的重建上發出積極的信息，而處境神學在當時的確作出了很大的貢獻。然而，到了二十一世紀的今天，我們所面對的全球化現象，是超乎個別地域或文化的；而其中出現的一些問題，更關乎全人類的命運。當全球化發展勢如破竹，剷平固有的文化傳統，當市場資本主義（market capitalism）

到處將人約化成功能，當多元主義結合相對主義淹沒了人的意識，當個人主義使社羣生命崩潰，當這一切匯聚成一種物慾高漲、情慾猖狂的生命型態，誘發人無度地掠奪地球的資源，使地球的生態瀕臨毀滅邊緣，以致人類的存亡已到了關鍵時刻，那麼過往狹隘的「處境」觀念便必須讓路。我們再不能像過往一樣，單為確立一己的文化傳統或處理區域性的政治經濟問題，而思考處境神學。今日的真正處境，是人類面對共同的危機——這危機超越國家、文化及地域的界限。我們若洞悉這危機的所在，並提出基督教信仰如何將人類帶出這困境，才算真正地思考處境神學。

看我們這世代，我們看到甚麼？別具先知睿見的哲學家海德格（Martin Heidegger），在差不多七十年前已看到：

> 世界幽暗無光，眾神逃遁，大地摧毀，人被標準化，將他們模塑成沒有面孔、個性的羣眾，他們生命空洞枯乾，對創意與自由滿有敵意與懷疑。他們有的，只是操控一切的無盡渴求。[1]

七十年前的觀照，如今真實地活現在我們眼前。為何人會落得如此田地？問題的根源在哪裏？神學必須在啟示的光照下對人現存的處境作深入剖析。

人類歷史中前所未有的危機正擺在我們面前，其中不單涉及人類滅亡的危險，更涉及其他生物的命運。湯恩比稱人類近百年所做的是「弒母」之舉。[2] 大地，那孕育生命的母親，在過去一世紀受到前所未有的摧殘。生態危機可說是人文精神危機最嚴峻的警號，也是人類道德嚴重失陷的寫照。

問題嚴峻到甚麼地步？我們且聽一九八七年「世界環

境與發展委員會」（World Commission on Environment and Development, WCED）發表的報告中的一段警告：

> 在過去一個世紀，人類與養育他的地球之間的關係出現了巨大變化。在二十世紀初，人類的數目與他的科技能力並不足以對地球造成根本性的影響，但到了二十世紀末，人類的數目極速增長，而同時人類的活動正在根本性地改變大地。事實上，以前從未預計的巨大變化已經出現在大氣層中、在泥土中、在水源中、在植物和動物的體內，以及在它們的彼此關係中。這變化已遠超科技和人類的能力所能評估並應對的了。[3]

相對於現時全球暖化所造成的氣候轉變及其引發的災難預演，這份二十年前的報告所發出的警號可謂極度溫和。試想一下，從一九六〇年的三十億到二〇〇七年的六十七億，四十七年間，世界的人口增加了三十七億，足足一倍有餘；而在這些年間，急速的經濟膨脹也是前所未有的。這一切對地球資源的消耗以及所造成的污染，已幾近不受控制。

3.3.1 森林迅速摧毀

為大地鋪蓋美衣，調節溫度，為人類源源不絕供應新鮮氧氣的森林，正以驚人的速度消失。從一九八〇年至一九九五年，在十五年間，大地失去了二億公頃森林，其面積比整個墨西哥的面積還要大。而在二〇〇〇至二〇〇五年間，亞瑪遜熱帶雨林每年失去四百三十萬公傾森林，六年合計二千七百萬公頃。非洲的情況也同樣嚴峻。在同一期間，非洲失去了約二千四百萬公頃的森林。我們可以想像，多少生物品種因失去這片棲息之所而同時消失。不單如此，二氧化碳不再如過往般，由這片森林吸收、儲存。因這片森林消失而釋出的二氧化碳，佔人類活動所製造的二氧化碳的四分之一。自一九八〇年開始，大地因森林減少而淨釋出二氧化碳，亦即是說，大地釋出的二氧化碳比它吸收的要多。因林木過度砍伐，草原過度畜牧，亦因人類活動帶來的氣候變化，大地沙漠化的情況亦日趨嚴重。在過去五十年間，沙漠化的土地已達三百萬平方英哩(近八億公頃，亦即相等於整個巴西的面積)，而每年更有二萬三千平方英哩(五百九十六萬公頃)新沙漠形成。這種種現象對全球的氣候造成極大影響，也引致數以千計生物絕種。對於這危機，人類似乎並未醒覺，而先知先覺者卻又苦無對策。

3.3.2 大地污染嚴峻

大地受污染的情況可謂極度嚴峻。我們的河流、田野，我們所呼吸的空氣，我們的居所，我們的食物乃至我們的身體，已經成為工業廢料、殺蟲劑、肥田料以及各種人工化學物(還有核廢料)堆積的地方。我們若要體會一下大地的污染是何等浩大，不妨用美國的家居垃圾作尺度。按一九九六年統計，美國每年製造出二億噸垃圾；若運送這些垃圾的貨車一架接一架排起來，車隊足以環繞地球八次。不過這驚人的數字只是冰山的一小角。原來這些家居垃圾只佔美國境內廢料總數的 1.5%。[4] 其餘 98.5% 廢料乃由耕作、採礦、石油出產、工業製造所造成。這些廢料隱然積聚在我們的土地中，在我們的河流裏，乃至在我們的體內。這些廢料固然毒害人類，但同時也毒害無數生物，並引發無法估計的基因突變以及由其而來的禍害。更令人痛心的是，發達國家，即導致最多工業污染的國家，竟不思悔改，反尋求如何用經濟誘因將污染遷移到比較貧窮落後的地區，即污染仍比較少的地區。一九九二年二月八日，英國經濟評論權威《經濟學人》(*Economist*)，以〈讓他們吃污染〉(“Let Them Eat Pollution”)為題發表當時世界銀行(World Bank)首席經濟學家桑莫斯(Lawrence Summers)所簽發的備忘錄，文中以三大經濟效益為由，說明世銀應鼓勵發達國家將污染轉移到較落後貧窮的國家。[5] 這種只顧經濟效益而漠視窮人、罔顧道德責任的心態，正是一切生態禍害的根源。

3.3.3 全球暖化急劇

全球暖化所造成的氣候變化以及隨之而來的種種災難，已經迫在眉睫。從一九五〇至二〇〇〇年，地球的溫度上升了超過華氏一度。若人類的活動繼續按現時的速度增長，按較悲觀的估計，地球的溫度在五十年後可再升華氏四點五度(攝氏二點五度)。從一九九二年開始，地球每年都測得近二十年最高的溫度。因氣溫上升，地球的氣候已出現巨大變化。南北兩極的冰山以使人焦慮的速度溶解。在過去一世紀，海洋的水平線已上升了十至二十厘米。往後的五十年，情況會更加嚴重，海洋的水平線按估計可能會再升高六十厘米。假若這情況真的不幸發生，不少人類居住的城鎮將被淹沒。更可怕的是由之而來的水災、旱災、颱風頻仍，給人類造成極大的災困。凡此種種，都與所謂「溫室效應」有關，而元兇當然是二氧化碳在大氣層中急劇增加。在前工業時期，二氧化碳的水平是 280 ppm(百萬分之二百八十)。這水平隨著工業發展以及森林消失而不斷增加。在一九五三年，二氧化碳的水平是 315 ppm，到了一九九〇年，水平升至 375 ppm。若以現時的速度增長，則二氧化碳的水平於二〇五〇年將達至 900 ppm。[6] 與二氧化碳相比，暖化作用更大的是工業產生的甲烷、氧化亞氮以及全氯氟烴，其水平亦相應增加，使暖化加劇。據「政府間氣候變化專門委員會」（Intergovernmental Panel on Climate Change, IPCC）於二〇〇一年發表的第三份評估報告，全球暖化現象正在加速，在本世紀末，地球的溫度會增加攝氏五度，而非他們早前估計的三點五度。[7] 假若人心依然不肯回轉，地球將會向人類轉臉和作出反撲。生物考古學家古爾德（Stephen J. Gould）警告驕傲的人類說：

> 談論環保倫理的人常持兩大相關論點：一、我們身處的地球是非常脆弱的……二、人類應學習如何作這備受威脅的世界的照管者。這種觀點無論有多大善意，正好犯上自古已然的罪，就是驕傲，自命重要。我們只不過是千百萬種生物中的一種，而並非甚麼照管者……大自然並非為我們而存，甚至根本不知我們會出現，也不會顧念我們……我們對大地和地球的長遠歲月，根本影響甚微。所有億萬噸火力的核子武器，也不過相等於一顆十公里大小的隕石對地球的衝擊力的十分之一……地球經得起那使恐龍消失的撞擊而繼續屹立……我們懼怕全球暖化，但按最極端推算的暖化情況，也比地球最茂盛時期還要寒冷……我們肯定可以毀滅我們自己，帶著千萬物種與我們同歸於盡，但我們對那無數的微生物一無影響，還有以百萬計品種的昆蟲。從時間長河的角度來看，我們的地球絕對能夠照顧自己。[8]

3.4 生態危機尋禍根：人類中心主義與俗世主義

神學面對如此的生態危機，必須作出剖示：到底人類現在所走的自毀之路，其問題的根源何在？要剖開生態危機的禍根，神學必須將上帝的道解開。處境深層的剖析與上帝的道的詮釋，在辯證的互動中，交織出一幅人類墮陷與上帝救贖的歷史圖像。神學工作就是這樣開展出來的。

兩位關注生態危機的史學家——湯恩比與林懷特（Lynn White, Jr.）——都異口同聲說：罪根乃在於人以自己為萬物的中心，也就是說，「人類中心主義」（anthropocentrism）是問題的癥結所在。

然而，「人類中心主義」的根源又是甚麼？兩位史學家都認定，西方獨有的「人類中心主義」乃來自猶太教及基督教的世界觀。首先，猶太教與基督教的一神觀將大地的「諸靈」驅走，本來存在於百物中的「諸靈」既隱遁，大地便失卻「靈性」，人類對它的尊重亦相應消減，大地因此遭到嚴重的「非神聖化」（desacralized）以及「非仁化」（depersonalized）。為此，湯恩比倡議人類放棄一神論而轉投泛神論。[9] 然而，更重要的是，他們認為創世記記述上帝命令人類管理大地，將大地的一切交給人類以供他們使用，大地的一切於是圍繞著人類來運轉，並以人類為萬物的中心。[10] 因此，他們認為猶太教及基督教傳統乃禍根的所在。

3.4.1「管理大地」真是禍根之源嗎？

這樣的歷史詮釋不單過度簡化，更是嚴重的曲解。單從創世記一章 26 至 28 節引申，從而斷定聖經是「以人為中心」精神的根源，不單過於輕率，更顯示如此立論的人基本上沒有掌握到聖經世界觀的真意與精妙。首先，創世記二章7節記述神造人，不單記述人的本體出自泥土，更巧妙地運用文字的技巧，將人與大地結連起來：ʾ*adam*（人）與ʾ*adamah*（大地）顯示著一種本源的關係。按韋納姆（Gordon J. Wenham）的詮釋：

> 可以肯定的是……這兩個詞彙的語帶相關之運用，乃在強調人與大地的關係。人由大地而出，耕耘大地是他的使命；而死後他要歸回大地（創三19）。「大地是他的搖籃，他的家，他葬身之處。」[11]

不單人需要大地，大地的草木菜蔬也需要人耕作才能長起來。創世記二章5節告訴我們，「野地還沒有草木，田間的菜蔬還沒有長起來；因為耶和華上帝還沒有降雨在地上，也沒有人耕地。」二章15節述及神命令人「修理、看守」伊甸園，所用的詞是ʿ*avad*（修理）及*shamar*（看守）。ʿ*avad*不單有「服事」的意味，更常用於表達人對神的服事（參申四19）。同樣，*shamar*亦常用於宗教責任上，表明人要遵守、謹守、維護耶和華與人所立的約以及祂給人的命令（創十七9；利十八5；民一53，三7～8）。[12] 這兩個詞彙的宗教含義在這裏正好表明創世記內蘊的信息，它敦促人用謹慎而充滿敬意的態度去對待大地。有了這樣的背景知識，當上帝囑咐人「治理」、「管理」大地，其中的「治理」及「管理」絕不能給理解為「轄制」和「統治」。反過來，在上帝的囑咐下，人要服事、看守並耕耘大地，像忠心的園丁一樣。

不單聖經道出這種本體同源的關係，中國文化傳統也非常強調這樣的關係。《易經．繫辭》有云：「安土敦乎仁，故能愛。」即人性的誘發與成全端在乎人是否與地土結連。同時，天地萬物必須受道的規限推移變化，方能成全而無遺缺，正所謂「範圍天地之化而不過，曲成萬物而不遺」。人在其中，亦不例外，有不能逾越的道的規範。故此，惟有當人「與天地合其德，與日月合其明，與四時合其序，與鬼神合其吉凶」而至完全和諧的境界，人的生命才臻於成全，即「大人」的境界（《易經．繫辭》）。人有責任「下長萬物，上參天地」。[13]

在聖經的創造故事中，大地與人的命運相連。人墮落，大地同受咒詛（創三17）。中國文化傳統也深深了解人破壞大地的能力，就如莊子便警告說：「牛馬四足，是謂天；落馬首、穿牛鼻，是謂人。故曰：無以人滅天，無以故滅命。」（《莊子．秋水》）莊子似乎清楚看到，人會用自己所定的實效目的，強加諸大自然之上，而扭曲大自然的法規，其破壞可致「滅天」、「滅命」的地步。這種警惕恆在基督教與中國傳統中。這兩個傳統的共通之處是它們都同樣有超越的視野：基督教看人生命的基礎與終極不在人自己，而在上帝的道；同樣地，中國人文精神傳統看人的基礎與終極也不在人，而在天道。人的存在雖然重要，雖為造物的「祭師」或「天地奧妙的所在」，[14] 卻又是極其渺小。望道方知天地寬，當人舉目望向超越之大道，人何敢以自己為天地之中心？只有那些「無道」之人，才會以自己為萬物之中心，為萬物之尺度。

3.4.2 真正的禍根：大自然的神聖內涵被剝奪

宗教歷史學家伊利亞德（Mircea Eliade）明白宗教心靈的超越視野，因此，他看到西方宗教心靈破落的真相以及它所造成的影響。在研究歐洲現代宗教生活與歐洲人對大自然的態度時，他跟上述兩位史學家有非常不同的看法。在他看來，問題的根源乃在於西方文化經歷了極度的世俗化。[15] 伊利亞德指出，

人對大自然基本上抱兩種不同的態度：一是滿有宗教情操的態度，一是世俗化的態度。對於具宗教情操的人而言，

> 大自然永遠不只是「自然」而已；它恆常充滿著宗教價值。這是極易理解的，因為宇宙是神聖的創造；既由神的手造成，世界當然滿溢著神聖的秉性（sacredness）……這神聖的創造恆常保存著一種透明度，從裏面透發出一種神聖的光彩。[16]

反過來，以世俗化的眼界看世界，其所能見的便大不相同。世俗化的眼界，

> 將世界的空間均勻化，平等化，也因而相對化。世界失去了一種向度，在其中沒有任何一點比另一點更超越。世界只是按各種條件因素或因果的使然，時聚時散。嚴格來說，世界已不復往昔所理解的世界，現存的所謂世界只不過是一個破碎宇宙的碎片，一堆雜亂的物質運動於無盡的中性的空間中。人在其間活動，只為了存在的需要而受支配和催迫，結集成一個工業社會。[17]

不錯，對於那些缺乏宗教情操的現代人來說，「宇宙不再透發超越的亮光，它變得靜態、無聲；它不再傳遞任何信息，也沒有啟示。」[18]這種態度在西方出現只不過是近期的事，在工業革命以後遽然興起。[19] 驟然間，

> 工業社會中的基督教，特別是知識分子的基督教，

> 失去中古時期對大自然的珍重……宇宙禮讚（cosmic liturgy），大自然參與基督故事的奧祕，對現代城市的基督徒來說，已經變得無從領悟。他們的宗教經驗不再向宇宙開放。歸根究柢，宗教變成了純粹私人的經驗，救贖只關乎個人與他的神之間的事；充其量，人承認他不單需要向神負責，也需向歷史負責。但在這人—神的歷史關係中，宇宙（大自然）似乎沒有任何位置。由是，就是真誠的基督徒，也不再感到世界是神的工作。[20]

然而，伊利亞德同時指出，「在農村的居民中，基督教能活現宇宙禮讚的狀況依然存在」。[21]

我們非常同意伊利亞德的剖析。西方失卻對大自然應有的「靈性」感應，確是頗近期才出現的事。事實上，在啟蒙運動以前，一般基督徒都會因為尊重上帝的創造而對大自然懷抱深邃的敬意，看到大自然散發著上帝的智慧、美意及榮光，就如但丁（Dante Alighieri）藉斐雅翠斯（Beatrice）所說：

> 所有大小之物，井然有序地連繫在一起；這秩序就如一個印記，把上帝的形象印在萬物之上……如此鋪排，所有自然之物，無論遠近，不計形態，不問位分，都朝向它們的本源。[22]

大自然與人類一樣，存在於歷史的進程中，朝向上帝，直至與祂完全契合。惟獨人具有心靈的眼睛，有如一盞「世界的明燈」，[23] 照亮這歷史的軌迹。但丁的自然觀顯然承自奧古斯丁。奧古斯丁認為，一切受造之物固然對人類可以帶來極大的祝福，但它們並不是為此而存在的。上帝創造它們成為一個同歸於一的整體，這個整體的每一部分都有其特定的價值，缺一則上帝所創造的這個整體便有所虧損。這整體向著一個目標（*telos*）進發，直至臻於完美，方能將上帝的美、祂的善、祂愛的本體，總的來説就是祂的榮耀，完全表彰出來。[24] 被造的宇宙活在歷史進程中，向著上帝的完美進發，也就是它自我成全的所在。

大自然之神聖內涵被剝奪，其主因乃在西方文化的世俗化。俗世主義的精神導向將科學化成科學主義。科學主義以科學之名建構一套機械宇宙觀。這宇宙觀將有機、有情、有歷史向度以及具有精神素質的宇宙，化成一個由純物質（inert masses；或作「慣性質量」）結聚而成的組合。整個宇宙頓然成為一個由無數獨立、沒有感覺、沒有生命的物質單元的拼合。懷德海（Alfred Whitehead）在其作品《科學與現代世界》（*Science and the Modern World*）中描述伽利略（Galileo Galilei）及牛頓（Isaac Newton）的物理學，在十七、十八世紀如何改變人對大自然的看法，讓人以為大自然只是一個由萬有引力支配的龐大物質組合。哲學家如洛克（John Locke）便立刻由此推論，假若一切物質本有的特性只是其質量、幾何結構及其運動狀態，則其他一切人所經驗到的東西如顏色、氣味、聲音、冷熱等，便完全是人主觀的產物，只不過是人的意識投射在大自然身上而產生的。如此一來，

> 大自然竊取了本應屬於人的功勞：玫瑰花的香氣、夜鶯的清音、太陽的光輝。歷代詩人完全弄錯了。他們應向自己賦詩，他們詩歌所稱頌的應該是人類卓越的意識。大自然只是沉悶的東西，無聲、無味、無色；

只是不斷無意義地奔行的物質。[25]

俗世主義是一種意識形態，它不單排拒上帝，也將大自然的「靈性」放逐，將它約化成純粹物質。這種「物化」的精神取向至終使西方文化陷於無度的物慾漩渦中。市場資本主義為求經濟持續擴張，不斷引發物慾以刺激消費。在市場邏輯的帶動下，一切都變成商品，連污染大自然的權利也可以投到市場買賣，環保也可以成為商品。大自然在無度物慾的肆虐下，飽受剝奪。人的需要及慾望既高於一切，它們便成了大自然的中心，即大自然的一切都環繞著人類的需要與慾望來運轉。結果大自然真的成了人類物慾的奴隸。

3.4.3 真正的禍根之源：人的自我絕對化

這一切之所以能發生，最基本的原因是人在否定上帝之後將自己絕對化。世俗化的世界觀為人類自我絕對化提供了一個平台，供其發揮。我們也可以這樣說，世俗化是人類自我絕對化的一個進程。在西方，現代人文精神走上自我絕對化之路，其第一步是將人定義為「主體」（subject）。「主體」一詞乃英文subject 或拉丁文 *subiectum* 的中文翻譯。但英文 subject 一詞的意思是最為傳神的。當 subject 作為名詞使用時，意指具有自主性、主動性的個體，是謂「主體」；但當 subject 用作動詞時，亦即是說，當「主體」的主動性發揮時，他可以“sub-ject”（操控），將他能及的任何事物放在其操控之下。德國哲學家海德格對現代人文精神的困局以及生態危機的根源可謂徹然了悟。且聽海德格如何分析「現代」的本質：

可以肯定的說，現代將主觀主義與個人主義引入……

> 具決定性的，不在於人從過往人倫責任的枷鎖解脫出來，而在於人的自我觀經歷了本質性的改變，就是人自視為「主體」（*subiectum*）。我們必須了解，“*subiectum*”（subject）一詞原是希臘文“*hypokeimenon*”的拉丁文翻譯，“*hypokeimenon*”一詞所指向的是最基礎性的東西，它在一切表象下面作為它們的基礎，承托著它們，決定它們之呈現，呼其名以喚之出來，因而將萬象歸結於一己之身。[26]

海德格的意思是說，當現代人定義自己為「主體」，他是將自己看為最基礎性的東西，他不單毋須依附任何事物而存，他更是所有一切事物真象的基礎；他是一切知識、意義以至真理的基礎。外在的世界之所以有意義或有存在的真實性，一切乃在於主體呼其名以喚之出來。「主體」將世界掌握、操控（subject）在他的意識之下。以自己為最穩固的阿基米德點，立於其上；主體將世界「重現、描素」（*vorstellen*, represent）在自己眼前，按自己意識的結構將世界「繪畫」成「世界圖像」（world-picture）。「世界成為圖像，與人成為主體原來是同一回事。」[27]「在現代發生的一切事件中，最具震撼性的乃是世界被人〔的意識〕征服而成了圖像。『圖像』（*Bild,* picture）一詞乃指組合而成的意象（*Gebild,* structured image），由人創製出來的被造之物。」[28]如此一來，本來發掘宇宙真相的科學變成了塑造「世界圖像」的活動，而本來用來與大地配合的科技變成了支配大地的技法。海德格認為「科技」、「技術」一語的希臘文（*techne*）原有「揭示」（*Entbergen*, revealing）之意，意指「揭示」大地的規律並與之協調的技巧。但現代人將科技化成一種組合、建構、重塑的活動，從而將大地化成他唾手可得的「備用物資」

（*Bestand*, standing-reserve）。海德格稱這種對世界的態度為「框鑲」（*Gestell,* enframing）的態度。以「框鑲」的態度去對待世界，科技的本質改變了，

> 當「框鑲」的格局成為主導，這便極度危險了……當那些富啟示性的客觀事物搖身一變而成為備用物資，人便存在於無客觀事物（objectlessness）的狀態中，這時他只能作「備用物資的處理者」……他遲早會將自己也變成備用物資。[29]

3.4.4 從「自我絕對化」到人格生命的枯萎

生態危機的確迫在眉睫，刻不容緩，大地與人類的生存更可說是命懸一線。然而，更緊迫且比一切更根本的，還得歸結到人文精神的失落。這危機一日不徹底解決，無論多少外在的對策，我們對生態危機亦只會一籌莫展，而我們亦只能無助地看著大自然生態盡遭摧毀。大地遭毀，人類走上自毀之路，一切都因為人文精神被虛無主義所淹沒。十九世紀末尼采（Friedrich Nietzsche）向我們發出警告：虛無主義已站在我們的門前。經過一個世紀，虛無主義不再站在門前，而是走進了我們文化的內室，深入我們意識的深層。今天我們看到的是人內在生命的枯萎，而導引人文精神不斷自我超越的真理、意義以及美與善的價值，遭全面否定。失去了真、善、美的精神價值，人便再無以為人，人基本上與物無異。在過去一個世紀，在我們眼前展現的，是一系列「非人化」的歷程。七十多年前俄國哲學家貝德葉夫（Nicholai Berdyaev）以先知的睿見指出了現代世界最根本的危機。他說：

> 今日呈現的，不是人文主義存亡的危機（這只是次要的），而是人本體的危機。現時在文化以至社會生活的各方面，我們所看到的是非人化的歷程，其中最嚴重的是人的道德意識的非人化。人已經不再是最高的價值，他甚至不再有任何價值可言。[30]

虛無主義可以說是非人化歷程的必然後果。

非人化的歷程雖說錯綜複雜，但不同的精神勢力卻出於一源，也向著同一目標進發。最顯淺易明的是，現代人高舉科學，而科學似乎讓人掌握了宇宙的奧祕，成為萬物的主宰，使人覺得自己淩駕於宇宙之上。但科學所建構的機械宇宙觀卻反過來將人約化成機械性的物質，化成一組組原子結構。到頭來，人所確立的所謂真理和道德價值，也不過是人體內不同的化學作用所產生的效應。赫胥黎（Thomas H. Huxley）——與達爾文（Charles Darwin）並肩推廣進化論的生物學家——所倡導的「物質生命論」便是一個很好的例子。他在一八六八年一次題為「生命的物質基礎」（"The Physical Basis of Life"）的公開講座中主張，人一切的生命表現將可以用生理學來解釋，因為一切所謂精神活動，也不過是分子聚散及相互作用所產生的化學效應。這包括人的理性、他自由的抉擇、他的愛情、他所有的靈性表現。他坦誠地敬告他的聽眾，假若他們相信他當晚所提倡的理論，他們便得準備接受一個令他們不安的結論——不單人的自由化為虛幻，就是他們當下所接受的那套「生命乃物質」的理論也不過是化學作用的產物。他這樣說：「如此說來，絕不含混地，這必然是真確的，就是我現今向你們所講述的思想，以及你們對這理論的思考，完全是分子變化的表現，與所有生理現象無異。」[31] 亦即是說，假若「生命乃物質」是真確的話，這真理便不過是分子偶然聚合的結果；當人體內的化學條件改變，分子的相互作用也隨之變化時，人意識內所呈示的「真理」便可以截然不同。哲學家羅素（Bertrand Russell）更直接了當地說：

> 科學要我們相信的世界就是如斯漫無目的，如斯空無意義。人不過是沒有目的的因果的產物……他的來源、歷史、盼望、恐懼、愛情、信念，不過是原子的偶然聚合……歷代的努力，一切的獻身，所有靈感之源，燦爛如中天之日的天才，都注定在太陽系的死寂中幻滅……[32]

在另一層次，人將一己物化，令自己與物無異，便自然也成為「備用物資」。市場資本主義將大地的一切均看為經濟發展的「備用物資」，予取予攜；被物化的人，在市場邏輯的驅策下無可避免被化成商品。市場資本主義的非人化力量實不容低估，那些沒有討價還價能力的窮人最為脆弱，最容易被化成沒有尊嚴、人格的提供勞動力的商品。就是具競爭力的專業人士，也一樣會在市場的規律中成為商品。

在自由競爭的前提下，效率成為企業生存的關鍵，亦因此被奉為商業社會最高的「美德」。效率取決於一種思維邏輯，就是「功能理性」的邏輯。以功能與效率作為量度價值的尺度，一切其他價值都頓然變成相對。效率的目標為何？目標只有一個，就是有效地運用世界稀少的資源去滿足人不斷擴張的慾求。我們亦可以轉換另一種說法，就是效率所為的是經濟不斷擴張，要經濟不斷擴張便得有效地刺激慾求，創造消費需要，並以高效率回應慾求。如此一來，不斷製造慾求以確保經濟持續擴張，市場成為塑造消費人格的一股巨大力量。當消費人以滿足一己之物慾為優先價值時，人與人之間的承擔，社羣的道德責任，或人對下一代使用資源的權利的關懷，都放在一己的物慾之後。當消費主義囂張，消費者只能在締造物慾的集團為他們所設定的框框內拓展生命，那麼人類文化傳統所積累的人文精神價值，很可能迅速消失。在市場經濟學家的眼中，人類的行為基本上完全可以用經濟法則來解釋；所謂仁愛、良善、恩慈或一切政治理想，只不過是社會的潤滑劑，用以提高經濟規律的運作效率。甚至人與人之間的關係，就算是父子親情，也可以用「投資」的角度來理解。貝克（Gary Becker）及波斯納（Richard Posner）便是這種意識形態的表表者。波斯納在其《性與理性》（*Sex and Reason*）一書中更進一步嘗試將婚姻解說為一種經濟安排，其性質與召妓無根本性的差異。[33]若以市場經濟作為宗教，將它推到其極盡，人倫關係的崩裂相信指日可待。

3.4.5「自我」的解體：更深層的危機

福山（Francis Fukuyama）在他的近著《跨越斷層：人性與社會秩序重建》（*The Great Disruption: Human Nature and The Reconstitution of Social Order*）中承認，現時資本主義社會的確面臨價值崩裂的危機，市場經濟對社會倫理以及文化中的精神價值均造成了極大干擾以至破壞（disruption）；然而，他認為在人類的歷史中，類似的干擾不知出現過多少次，而每一次人都憑藉其精神力量，重建備受破壞的社會及文化生活。因此，現今資本主義社會所經歷的崩裂，縱然嚴重，但人照樣可以化解並恢復社會文化的完整性。他更列舉了不少數據以顯示危機正在消解中。

我們非常欣賞福山的宏大睿見，然而當下的情況是否容許我們如此樂觀？我看未必，因為福山沒有把最關鍵的因素計算在內。在過往的崩裂中，人作為道德主體或道德原動者（moral agent），是撥亂反正的動力源頭。然而今日我們所面對的，正是人的自主性或道德主體性遭受前所未有的衝擊。消費主義瀰漫著整個社會，在其牽引下、在大集團力圖刺激消費的高壓下、在極度緊張的競爭中，人的內在空間早已被壓縮到近乎「奇點」（singularity point），並由消費生活的模式宰制。外在的壓力仍是其次，真正致命的是，當人的「自我中心主義」被推至邏輯的結論，人的內在生命便會被割裂、溶解並蒸發於無形。這真是非常弔詭的事：人執於「自我」，結果「自我」窒息於我執的框框中，或被約化成聚散無常的感官幻象，仿如若有似無的飄煙，從「自我」的掌中溜走。

西方人文精神的破落始於放逐超越，棄客觀實相，確立「自我」為自足自圓的主體，認定萬物皆因「我」而立（因「我」的意識而有形有體），由「我」賦予其意義，由「我」將它們連結成一個有序有意的世界。當「自我」被極化，這個西方現代文明推崇至極的「自我」卻驟然幻滅於虛無。

不錯，現代文明真正的危機乃在客觀實相的隱退、真理的放逐，以及客觀道德價值的崩潰。這一切都源於現代人看自己為自足、自主、自法（autonomous）的「絕對主體」，並以一己為中心看世界，以致主觀主義肆虐。主觀意識被奉為是「統攝一切」的，一切現象由它化育而成，因而它成為所有「真實的事物」的基礎和依歸。也就是說，主觀意識就是真實的全部；一切經驗均源於主觀意識，一切理性活動其實反映著主觀意識的結構。因此，所謂知識不過是主觀意識建構出來的東西；而科學真理，也其實是人在某時代的文化意識建構出來的一套解釋世界的典模（paradigm），當文化意識改變，這典模也會隨之而改變。因此，沒有所謂永恆不變的科學真理。同樣地，所謂道德價值也只是反映了當時的人的生活習俗和感情型態(emotional pattern),完全會因應文化意識的變遷而改變,亦因此沒有客觀或放諸四海而皆準的標準。道德價值在社會之能發揮作用,全賴一種合同式的約定,這約定可以隨時按大眾的意向更改。所謂人性只是一種想像,而所謂順應人性的道德規律,也不過是文化意識的產物。「我」成了真理與道德標準的根源。如此一來,「我」可以隨一己之想像、感覺與慾求去詮釋一切經驗,從而建構一個對「我」是真實和有意義的世界。一切全在於詮釋,所謂真理只是反映個人對事物的詮釋。正因為每一個人的經驗都裝載著自己獨特的詮釋,他以自己的經驗所看到、所建構出來的世界都是獨特的。沒有兩個人的世界是盡然相同的,一個人就是一個天地、一個世界。後現代哲學家戈德曼(Nelson Goodman)便認為,原則上,我們可以想像無窮的世界。這樣,極度相對主義是無法避免的了。更糟的是,「我」是甚麼?「我」的意識是甚麼?原來「我」本身也沒有實質,沒有本體,「它」不過是經驗的聚合,「它」隨經驗的不斷重組而不斷變化。「它」因此沒有確定不變的身分。組合「它」的經驗基本上是來自文化的符號。「我」因此是文化符號的聚合、分散、重組。到頭來,人的意識及在其中所呈現出來的所謂真理或道德規範,原來也是文化符號的反射。所謂建構真理、釐定標準、創建文化的「我」,亦不幸地只是幻象而已。人的主體性及其所謂的自主、自法,至終溶解於文化的溶液,混化於無數不知來歷的文化符號中。最後,剩下來的就只有毫無關聯的資訊,從四方八面,不受管制、不問因由,湧入人的意識內。

排山倒海的資訊將人化成「資訊人」(information man)。當資訊充塞著人心靈僅餘的空間,人的內省能力便會進一步受到壓抑。漸漸地,意識的主要活動便在於整理資訊;而對資訊篩選、判斷頓成無盡的勞累，直至它降低藩籬，任由資訊進出，自行組合；到最後，在意識內組合而成的資訊網絡成為意識活動的中心，甚至意識根本就成了一堆資訊。二十世紀偉大小說家喬伊斯（James Joyce）的鉅著《尤里西斯》（*Ulysses*），便將一個不折不扣的「資訊人」呈現在我們面前。主角布魯姆（Leopold Bloom）的意識像現代的電腦一樣，儲存了無數資訊，由天文學到昆蟲學，由物理學到電工學，由文學到歷史，他的意識就是電腦的記憶系統，應有盡有，各種資訊隨時都可以呈示在意識之內。布魯姆可以告訴你生產五十萬匹馬力的最經濟的途徑是甚麼，也可以隨手告訴你當黑太陽與另一星球相撞時會有甚麼現象出現，他更可以告訴你一九一六年六月十四日他的個人收支情況。喬伊斯要我們看到的，不在他意識之所有，而在他意識之所無。在他的意識內找不到「意義」、「價值」這些概念或詞彙。他的生命內涵是一道流轉不息的資訊長河，這在他的意識之內佔據一切。德國社會學家狄泰來（Wolf-Dieter Narr）對這樣的發展，極其關注，他指出：

> 黎士曼（David Riesman）、繆紹立（Alexander Mitcherlich）、韋伯（Max Weber）以及不少人都觀察到，人類行為的變化在於人的內在性被摧毀了，人失卻了個人處理經驗及反省經驗的內在機制……我們的現代社會已經成為一個條件反射的社會，在其中，人的重要性乃在於其具有某些特質，而不在乎這些特質所組成的人格。[34]

當人格生命分解，他的內在生命消失於無形，他的精神價值完全物化，人作為人的特質還剩下甚麼？虛無主義正是「非人化」歷程的總結。人類如何走出這自毀的泥沼？

3.5 放下自我：救贖的開端

在過去一個多世紀，「人類中心主義」的破壞力盡顯，其對大自然的摧毀，對道德人格生命的割裂，對客觀真理的否定，在人類歷史中相信是前所未見的。啟蒙運動所發動的文化企劃將人塑造成「自法的主體」，這乃是問題根源的所在。縱觀人類歷史，不少文化傳統都極度推崇人文精神，卻未見如近代西方文化般，以人類為萬物之中心，並肆意宰制萬物，更將人自己物化而結果令自己備受操控。

在中國文化傳統裏，人固然有其獨特的位置，卻從沒有被視為自足的主體，更不是萬物的中心。人受道的承托，是道的伙伴，也同時是道的具體表達。《中庸》便強調人存在的最高境界是「贊天地之化育」並「與天地參」。任何真學問的追求都必須超越自我，達至「贊天地之化育」並「與天地參」的境界。也就是説，人有本分去輔助天地化育萬物，以達至人與天地萬物同歸於一的境界。要與天地共同配合去化育萬物，人就必須超越自我去認知天地之道。然而，非常弔詭地，若人要知天地之大道，人又必須認定自己的本性。真學問始於養心；人必須盡其心知其性。對孟子來説，盡心是智慧的開端。「盡其心者，知其性也。知其性，則知天矣。」(《孟子．盡心上》)亦即是説，人必須修養自己的內在生命，不以操控外物來確立自己的身分，而以使萬物同得道的潤澤為自我成全的境界。牟宗三為「仁」下定義的時候，説得非常精妙：「仁以感通為性，以潤物為用」。[35] 儒家傳統認定，要孕育、成全人的本性，人與萬物生命相連、彼此承托的關係，至為重要。這樣的人觀，禁絕了以人為中心的禍害。儒家的大師們太了解人心，知道人心易被自我內在的慾望及外來的刺激所牽引。要避免這一切，人必須進入自我的深處去領悟自己真正的身分。因此，盡心知性的修養，使人領悟人與天地同體；人固然是主體，但卻是道德主體，是對天地之道有感應、負責任的主體。人率性才能明道，然而人明道才能掌握自己生命的本體。當人掌握到自己生命的本體，他便了解到，人不是自足而獨立的，天地之道承托他的生命，貫注在他生命之內成其生命實質，而他則是天地之道的具體展現。一如程明道所說：「心則性也，在天為命，在人為性，所主為心，實一道也。」[36]

3.5.1 十架的愚拙

基督教信仰與中國人文精神傳統在人觀上實有不少共鳴。不過，基督教看透人性的扭曲與墮陷，而中國人文精神傳統對人性的透析卻相對缺乏一種「幽黯意識」，[37]對人性的扭曲與墮陷的透視遠不及基督教深沉。基督教看得很清楚，人的問題不單是因外物的刺激而生慾望，然後受慾望的支配；人的根本問題是人內裏有一種自奉為「上帝」的慾望，因而抗拒上帝在創造中為他所定的位分——安分地作一位與上帝契合、與大地連結的立約者，並受命作大地的守望者、耕耘者。人這種慾望在現代以「人乃自法主體」這信念呈現，由此引發一連串的萎縮與破壞。要扭轉這墮陷的局面，人必須徹底轉向，棄我執，重拾立約者的生命。生命轉向的力量不可能出於墮落的自我，而只能來自耶穌基督十字架救贖的大能，藉此更新人的生命，使人甘願如基督一樣，放下、倒空、捨己。這種生命的再造完全有別於中國人文精神所推崇的「格物致知」或「致良知」的修養。其實，值得一提的是，王陽明的「致良知」更有「自法主體」及主觀主義的影子。[38]

基督教相信，不同時代、不同形式的人文精神危機，其實都出於一轍，就是人「……雖然知道上帝，卻不當作上帝榮耀他，也不感謝他。他們的思念變為虛妄，無知的心就昏暗了。自稱為聰明，反成了愚拙，將不能朽壞之上帝的榮耀變為偶像，彷彿必朽壞的人和飛禽、走獸、昆蟲的樣式。」（羅一 21～23）現代人文精神危機的癥結，乃一如過往的在於「偶像崇拜」（idolatry）。所不同者，當今所崇拜的偶像不再是鬼神，而是人自己；現代人直接了當、毫無忌諱地自奉為神，而他們亦因此要付出沉重的代價。

要走出現有的危機，人必須放棄現有的生命型態，反其道而行，放下「自法主體」的虛妄，以愛作為自由的實質，以捨己作為生命成全的實現。人可以從哪裏領悟這種生命型態？答案非常簡單——我們可以從道成肉身、釘身十架的基督身上看到愛的真體，看到真自由的實現。甚麼樣的神學能闡明這種生命真理？答案亦非常簡單，正是樸實愚拙的十架神學。

3.5.2 道成肉身的救贖

道成肉身的基督向人所展示的生命型態全然否定「自我中心主義」。這生命型態以愛為生命實質，以愛為動力。它戳破「自我中心」或以一己為「絕對主體」的虛妄。真正的「絕對主體」是創天造地的上帝，只有祂才有真正絕對的自由。然而祂沒有用這自由去確立自己的主權；反過來，祂放下主權，捨棄「絕對」，選擇與被造的人類連結在一起，慷慨地讓人分享自己的生命，並甘願為這關係受諸般限制。這「絕對主體」是一位以愛成全「他者」（the other），以愛灌注、實現自由的主體。愛定義了自由的內涵。因此，上帝的「中心」不單有祂自己，更有「他者」

在其中。也就是說，在上帝生命的深處，祂按自己的心意為人類預留了位置。同時，祂創造人類的時候也在人類生命的深處預留了位置給祂自己。因此，在上帝的生命內，在祂設計的世界中，沒有單一的「中心」，也沒有「中心主義」的可能。[39]上帝既以愛為中心，受造之物也必須以愛為中心，方能活出其本性。在愛的自由中，上帝既完全掌握自己，卻又可以無條件地放下自己。同樣地，人性亦本是如此，被愛所驅策，人在完全掌握自己的同時卻又可以無條件地放下自己。「放下」是自我超越的行動，為的是與「他者」進入愛的契合中。當人不斷超越自我，他便向著自我成全的境界進發。

上帝對人表達的愛沒有條件，也沒有保留。因著愛，祂不單自限以遷就人的有限，更全然放下自己的權利與尊嚴。為了將人類從自我中心的生命型態中救拔出來，聖子基督取了奴僕的形象，放下與聖父同等同榮的權利，受聖父的差遣，倒空自己作為上帝之無限、權能與榮耀，進入受造的時空，道成肉身，成為人的樣式，更全然順服地為人類死在十字架上（腓二6～8）。這種捨己的生命行動將愛的本體表露無遺。這種捨己的生命向人展示應然的生命型態，從而邀請人放下自我，在捨己中體悟生命之道，領略自由、自主的真義。

十字架是「自我中心主義」的解藥。因此，說了半天，我們終於回到最初的起點——處境神學若要真的對應當今的深遠危機，必須回到道成肉身這基礎之上，並以十架神學為導引。

3.6 虛靜、聆聽的神學

在大道隱退，人內在生命空洞的當下，人一切的言說、理論都如「痴人說夢，有聲有色，卻空蕩無物」。當人不再通體透明，不再透發超越的亮光，當人的溝通生命型態失效，當人內在的創意中心被社會文化符號所取代，意義便不再有意義。文字、語言的功能因此頓成疑問。近代哲學先被語言分析支配，繼而走向研究符號學之路，彷彿當我們了解語言的運作，便可掌語言所承載的意義；或當我們徹底地剖析符號，我們便可領悟其所指。這一切實是徒然。

語言是人存在的基本型態，在於「我」卻又超越「我」，將「我」指引向一個超越自我的世界，一個對話的世界，而致「我」可以破「我執」。在這世界中，人說話，但在聆聽中說。任何使用言語的人都知道，在他能說話以先，他必須學習聆聽。人必須先作「受言者」（the one spoken to）才能作言說者。今日人最大的問題是人自以為是言說的主體，是言說的源頭。殊不知在自顧言說中，「道」（Being）的言說被掩蓋，人的語言也成了自說自話的約定俗成之遊戲。反過來，倘若人先在虛靜中學習聆聽，則語言便仿若一把鑰匙，為我們開啟一扇又一扇的門，引導我們進入大千世界的不同領域。

因此，人在追求一己之真本性時，必須去除自我陷溺以及滿足肉慾的渴求。惟有如此，人才能去其蔽塞而被天地之心所貫注。[40] 因此，倒空一己以達「無心」之境，是生命基本的操練。此「無心」有別於佛教的「空」。此境界是「虛」的境界，而「虛」在於靜。當人去我執，不急於立言以張自我，人便能於虛靜中聆聽大道的生命語言。程明道有一次對他的學生說：「你們追隨我，只學會了言語之道，因此，你們的言語往往跟你們的思想並不一致⋯⋯或許，你們應該練習靜坐。」[41] 以靜虛為智慧之端，在中國人文精神傳統中極為重要，而且，這重要性是一貫的。在《易經》中，君子立心，必須安其心而後動，易其心而後語。荀子更明白到，人受其既有的意念加上胡亂的想像、並結合外來感官現象所蔽塞，他因此倡議「虛、壹、靜」的修養功夫。[42]

或許，莊子對「無心」與語言之間的關係的論述最為發人深省。莊子在《齊物論》中藉南郭子綦與顏成子游論三籟，說出了「道」與言說的關係。南郭子綦提出三籟之比喻。天籟如「大塊」之噫氣，其聲隱若風而無所不在。當天籟動而發聲，其所過之處，地上百孔皆發聲，是為地籟。其所發之聲由「大塊」噫氣之動所致，其所發之聲各異（「激者，謞者，叱者，吸者，叫者，譹者，宎者，咬者，前者唱于而隨者唱喁」），乃由其個別孔竅獨特的質與形所致（「似鼻，似口，似耳，似枅，似圈，似臼，似注，似洼者，似污者」）。地籟是天籟的回響；天籟動而百孔應，天籟靜而萬籟俱寂。只有天籟是「自已」、「自取」。人籟如洞簫之聲，氣入中空之處而發聲。從三籟我們可以得到啟迪，只有中空者方能受「大塊」之氣而發聲。以此作喻，空己是發「大道」之音的先決條件。此亦即南郭子綦「吾喪我」意思。「喪我」就是破我執，是《齊物論》中心的所在。

人恆以為言說出乎自己；回應這樣的信念，莊子說：「夫言非吹也，言者有言，其所言者特未定也。」人說話，其所發之聲不一定是由「大道」所吹之氣而出。人所說的若不是出於「大道」之吹，則其所發之聲根本可能與鳥之鳴叫沒有分別（「其以為異於鷇音，亦有辯乎，其無辯乎？」）。這一點與德希達（Jacques Derrida）似有共通之處，但分別卻在於莊子相信人的言說假若承載著「大道」之音，則其與鷇音實有很大分別。然而當人「言者自言」，完全沒有空間容納「大道」之音，則其所發之聲便空洞如鷇音。「道」為何會隱蔽？言為甚麼會隱蔽？答案很簡單：「道隱於小成，言隱於榮華。」當人受自己的小成所規限，執著自己偏狹之見，他便不能成為「道」之發聲。當人言詞浮誇，語言便失其實質。莊子更有「大知」與「小知」、「大言」與「小言」之分：「大知閑閑〔悠然而不強執，隨道之規範，知識因而全面而廣闊〕，小知閒閒〔分析細微〕」；「大言炎炎〔簡潔明朗〕，小言詹詹〔喋喋不休〕」[43]總括來説，莊子所倡議的是，人必須倒空自我的執著，方能承載「大道」，其言語方有真意義。

3.6.1 成肉身的與虛靜的語言

執於「自我」、抽離對話、追求純理性表述，是語言散失意義的根源，那麼神學應如何回應？破我執、重拾對話聆聽、重建現代人失去的生命內在性，大抵是不二法門。

長久以來，教會言論神學（theologies of words）氾濫，因而忘卻「道的神學」（theology of the Word）。神學家很多時被追求「本始原理」（first principle）的談論所吸引，而不是被道所吸引。神學的建構，亦往往循「本體—邏輯」（onto-logic）結構的格局以及語言分析、修辭的進路來展開。如此一來，神學跟哲學所走過的路極其相近，漸漸成了一門知識自圓論的學問（a science of epistemological justification），因而遮蔽了道乃生命之道的事實。

3.6.2 言説那不可言説者

神學必須棄「理性言説表述一切」的驕妄，接受神學乃言説不可言説的言説。神學作為教會宣講的自省活動，無可避免地必須言説。神學工作者不是專事默想、靜禱的修道者。言説是他的責任。但他的言説乃由聆聽而出，而真的聆聽始於「無心」。「無心」始於「空」的覺悟。佛覺的「空」乃基於深信一切存有的基礎（the Ground of being）皆是「空」。而基督徒相信上帝是完全的完滿（total fullness），在祂以外並無「無有」。悟

「空」是覺悟到，主體執於己而確立的一切基礎，皆是虛幻。因此神學必始於清理已在的形而上架構及基本前設。虛靜是神學的基本功夫，在虛靜中聆聽，讓神的道發聲。虛靜將我們引離那個太熟識的社會所為我們建構的世界，叫我們回到存在的真正基礎。在那裏，我們脫去人為自我肯定的一切發明，一無憑藉地面對那不能用人的智慧言語表達的奧祕的自我表述。就如面對著道成肉身的事實，我們面對著極深的奧祕。任何對道成肉身這事實所作的反省與討論，都必須以無言沉默作開始，因為我們面對著那不能言說的。[44] 人的語言、觀念、邏輯在試圖捕捉住這真理時，只會全然崩解，因為它們不過是人創造用以表達有限世界的諸象，因而原則性地將這奧祕摒於其外。在這種情況下，無言沉默是解構式的發言，承認了世界所建構的語言之貧乏與限制。在那裏我們也被迫在道的光照下面對自己的本相，就是狹隘、偏頗、自我絕對化的虛妄。除了神那不能理喻的愛，我們一無所恃。這體悟正是信心語言的起點。這信心語言出自靜默和驚訝的深處，從領悟我們的存在型態是一種同在的存在（being as being-with）而出。如此，一套新的感通形而上智慧（metaphysics of being-in-communion）開始展現，以人為中心的思想便得以破解，而人性的真貌將再現。虛靜的聆聽將人引入對話中。

3.6.3 靜默的操練

「靜默」在西方神學傳統有很長的一段時期被忽視，而神學的成就往往以構思得最精密的信仰自圓其說或以最具說服力的詮釋信心的理論為其表現。本體—神學—邏輯（onto-theo-logic）的思維模式，自中古以來長期支配著神學思維，而這在新教正統主義（Protestant orthodoxy）中就更給進一步激化，而體悟信仰奧祕與無言沉默的生命操練卻漸漸失落，理性指導的稱義技術（technique of justification）取代一切。

虛靜一方面孕育一種被動性（passivity），卻同時孕育一種主動性（activity），即愛的主動——愛上帝、渴求真理的心性主動。上帝的奧祕乃在愛的對話中成為明悟的道。上帝最大的奧祕是，祂讓那測不透的奧祕化成最明顯的道理，讓人可以用言語表述出來。因此神學在領悟神的奧祕中卻不落入神祕主義之中。人所能明的語言是愛的語言，是有情對話的語言，也是道成了內身，住在我們中間的生命語言。神賦予人的道不是超然抽象之道，而是成為耶穌基督肉身之道。這道不是「本體—知識—邏輯—原理」所發的光，好叫人因其得到知識的絕對確據。反過來，這道是生命之光，照在人生命的黑暗處，照明人應然的生命；道乃耶穌基督的具體生命存在。這有深遠的意義。它正表明：媒體就是信息。神的啟示，神的真理，以肉身彰顯。耶穌基督不僅僅是神啟示的媒介，祂就是信息本身，祂的生命就是神的道。

一切藉道而創造，一切藉祂同歸於一而相互結連。祂是一切的基礎，是統合一切的原理。那藏於一切之內的道，以耶穌基督的人性啟示出來。人格、人性、人的生命存在，是道用以演繹神心意的獨特語言。這語言述說萬物之相互感通、彼此豐富的同時，更表達萬物之自我確立、自我超越的本性。道寓於萬物之內，卻選擇以人的存在去表達祂的臨在，人的存在被凸顯出來去為道發聲。道成肉身是基督教信仰的核心。要維護這信仰核心，我們別無選擇，必須要確立人生命的完整性及獨特性。道啟示的目標是叫人得生命，那為神分別出來的生命。這是救恩的起點與成全。一如亞他拿修說：神成為人，以致人可成為神。假若神啟示的焦點乃在人的生命，那麼神豈能不以人的生命作為焦點？因此，我們若要尋找新的神學語言，那麼這語言必須是轉化生命的語言。

註釋

1. Martin Heidegger, *An Introduction to Metaphysics*, trans. Ralph Manheim (New Haven, CT: Yale University Press, 1977), 38.
2. Arnold Toynbee, *Mankind and Mother Earth* (London: Granada Publishing, 1978), 596.
3. Gro H. Brundtland et al. eds., *Our Common Future: The Report of the World Commission on Environment and Development* (Oxford, UK: Oxford University Press, 1987), 343.
4. 參 Steven Bouma-Prediger, *For the Beauty of the Earth: A Christian Vision for Creation Care* (Grand Rapids, MI: Baker Academic, 2001), 54。
5. 參 John E. Foster, *Ecology against Capitalism* (New York: Monthly Review Press, 2002), 60～65。
6. Bourma-Pediger, *For the Beauty of the Earth*, 61.
7. Bourma-Pediger, *For the Beauty of the Earth*, 63.
8. Stephen J. Gould, *Eight Little Piggies: Reflections in Natural History* (New York: WW Norton, 1993), 48～49.
9. 參 Toynbee, *Mankind and Mother Earth*, 146 ～ 148；Lynn White, Jr., "The Historical Roots of Our Ecologic Crisis," in *Western Man and Environmental Ethics*, ed. Ian G. Barbour (Reading, MA: Addison-Wesley Publishing Co., 1973), 21；文章原初刊於 *Science* 155, no. 3767 (Mar 1967): 1203～1207。
10. Arnold Toynbee, "The Religious Background of the Present Environmental Crisis," in *Ecology and Religion in History*, ed. David Spring and Eileen Spring (New York: Harper & Row, 1974), 147.
11. Gordon J. Wenham, *Genesis 1–15*, WBC (Waco, TX: Word Books, 1987), 59.
12. Wenham, *Genesis 1–15*, 67.
13. 參董仲舒的《春秋繁露．天地陰陽》。

14. 南宋理學家胡五峯之言，他以人為天地大道彰顯之所在。
15. Mircea Eliade, *The Sacred and the Profane*, trans. Willard Trask (New York: A Harvest Book, 1959), 28.
16. Eliade, *The Sacred and the Profane*, 116～117.
17. "The profane experience, on the contrary, maintains the homogeneity and hence the relativity of space. No true orientation is possible, for a fixed point no longer enjoys a unique ontological status; it appears and disappears in accordance with the needs of the day. Properly speking, there is no longer any world, there are only fragments of a shattered universe, an amorphous mass consisting of an infinite number of more or less neutral places in which man moves, governed and driven by the obligations of an existence incorporated into an industrial society." Eliade, *The Sacred and the Profane*, 24.
18. "In a summary formula we might say that for the nonreligious men of modern age, the cosmos has become opaque, inert, mute; it transmits no message, it holds no cipher." Eliade, *The Sacred and the Profane*, 178.
19. "Experience of a radically desacralized nature is a recent discovery; moreover, it is an experience accessible only to a minority in modern societies, especially to scientists." Eliade, *The Sacred and the Profane*, 151.
20. Eliade, *The Sacred and the Profane*, 178.
21. Eliade, *The Sacred and the Profane*, 178.
22. "All beings great and small, Are linked in order; and this orderliness Is form, which stamps God's likeness on the All. ... And being thus ordered, all these natures tend Unto their source, or near or farther off, As divers lots their divers fashion blend." Dante, *Paradiso*, canto 1, lines 103～111.
23. "Through divers portals rises on mankind The lantern of the world... ." Dante, *Paradiso*, canto 1, line 106～108.
24. 參 H. Paul Santmire, *The Travail of Nature* (Philadelphia, PA: Fortress Press, 1985), 60～73。
25. Alfred Whitehead, *Science and the Modern World* (New York: The Free Press, 1953), 54.
26. Martin Heidegger, "The Age of the World Picture," in *The Question Concerning Technology, and Other Essays*, trans. William Lovitt (New York: Harper & Row,

1977), 128.

27. Heidegger, "The Age of the World Picture," 128.
28. Heidegger, "The Age of the World Picture," 134.
29. Heidegger, *The Question Concerning Technology*, 26～27.
30. Nicholas Berdyaev, *The Fate of Man in the Modern World,* ed. and trans. D. A. Lowrie (Ann Arbor, MI: University of Michigan Press, 1961), 25.
31. Thomas H. Huxley, *Lectures and Essays* (London: Macmillan & Co., 1931), 84
32. Bertrand Russell, "A Free Man's Worship," in *Mysticism and Logic* (London: Longmans Green, 1918), 47～48.
33. 參 Robert H. Nelson, "Economic Religion versus Christian Values," *Journal of Markets and Morality* 1, no. 2 (Oct 1998): 142～157。
34. "The change of behavior observed by Riesman, Mitcherlich, Weber and many others consists in a 'destruction of inwardness', in a loss of the individual mechanism for reflection and for the process of experience. ... Our modern society has become a society of conditioned reflexes, a society where the individual is important only as a bearer of attributes—with reference to this or that attribute but not to what these attributes constitute: the person." Wolf-Dieter Narr, "Toward a Society of Conditioned Reflexes," in *Observation on "The Spiritual Situation of the Age": Contemporary German Perspectives*, ed. Jürgen Habermas, trans. Andrew Buchwalter (Cambridge, MA: MIT Press, 1984), 33, 36.
35. 牟宗三：〈孔子的仁與「性與天道」〉，收《中國哲學的特質》(台北：學生書局，1975)，頁30。
36. 參《河南程氏粹言》卷二。
37. 儒家認定人與生俱來便有秉天命而行之能力，因此人人皆可為堯舜，皆有內聖外王的本質。儒家比較側重人性的光明燦爛面，而對其幽暗面則缺乏深究。參張灝：《幽黯意識與民主傳統》(台北：聯經出版事業，1990)。
38. 王陽明在所謂「龍場悟道」中領悟到「至道本具於吾心，聖人之道，吾性自足，不假外求」。
39. 有一些神學家為否定「以人為中心的神學」(anthropocentric theology)，而以「以神為中心的神學」(theocentric theology)或「以基督為中心的神學」(Christocentric theology)作號稱。其實這樣做，無論意願有多良好，都不甚恰當。因為這會予人一種上帝有無上權威，要求人以祂為中心的感覺。事實上，上帝並沒有要求人以祂為中心；祂所要求的，是祂能自由地愛，自由地與人契合，讓人分享祂的豐富。正確的神學必須奔走於上帝與人之間的兩個互動的「中心」。假若用幾何圖形來作比喻，即神學不能像一個只有一個圓心的圓形，而必須像一個有兩個中心的橢圓形。巴特就是用這比喻來形容神學的辯證型態。

40. 參《明儒學案》卷二。

41. 參 Wm. Theodore de Bary, "Neo-Confucian Cultivation and Enlightenment," in *The Unfolding of Neo-Confucianism,* ed. Wm. Theodore de Bary (New York: Columbia University Press, 1960), 170。

42. 《荀子．解蔽》；參張立文編：《心》（台北：七略出版社，1996），頁42～45。

43. 參何敬羣：《莊子義繹》（香港：人生出版社，1965），頁 11；Wing-Tsit Chan, *A Source Book in Chinese Philosophy* (Princeton, NJ: Princeton University Press, 1963), 180.

44. 這是潘霍華在《基督論》的名言："Teaching about Christ begins in silence. 'Be silent, for that is the absolute' (Kierkegaard)." Dietrich Bonhoeffer, *Christology*, trans. John Bowden (London: Collins, 1966), 27。

第二部

傾聽
上帝愛的言說

第4章 啟示：上帝的自我揭示

4.1 啟示來自仁格生命

4.2 啟示與知識

4.2.1 讓事物的本相導引：「客觀」的真義

4.2.2 主體的自我揭示：對主體的認知之開端

4.2.3 自我揭示與資訊傳遞

4.3 命題與存在：啟示觀的兩極化

4.4 啟示與顯露：自然啟示的侷限

4.5 隱蔽的上帝與瞎眼的世人

4.5.1 超越的上帝

4.5.2 世人的知與無知

4.5.3 啟示：上帝突破隱蔽，叫人重見光明

4.6 客觀真實與主觀真實：啟示中客觀與主觀的辯證關係

4.7 啟示與世界宗教

4.7.1 「自然」有其超乎自然的一面

4.7.2 佛教

4.7.3 伊斯蘭教

4.7.4 聖經的啟示觀的獨特之處

教會的宣講乃發自她生命的呼喚。然而，她所宣講的到底從何而來？是出自人的經驗結合理性思考？抑或歷代積累的人文智慧？抑或是超越一切、承托一切、審斷一切的上帝的啟示？從上一章的剖析，我們深悟，否定超越真理的人文精神至終將人陷於自戀的狀態中，進而使人格生命萎縮。人格生命的萎縮是人文精神危機的至極；當人格生命全然分解，人文精神也會隨之而蒸發，而價值崩塌，社會解體，生態摧毀，是必然的後果。重建人格生命是處境神學當務之急。重建人格生命，人必須衝破自戀；要衝破自戀，人必須超越自我；要超越自我，人必須重尋超越真理。不錯，現代人所需要的正正就是衝破自閉，睜開緊閉的心靈眼睛，打開蔽塞的耳朵，以自悟無知的覺醒作開端，學習領受，學習聆聽，一如南郭子綦首先領悟「吾喪我」的道理，才得聽天籟。人必先破我執，虛懷地讓大道灌注，方能迴響天籟之音。不固執於既有的經驗，不封閉於積累的智慧，讓超越真理之光燃亮心靈的漆黑及文化的幽黯，人方能突破當今的精神困局。

4.1 啟示來自仁格生命

我們將啟示放在神學論述的前頭，不為依循傳統，而是為針對處境困局的需要，即人格生命的重建。有啟示，必先有奧祕，亦必先有發出啟示的「仁格」(人格)主體。(「仁格」一詞基本上與「人格」同義，所不同者乃在於「仁格」不侷限於人的生命。上帝非人，卻具有類似人格生命〔personal life〕的素質與表現。其實，我們稱人具有「人格」乃因人有感通、契合，與他者相交以及彼此豐富的生命表現。)[1] 只有仁格/人格生命才會發出啟示，而這樣的啟示亦只會向具有仁格/人格生命的對象發出，就如人不會向石頭揭示他自己。主體向他者發出啟示，這行動代表著一種尊重，也代表著一道邀請，邀請對方與他者進入相知相交的仁格/人格關係中。我們強調啟示即強調仁格生命的真實。世間最深的奧祕不是物質世界深藏不露的定律，而是仁格生命內藏的奧祕。那位絕對的他者(the Other)的仁格生命，祂那超越一切的自由，乃奧妙而深不可測的。當上帝向人揭示那不能掌握、不能言說的奧祕，祂所做的正是將自己的仁格生命置於人前，向人發出邀請，叫人與祂對話，在對話中領悟自己人格生命的真實與尊貴。

同時，啟示是教會宣講的緣由，是她所宣講的信息的基礎。教會所宣講的若不是上帝的啟示，她所傳的就不是生命之道，對人也至終沒有真正的好處。啟示是關鍵的所在，我們因此必須對它有深切的認識。神學任務的關鍵正在於對教會的宣講作出檢驗、批判，分辨她所宣講的是出自人文智慧抑或來自上帝的啟示。因此，神學論説必先穩立於啟示的基礎上，方能履行其任務。

4.2 啟示與知識

一般人聽到「啟示」一詞，便立即聯想到「神祕」、「超自然」、「非理性」和「非科學」等相關詞彙，並且認定啟示與知識基本上是互不相融的。一般來說，要確認知識，必須通過經驗和理性的驗證。因著這觀念，不少人遂以為啟示既無經驗的根據，也不能通過理性去作出檢驗，所謂「啟示」不過是一堆宣稱（claims）或斷言（assertions）。那麼，這些宣稱和斷言到底可以根據甚麼來加以確認？除了「信心」以外，可說是甚麼根據也沒有。但一般人認為以信心為根據的所謂「知識」，根本就稱不上知識。因此，凡稱得上為知識的，都不能倚靠啟示作為其來源或依據。凡以啟示作為知識來源的，都不能稱得上是真正的知識。如此一來，知識與啟示便好像是對立的。然而，當我們稍為深入探討，我們便可能看到，這一種將知識與啟示對立起來的思維方式，極可能是出於一種偏狹的知識觀。

現代人理解「認知」（knowledge）時，將焦點完全放在求取知識的認知者（the knower）的主動性上。就如哲學家康德說：

> 〔理性〕絕不能讓自己受大自然的牽引，而必須基於〔理性〕既定的法則去訂立判斷原理，為我們引路，迫使大自然回答理性所設定的問題……理性……當然需要接近大自然，向它討教。但理性絕不能仿照學生的模樣，聽從老師選擇要傳授的，而要像一位受委任的法官，命令證人回答他所設定的問題。[2]

認知者將認知的對象放在證人欄內加以盤問；被認知的客體需回答認知者所設定的問題。認知者視自己為知識的發現者，更假設外界的事物是完全被動地任由他觀察、盤問、檢驗的。認知者掌握了認知過程的每一步，他假設被認知的事物啞不能言，無法隱蔽自己，只好在認知者面前無所遁形。簡而言之，被認知的事物在認知者面前就是一件死物。因此，認知根本毋須倚賴被認知的事物揭示自己。從現代的知識觀出發，所謂「揭示」或「啟示」，根本上與「認知」是兩套互不相容的概念。

這種「認知」的觀念看似合理，但根本經不起檢驗。這觀念之所以看似合理，乃因它恆以沒有生命的物質世界或者我們所說的物理世界，作為認知的對象。物理、化學的知識就是以此作為認知的對象。這些物質既沒有生命，便沒有回應，也當然沒有「抗議」的能力，完全受認知者擺佈。然而，當這樣的認知觀念用在具有主體生命的人類身上，問題便立刻出現。具有個性的人可以抗拒被認知，拒絕成為認知的對象，可以將自己的真相隱藏起來，更可以與認知者玩捉迷藏的遊戲，佈下各種「線索」來誤導認知者。過往不少科學家以認知死物世界的認知典模去評估人文科學，結果認定人文科學並不科學。他們硬要將一套以物理學為模範的方法作為科學方法的標準。然而，當這些科學家用物理化學方法去研究人類行為，試圖掌握人類行為的普遍法則時，他們要不是感到束手無策，便是將人的本質扭曲。現代科學對文化最大的傷害就是，當科學家用物理化學方法去剖析人性時，他們在不自覺中將人格生命約化成物理化學現象，因而把人「物化」。其實當科學家宣稱人文科學不夠科學時，他們正在間接地承認，一般所謂的科學方法根本就不能囫圇吞棗地應用在具有主體性的生命世界上。人格世界內不受操控、不容掌握的因素實在太多了。面對著一個活生生的主體，求知者真的會束手無策，因為他所面對的是一個可以與認知者周旋、對奕，甚至對抗的「東西」(entity)；這「東西」可以介入整個認知過程，干擾它，導引它朝向一個完全沒有預期的方向。這「東西」更可以反客為主，使求知者成為被認知的對象。最起碼，這「東西」可以將自己收藏起來。嘗試用認知「物」的方式去認知人，所得的不外是物理所能及的外在層次，對於人的內在生命可以一無所得。當然，科學家可以否認有所謂「內在生命」這東西。這正是不少科學家所採取的態度。如此一來，這些科學家正好顯示了他們所宣稱的「客觀」原來並非真的客觀；他們硬將既定的前設套在客體身上，把它約化成這些前設規限它要成為的東西。這樣的「客觀知識」只不過是主觀的反射罷了。

4.2.1 讓事物的本相導引：「客觀」的真義

現代一些哲學家明白了這道理，建議為「科學」或「客觀知識」重新下定義。胡塞爾[3]倡議「回到客體本身」以作為「客觀」的導引。意思是說，讓客體本身的獨特性決定我們怎樣去認知這客體本身，而惟有這樣才算是真正的科學和客觀。循這樣的思路，我們不難明白，認識具有自主性的人與認識沒有自主性的「物」(thing)，根本上完全是兩回事，應該循完全不同的進路。面對主體時，我們面對著一種不容我們輕易用因果律(causality)去解釋的東西——我們稱這東西為「意志」(will)，它具體展現了人格生命所獨有的自由抉擇的能力。人之能自由抉擇，乃因人有自覺的能力，而因這自覺的能力，人更有自我超越的能力。此刻的「我」可以否定自己現有的方向和既定的目標，他甚至可以否定自己一手確立的意義；不單如此，他更可以用自己的自由摧毀自己。人的自覺與抉擇固然涉及理性的運用，但所牽涉的何止理性？人作出抉擇的時候往往可能涉及理性以外的東西，例如感情或理想。因此，企圖純以理性去掌握人格生命以解釋其中的現象，只會漏洞百出，難以整理出一幅完整的圖畫。因其自覺、自主和自我超越的能力，人格主體可以隱藏他所知的東西，例如他所發現的宇宙奧祕，他所掌握不為人知的歷史資料，或別人的祕密；他更可以隱藏他自己。然而，出於他的決定，他卻又可以主動揭開他所知的祕密，更可以揭示他自己的內心世界。

4.2.2 主體的自我揭示：對主體的認知之開端

關乎外在事物的祕密，主體當然可以左右別人，使別人難以了解他到底知道甚麼，但他卻無法禁絕別人發現他所知的。因此，主體對於外在祕密的掌控能力，畢竟是有限的。然而，對於他自己的主體生命，情況便有所不同了，他隱藏自己的自主權極大，他甚至可以用種種方法誤導別人，從而將自己收藏起來。於此，我們不難領悟，主體生命使別人有一種奧祕感，別人難以準確並完整地對他作出分析與預測。因此，面對著主體，我們必須「玩」另一種認知的「遊戲」。主體主動地「揭祕」乃至「自我揭示」(self-disclosure)是關鍵所在。其實這道理何其簡單：在人與人之間的日常交往中，「揭示」、「自我揭示」經常發生。沒有「揭示」，人根本不能彼此認識。循這樣的思路，我們很容易明白，「啟示」根本就是認識主體生命的關鍵因素。

一個主體可以收藏無數的祕密；例如他可能掌握了破解某數學難題的方法；他也可能知道刺殺美國前總統甘迺迪(John Kennedy)的幕後黑手是誰；他甚至可能知道買賣證券的必勝之技。當他將這些「祕密」傳遞與知心好友時，他所傳的是一些不為人知的客觀知識或資訊。這當然算是一種「啟示」，但這樣的「啟示」，層次可以說還是比較低的。某數學難題的破解方法，在某一時期可能是一個「祕密」，只有能破解的人才知曉。不過只要這難題真的有破解之法，那麼原則上其他數學家都可以憑自己的堅持和努力去發現之。同樣地，刺殺甘迺迪的幕後黑手一時間也可能無法找出，但原則上，只要我們鍥而不捨，假以時日，還是有可能因更縝密的追查而真相大白。然而，有一些祕密，就是那關乎主體的旨意、企圖、目的以及作某一抉擇的理由，卻是另一層次的祕密或奧祕。除非主體主動揭示這些祕密或奧祕，否則任何人都不能假設他原則上可以掌握得到這些奧祕。[4]

4.2.3 自我揭示與資訊傳遞

傳遞那深不可測的客觀知識與傳遞主體的內在心靈世界，是兩種不同層次的啟示。當一位數學家告訴你一個天大祕密，就是他發現了費瑪最後定理（Fermat's Last Theorem）的求證方法，並且將這求證方法擺在你的面前，這樣，他的確向你啟示了一個本來隱藏的真理。不過所啟示的是主體以外的客觀知識而非「自我揭示」，啟示的人並沒有把自己內在生命的奧祕揭示出來。「自我揭示」有別於客觀知識的傳遞，因為「自我揭示」是主體將本來隱藏的內在生命揭示出來，其目的不是要傳遞資訊或客觀知識，而是為了與他人分享自己的生命。因此，「自我揭示」所帶來的認知不止於「知性之知」（cognitive knowledge），更是一種在關係中的「相遇相識」（encounter）。

認識啟示的兩種不同層次，對我們了解上帝對人類的啟示有很大幫助。聖經所記述的上帝的啟示，既有客觀的知識和資訊的傳遞，更有上帝的自我揭示。然而這兩個層次的啟示卻又是緊密相連、二而為一的。當上帝向人類宣告一些未來將要發生的歷史事件時，祂固然在傳遞客觀的知識，但這客觀的歷史事實卻正是上帝旨意的活現。因此，上帝在宣告客觀歷史知識的同時，祂也在宣告祂所想、所決定的，也就是說，祂在揭示祂自己。祂傳遞知識為的是要與人相遇相識，進入契合的關係中，而這關係卻又不能脫離關乎祂的正確知識或正確觀念。

4.3 命題與存在：啟示觀的兩極化

某些初期教父及中古時期的經院神學家，因受希臘哲學傳統影響，恆以頭腦的認知作為知識的典範。同時，中古神學常常被一個重要的議題困擾，就是要解決理性與啟示之間的關係。為了要說明由理性思考而得的知識與從啟示而來的知識不單沒有衝突，更是彼此相融的，他們便在自覺與不自覺間將啟示真理與理性所確認的真理置於同一範疇、同一層次之內。理性所追尋的真理是用思辨得來的，並必須用理念、用命題來表達。為這緣故，真理便往往被規限為「命題式的真理」（propositional truth），彷彿只能以理念和思維來表達。循這樣的思路，上帝的啟示便很自然地被理解為知識的傳遞，這知識是「關乎神聖事物或神聖思想、意念的」（the communication of divine things, divine thought or divine mind）。緊隨阿奎那思想的神學家，不論是天主教的也好，還是基督教的也好，都會將啟示定義為「超自然的、絕對無偽的真理命題」。二十世紀一些傳統的天主教神學家會這樣為啟示下定義：「啟示乃指天主向人傳遞一些祂所知的東西……既是神聖思想的展示，那麼所展示的當然是理知（intellectual）和概念（conceptual）的東西。」[5] 天主教神學家尚茲（Paul Schanz）更毫不含糊地說：「神聖啟示乃真理的傳遞，透過理念（ideas），傳遞一些人類需要並對他們有益的真理。」[6] 在基督教的福音派當中，不少信徒或神學家依然以真理命題為啟示的核心。美國的卡爾．亨利（Carl Henry）便是一個很好的代表。

反過來，在二十世紀，不少神學家因受存在主義（existentialism）影響，將啟示理解為上帝與人個別的相遇。在相遇中人被光照，領悟自己存在的實況，看到應然的存在型態，明白到基督所象徵的整全生命。布特曼可說是存在主義啟示觀的代表。[7] 在布特曼看來，上帝透過聖經中的種種宗教象徵，所要啟示的，不是客觀的真理命題、不是歷史發展的軌迹或人類命運的真相，而是人不忠於自我的生命實況（inauthentic existence），以及人如何從耶穌的榜樣，洞悉「忠於自我的存在」（authentic existence）。

這兩種各執一端的啟示觀，固然各有見地，但卻又各有偏頗，甚至可以說是對基督教的正統啟示觀「各有曲解」。我們若回到聖經的世界去理解啟示的意義，我們便不難看到，啟示不可以被約化為一堆客觀的真理命題，也不可以被理解為純粹個人存在意義的啟迪（illumination）。啟示固然傳遞客觀真理，這些真理在某種情況下固然需要用命題來表達，但啟示所要達至的不是真理命題的宣告，而是上帝與人相遇、與人和好的事實，其所促成的是人的生命的改變。真理的宣告只是其中一部分，而不是啟示的全部。其中更核心的是上帝的行動、上帝對自己的行動的解說、聖靈在人心內工作以促成人主觀地經歷上帝的實在，並因而作出回應。命題所能表達的自有其侷限，卻又不能忽略。然而當教會將啟示理解為真理命題的宣示，我們很容易便將啟示所要表達的上帝對人的深情化為冰冷的字句。另一方面，個人受感動，更新變化，生命向上帝開放，固然是上帝啟示所要達至的，但這一切的變化，若不是基於客觀真理或對上帝正確的理解，生命開放亦只會引入歪謬的道理，使人走上歧路，離上帝更遠。因此，客觀真理、主觀經歷的客觀依據，仍是非常重要的。

4.4 啟示與顯露：自然啟示的侷限

啟示是懷有目的之揭示，為的是向他者傳遞那本來隱蔽的奧祕。啟示因此有別於自然的顯露或彰顯（natural manifestation）。「自然的顯露」可以是一種不經意的生命流露，當事人可以完全沒想到要披露或揭示自己，只是他的行動無可避免地將他的生命型態或能力顯露了出來。例如一個藝術家閉門創作，謝絕一切展覽，他所求的是透過創作純粹實現自我，向自己展示自己的創意，讓自己的才華得以無拘無束地舒展。他的創作不為別人，乃為自己。他可以創作後將作品銷毀，不讓他人看到。不過，倘若這個藝術家的某一件閉門作品得見天日，它便會自然地顯露出創作者的工巧才藝和獨特風格。這件作品無聲地見證著一個創作生命的素質。然而，藝術家創作的心意，他創作時的心靈境界，他雕塑的意象內裏所蘊含的意義，他筆觸或斧鑿背後的意念和目的，一概可以全然隱蔽，不為人所知。除非藝術家現身，向觀眾闡釋一切。經他闡釋，他的作品不單彰顯他的技術與獨特風格，更揭示了他的心靈境界。這樣一來，「顯露」便立刻化成「啟示」。

同樣地，大自然作為造物主的創作，固然顯露出造物主斧鑿的奇工和設計的精妙，使觀者讚歎不已。然而造物背後的目的、心意和潛藏的感情，卻未必因而就顯露出來。因此，諸天雖然述說上帝的榮耀，穹蒼雖然傳揚祂的手段，祂創造的旨意卻可以依然深藏不露，直至祂主動向人闡釋和宣示祂的心意。從這個角度看，所謂「自然啟示」（natural revelation）的啟示「性能」，可以是非常有限的——除非上帝創造的時候已特意將祂創造的心意寄寓在宇宙之內。

我們深信上帝創造宇宙穹蒼的時候，確有此意。宇宙不單充滿上帝的榮耀，也充滿祂的美意、祂愛的表達。祂創造宇宙，彷彿為了能有一個伙伴分享祂滿溢出來的豐富。因此，宇宙本來不單充滿祂榮耀的線索，也充滿了祂愛的呼喚；而在正常的狀態下，人應該聽到諸天述說上帝的榮耀，穹蒼傳揚祂的手段，也可以看到宇宙的鋪設充滿了愛的心意。詩人不是說：「我觀看你指頭所造的天，並你所陳設的月亮星宿，便說：人算甚麼，你竟顧念他？世人算甚麼，你竟眷顧他？你叫他比天使微小一點，並賜他榮耀尊貴為冠冕⋯⋯」（詩八3～5）巴特看宇宙的本體，真是精闢而獨到，他認為「立約是創造的內在基礎，創造是立約的外在基礎」。[8]

不幸的是，當人選擇與上帝疏離隔絕，定意拒絕上帝立約的愛，他便很自然對諸天穹蒼內藏的上帝心意視而不見。這樣一來，宇宙對他來說沒有蘊藏任何意義，有的只是外顯的結構。宇宙成了一件失效的傳意「工具」。宇宙的斧鑿奇工和精妙設計依然顯露，但人卻用另一角度，另一眼界，去為這一切尋找自圓之說；而任何自圓之說都是可能的，只要原則上將上帝「括」出去，圈在外面。宇宙的精妙可以成為自然主義發揮的場所，成為否定上帝的確據。「大自然」一詞正好表明了這種自圓的想像，即宇宙是自然而然地存在的，故曰「大自然」。

令人歎為觀止的斧鑿奇工不保證能導引我們認識上帝，反可以將我們導向否定上帝之路。除非人放下抗拒，與上帝和好。「諸天述說上帝的榮耀」必須在人與上帝和好的狀態下才能實現。只有認識上帝的人，才會於看著奧妙的宇宙之時發出這樣的讚歎。

這就關係到另一層次的揭示，就是導致人願意與上帝和好的那種啟示。要不然，宇宙只可能是顯露出造化的精妙，即一個可能沒有造物主的「造化」的精妙，而沒有彰顯出「造化」內蘊的旨意、目的和心意。

當然，得到這另一層次的啟示，人便會有另一種眼界，不單看出造物主斧鑿的奇功和設計的精妙，更看出上帝的榮耀在其中彰顯；不單看出上帝的榮耀，也看出其中立約的意圖並約中之愛。如此的「看」，是看到上帝榮耀的深度。上帝將祂的榮耀佈置於其受造之物中，不是為了炫耀自己的大能，而是作為一種邀請，讓人被這榮耀的美感吸引，因而發乎情並自然地向祂作出回應，與祂契合。這宇宙的美是上帝榮耀有形有體的表達（forms），也是人間一切的「美」的原模（Form）。[9]

弄清楚「自然顯露」與「啟示」在概念上的分別和關聯，會有助我們釐清「自然神學」的爭論，更會有助我們開展一套「論述大自然的神學」（a theology of Nature）。我們深信，上帝在宇宙中佈下的「普遍啟示」，充塞在天地之間，俯拾皆是。然而，在與上帝的隔絕中，人根本看不見遍佈於宇宙中的啟示，因為在抗拒上帝的人心目中，「啟示」根本是子烏虛有的。「普遍啟示」縱使真實無比，人也可以視而不見，更遑論用來建構一套用以表達上帝面貌真相的神學。

在這裏值得一提的是，「大自然」一詞含有「自然而然」之意，表達了中國哲學傳統以「自然」為自存而生生不息的「道」的看法。這也正好表達了希臘哲學傳統對「自然」的看法。希臘哲學家以“*physis*”（nature）一詞表達事物的內在原理，而“*Physis*”（Nature）則用以表達生生不息、自然運作的「大自然」，它是獨立而自足、完全由內在原理和動力所推動的系統。「自然」一詞其實已反映了一種世界觀，即一種宇宙「自法自足」（autonomous）的世界觀。因此，「自然神學」（natural theology）的講法，其實不自覺蘊藏著一種內在矛盾。亦因如此，「自然理性」（natural reason）一詞亦可以有「自法」的含義。藉自法的理性，如何能從自足自法的大自然去認識上帝？這一點，正是基督新教與天主教就普遍啟示的問題所經常爭論的。

從神學的角度來看，天主教的神學家與基督新教的神學家同樣都明白到，所謂「大自然」（Nature）其實並不「自然」；它的起源，它的向度，它的終極，全出於超自然的造物主。從一開始，「大自然」已內蘊著超乎「自然」的素質，向超自然的領域開放，向著它的境界進發。因此神學家所論說的不是「大自然」而是「被造的世界」（creation）。「被造的世界」或「創造」一詞，表達了另一種世界觀，亦即因上帝的啟示而來的世界觀。確認世界是受造之物，背後已隱含著對上帝的信仰與宣認，而這絕不是純靠推理就可以達至的結論。按純粹理性的推理，其實人就是連世界是否真的存在，也不能確定，[10] 更何況世界存在的背後之造物主？從純理性出發，我們只能說，「世界是上帝所造」或「世界是自有永有的」這兩個命題，都有可能成立；但哪一個才是真的？那是無法確定的了。若說上帝可以自有永有，那麼世界為甚麼不可以自有永有？

因此，從神學的角度來看，所謂「大自然的啟示」（revelation from Nature），其實只是被造之物自然而然地透出令人深思的奧妙。要洞悉這奧妙之源，並領悟這是造物主刻意的啟示，人必須先認識造物主，並謙卑地從祂所設定的方式去領受這世界所隱藏的計劃和目標。如此，從被造世界而來的啟示，與「特殊啟示」根本就一氣呵成，不能分割。

4.5 隱蔽的上帝與瞎眼的世人

啟示的背後蘊含著一個前設，就是「隱蔽」(veil；或作「遮蔽」)。啟示的上帝同時也是隱蔽的上帝。沒有隱蔽，也沒有啟示的必要。上帝的隱蔽與上帝的啟示微妙而辯證地連結在一起。上帝向人類啟示祂自己，揭開祂的隱蔽，但就在祂揭開(unveil；或作「揭示」)祂的隱蔽之時，祂同時因祂的揭示而隱蔽祂自己。祂因為遷就人的有限，無可避免地要用人所能明白的媒介去揭示祂自己。這些媒介一方面擔當了傳遞的任務，但也同時遮蔽了上帝啟示的原貌。我們先詳細闡釋上帝的隱蔽性的幾重意義。

4.5.1 超越的上帝

任何對「上帝」的認知，必須以「上帝是不可知的」這命題作為起點。意思是說，我們若憑自己的官能和認知的能力企圖去認識上帝，其結論必然是：「上帝是不可知的」。理由很簡單。首先，上帝是超越的上帝，祂的本體與人的本體根本在兩個截然不同的層次或境界。超越的上帝是肉眼不能看見，五官無從覺察的。上帝是那位「住在人不能靠近的光裏，是人未曾看見、也是不能看見的」(提前六 16)。因此，「從來沒有人得見上帝」(參約一 18)。「不能看見」當然不單指肉眼不能看見，更是指人的理性也根本沒有能力認知上帝。若上帝不行動，不與人有任何瓜葛，只自在於己，人顯然無從認識祂；然而就算上帝有所行動，祂的行動亦是奧祕莫測，就好像約伯所說：「他從我旁邊經過，我卻不看見；他在我面前行走，我倒不知覺。」(伯九 11)人既無法「看見」上帝，更不要說可以掌握祂了。自慈運理(Huldrych Zwingli)以降，改革宗神學喜歡用“*finitum non capax infiniti*"[11] 這一句話來表達有限的人根本沒有能力認知無限的上帝，但這句話並不完全準確表達出上帝的超越性。人的「不能」不是因為「有限」承載不下「無限」。若是這樣，「有限」與「無限」之間便只是程度上的差異，彷彿「有限」之所以不能，乃因它缺乏足夠的容量來下載「無限」。然而這不是「量」的問題，而是「質」的問題。人與上帝的差異是本體的區別（ontological distinction）。人與上帝根本在兩個截然不同的層次。巴特在《羅馬書註釋》（*Der Römerbrief*）的名言「上帝在天上，你在地下」（出自傳道書五章2節）所要表達的，正好是本體層次的區別。然而，這本體上的區別仍不足以說明上帝的隱蔽性。上帝的隱蔽不是被動的隱蔽，而是具有主動性的。上帝是絕對的主體；當以賽亞宣告上帝是「自隱的上帝」（賽四十五15），他的意思是說，上帝有絕對的主權和能力將自己完全隱藏起來，使人完全沒有可能認識祂。人雖然也是主體，卻不是絕對的主體；他雖有能力隱藏他自己，卻沒有能力絕對地隱藏自己。惟有上帝有這樣的權利與能力。其實，因上帝主動的隱蔽，人不單沒有能力認識那位自隱的上帝，就是連祂所造的天地，縱然給人看得見，也是奧祕重重。就如宇宙的規律雖深不可測，人能略知一二；連最深奧的「統一原理」（Unified Principle），原則上人或可以發現。然而，掌握了這些又如何？人類對於宇宙的本體仍然可說是一無所知，因為上帝創造宇宙的本意、目的以及它的終結，若決意向人隱藏，人所能掌握的不過是外在的現象而已，仍未能觸及宇宙真相的核心。約伯便慨歎宇宙的種種事物根本是向人隱藏的：「智慧在何處可尋？……深淵說：不在我裏面，滄海說：不在我這裏……眾生的眼睛看不見，空中的飛鳥也不能發現。滅亡和死亡都說：我們只風聞它的事罷了……」（伯二十八12～22，《新譯本》）不

錯，上帝的智慧，祂奧祕的旨意的確可以向人全然隱藏（林前二7）。而對人來說，上帝的智慧和祂的旨意才是關鍵所在。如此一來，啟示的中心和關鍵是在乎上帝向人類揭示祂的本相並祂奧祕的旨意。上帝的本相揭開，祂奧祕的旨意向人展示，啟示才算真正發生。而這兩方面，完全在乎上帝自己。

從上帝的自述來看，祂是多麼願意將自己向人揭示，祂隨時準備向人揭示自己。啟示之所以沒發生，問題不在上帝的隱蔽，而在人的封閉。真正的問題乃在，當上帝向人揭示祂自己，人的罪性卻令人無法認識祂。人因罪的扭曲，心靈的眼睛瞎了，面對著上帝的啟示，他視而不見，更索性將它變為虛妄，化為偶像，好叫自己毋須面對上帝。保羅告訴我們，人是何等愚昧和固執。上帝的永能和神性，經過了人的認知，竟會自然而然地變成了替代上帝的偶像（羅一20～22）。這正是改革宗神學的洞見所在：一方面，上帝是隱蔽的，而另一方面，人是瞎眼的。一五三六年在日內瓦擬定的《日內瓦信條》（Genevan Confession）第四條，對人的狀態作出這樣的宣示：

> 我們承認，按本性人是瞎眼的，他理知昏暗，心靈充滿敗壞和扭曲，因此，若憑一己之力人是不能領悟他應該領悟的上帝的知識的，也沒有能力行善。若上帝任由他按其本性而活，他只能活在無知之中，被棄絕於各種的罪惡裏。[12]

與加爾文一脈相承的改革宗神學家巴特進一步闡釋說，「上帝是不可知的」這命題是人認識上帝的起點，亦是啟示的開始。他的意思是說，若沒有啟示，人就連「上帝是不可知的」這事實也不知道。無神論者可以否定上帝，説「根本就沒有上帝！」他們既以此作為「認知」上帝的結論，便無從得知「上帝是不可知的」這事實。不過真正的無神論者在人類的歷史中相信為數不多。佔大多數的是另一種人——他們認定上帝存在，卻將上帝化成滿足自己慾望的偶像，而對這荒誕的事卻又一無所知，還以為自己是虔誠的人。

4.5.2 世人的知與無知

不錯，諸天述説神的榮耀，穹蒼傳揚祂的手段；上帝的永能和神性是明明可知的，藉著所造之物，叫人無可推諉，叫人直覺地感到創造主的存在。這正是加爾文所説的，在人的心中有一種對上帝的自然感應（*sensus deitatus*）。無奈這感應既不能叫人肯定地知道上帝確實存在，更不能知道這位上帝是一位怎樣的上帝。這現象説明一個事實，就是人「知道」有上帝，卻又同時「知道」這位創造宇宙的上帝是不可「知」的。但這相關的「知」，其實都是要透過上帝所創造的世界才能領悟的。也就是説，「上帝是不可知的」這一真理也是基於上帝所創造的宇宙，即透過上帝的啟示，方能掌握。

上帝所創造的宇宙本身的確承載著祂的智慧、手段與能力，就如詩人所述，諸天和穹蒼在述説上帝的榮耀和智慧，它們彰顯著造物主的大能與美善。但我們必須注意，被造之物所彰顯的，只是上帝的榮耀與手段，至於上帝創造的旨意、目的，諸天和穹蒼都默然無語。然而，諸天的奇偉與穹蒼的美，其所透發出的上帝的榮耀，對人是一種極大的吸引，並向人發出邀請，叫人進一步尋求這位造物主，了解祂造物的心思意念。上帝在宇宙中所佈置的不單是祂設計的精巧，而是祂灌注在其中的感情和祂的美感。這些都隱然地向人説話，感動人進入對話之中。在人墮落以前，這一切何其自然和真實，就像亞當、夏娃，當時何等自然地與上帝交往對話。亞當墮落以後，一切都改變了，諸天和穹蒼在罪人的眼中不再透出上帝的榮耀與智慧。加爾文說得好：

> 因此，這麼多的明燈白白為我們燃亮，散發著造物者的手段與榮耀的光輝。雖然它們將我們浸淫在它們的光中，卻無法將我們領向正途。當然，它們會不時在人心中引發靈感的火花，但還未及燃起亮光，一瞬之間，便遭窒滅。[13]

縱然這些火花果真燃亮起來，人也會將所看到的光輝巧妙轉化，按自己的意念塑造偶像來取代真神，使自己的心靈眼睛受更深的蒙蔽。這蒙蔽需要上帝出手為人拿走，人才能看到事實的真相。他需要上帝的啟示才知道自己所崇拜的神原來是虛妄的偶像。從客觀的角度來說，宇宙依然忠實地發出言語、傳出知識，無奈人主觀地聽而不聞、視而不見，並且見而扭曲。因此，仍有待上帝醫好人的瞎眼症，自然的啟示方能發揮其作用。當保羅說「上帝的永能和神性是明明可知，雖是眼不能見，但藉著所造之物就可以曉得，叫人無可推諉」（羅一 20），他是站在一個已經被聖靈打開心眼的人的角度，看出諸天述說上帝榮耀這事實。依然陷於罪網的人便不可能有這樣的見識了。

4.5.3 啟示：上帝突破隱蔽，叫人重見光明

「上帝是隱蔽的，人是眼瞎的」這句命題說明了啟示的真意。當我們說，上帝向我們啟示祂自己，意思是說：上帝一方

面「突破」祂的隱蔽，將自己「客體化」，成為人能力所及的認知對象（an object possible for man）。同時，祂更主動打開人瞎了的眼睛，叫人重見光明，看到這位向人揭示祂自己的上帝。這便說明，人對上帝的認知，全在乎上帝的主動。人在這過程中所需的，只是謙卑地接受。上帝如何啟示祂自己？透過甚麼媒介？經甚麼途經？完全取決於上帝。若一切取決於上帝，並完全在乎祂，人豈不是完全被動，任祂擺佈？在認識上帝這件事上，還有甚麼是真正屬於人的呢？

這問題非常重要。經這一問，進而再深入了解，我們才領悟到在基督教信仰中，原來人是具有相當的決定性的。試想，上帝要在啟示中包辦一切，最方便的方法便是進入人的意識中，完全充滿它、佔據它，或索性佔據人的整體。這樣，上帝完全在人裏面，操控他的感官，支配他的感受，掌握他的回應。人的意識可以成為不停播映上帝所要揭示的真相的顯示器，而人的感情可以成為由上帝引發的條件反射。上帝根本用不著要將自己客體化，調節自己，好適應人有限的認知能力，還要打開人緊閉兼且瞎了的眼睛；要這樣做，多費事。上帝之所以如此費事，所為何事？還不是因為祂要將主權放在人手中！祂要保持人的完整性，以致他對上帝的認知和感情的回應是出於他自己，而不是上帝為他包辦，然後由他照單全收。上帝給他的，是認知上帝的「可能」；只是「可能」而已，其他便要看人自己了。上帝保持人的完整性，才顯出啟示的真正本質。啟示不是為了操控，而是為了對話、相交和契合。上帝願意人出於己意去尋求認識祂，與祂相交和契合。因此，人接受啟示並主動回應的行動實在非常關鍵。

但上帝客觀的真實必須在人的主觀內成為真實，啟示才算真正完滿。

4.6 客觀真實與主觀真實：啟示中客觀與主觀的辯證關係

說到這裏，我們應愈來愈清楚，上帝啟示的行動需要奔走於兩端之間。一是啟示的客觀真實（revelation as objective reality），一是啟示的主觀真實（revelation as subjective reality）。

上帝要向人啟示祂自己，就必須將自己客體化，彷彿從隱蔽中「站」出來，成為一個客觀的實體，具體地面對那些尋求認識祂的人，讓人可以清晰地以祂為認知的對象。祂必須要顯為「客觀地真實」（objectively real），絕不含糊，不會讓人難以捉摸，而是讓尋求認識祂的人知道祂就是真確的認知的對象。這是上帝啟示行動的第一步。不過，踏出了第一步仍不足夠，因為就算上帝「站」了出來顯為「客觀地真實」，祂還要顧慮到，祂顯現出來的「客觀真實」到底對極度有限的人類而言，是否仍然過於高超而致高不可攀呢？這真實性是不是一種讓人可以「觸摸」得到、感應得到的「真實」呢？不錯，在啟示的行動中，上帝不再隱藏祂自己，確確實實地「站」在人的面前，成了一個客觀的對象，但因著上帝本身的超越奧妙以及人的本體的根本差異，祂顯現出來的客觀真實也未必是人所能及的。因此，上帝不單要成為一個真實的客體，更要成為一個讓人可以掌握得到的客體。祂絕不能在雲端之外，使人縱然知道祂為了向人啟示自己而「站」了出來，卻仍覺得這客體高不可攀，深不可及。因此，這客觀的對象不單必須客觀地真實，也必須體會人的限制，讓自己的客觀實相能遷就人（accommodate），成為「客觀地可能」（objectively possible），即人可能及的客體。也就是說，上帝必須多行一步。在上帝向人的啟示中，「客觀的真實」與「客觀的可能」，必須同樣存在，並二而為一。

另一方面，當上帝揭示祂自己，使啟示成為「客觀地真實」，也「客觀地可能」，祂還要照顧接受啟示的人的主觀狀態。人受罪的捆鎖，心靈眼瞎，無論上帝如何真實又生動地展示祂自己，人也可以看不見、感應不到。上帝需要介入人的主觀領域，打開他的心靈眼睛，叫他看到上帝的啟示，使這客觀的啟示成為在人心中的「主觀真實」(subjective reality)。這是上帝所行出來的第三步。不過，就算來到這一步，人只是看到，擺在他面前的，的而且確是上帝的啟示，但他到底願不願意回應，能不能回應，卻又是另一回事。因此，上帝需要進一步使人主觀地感到，他有可能接受這啟示並使之成為他生命的指引。人雖然看到啟示的客觀真實，看到上帝是一位怎樣的上帝，也認知祂的旨意為何，但人若沒有從罪的捆鎖中得到釋放，人依然沒有能力選擇他所認知的上帝。因此，人要接受上帝的啟示，他必須有「主觀的可能」(subjective possibility)——他有選擇上帝的自由。人如何能再有選擇上帝的自由？除非上帝親自出手，將他從罪的束縛中釋放出來，使他真的有自由去選擇是否接受上帝的啟示。使啟示成為主觀的真實，又使人主觀地有可能伸出自己的手去迎接上帝，這完全是聖靈的工作。

於此，上帝行了四步：第一步，從隱蔽中「站」出來成為「客觀的真實」；第二步，使自己的客觀真實性「遷就」有限的人類，使它成為對人來說是一種「客觀的可能」；第三步，上帝進入人的主體生命中，衝破人的自我封閉，打開他瞎了的眼睛，以使這對人來說是可能的「客觀的真實」呈現在人的主觀之內，成為「主觀的真實」；第四步，上帝除去人的罪的捆鎖，使人真的有自由去作抉擇，使他有一種「主觀的可能」。上帝並不強迫人選擇祂，祂只是解開人的捆鎖，叫人能自由地選擇。人於此時，在無可推諉的啟示面前，仍可以選擇拒絕上帝，回到沉淪當中。

當上帝踏出第一步的時候，祂到底如何使自己成為客觀真實？就是藉著聖子，那位與聖父同在同榮的道，也是創造世界、貫注世界的道。聖子，上帝的道，是上帝啟示中的客觀真實。第二步便是這道化成被造的世界的道，也就是化成人間語言、在聖經中與人的話語融為一體的道，而至終更是道成肉身的道。創世的道、道成肉身的道、貫注於聖經之內的道，是啟示的客觀真實，人可以看得見、聽得到。於此，啟示的客觀真實成為客觀的可能。接著是第三步。上帝如何使啟示成為主觀事實？聖靈打開人瞎了的眼睛，將上帝的啟示放在人的面前，叫啟示在人主觀的視域內顯為真實，叫人清清楚楚地知道這是上帝的啟示。如此，啟示在人的裏頭成為主觀事實。所謂主觀事實並不是說聖靈硬將啟示灌塞在人的意識之內，在人裏頭造成啟示的既成事實。不，聖靈沒有這樣做；聖靈所做的是將啟示擺在人的面前。不過聖靈還需幫助人重新得回接受或拒絕啟示的決定權。聖靈將人從罪的束縛中釋放出來，使人回復原初的真自由，叫人真的可以作出選擇，到底是接受啟示而轉向上帝，抑或是繼續硬著心腸抗拒上帝。聖靈叫啟示在人心中成為主觀的可能。這是啟示的第四步。在這裏我們看到上帝啟示的結構是先後有序的，就是客觀先於主觀（objectivity before subjectivity），真實性先於可能性（reality before possibility）。[14]

上面所闡述的啟示觀往往被自由派的神學家詬病為「啟示實證主義」（revelation-positivism）。他們認為，堅信超自然的啟示發生在歷史當中，並且相信這些是實實在在的歷史事件，那便與實證主義一樣，即堅信摸得到、見得到的事實才是真理。其實這些自由主義神學家不肯接受超自然的事可以發生在自然世界、在歷史當中。他們抱持另一種啟示觀，相信啟示不過是由人的靈感所透出的真理，或文化集體創作的神話象徵所閃出的真理亮光，或一些宗教領袖在某種心理狀態下（如某些宗教儀式中忘形的「狂喜」，即“cultic ecstasy”）所體悟的真理。然而，對歷代基督教的信仰來說，啟示不是人文精神光輝的放射，不是時代靈魂的集體創作或記憶，也不是屬靈偉人因特異的心理狀態所產生的異象，而是實實在在的，上帝在歷史中行奇事，彰顯自己的真實（reality）；上帝的這些行動，對歷史具有決定性的影響，而且也是關乎人類的歷史命運的。啟示當然超乎一些歷史資料性的事實（facts）。啟示不止於一連串歷史事件，其核心和關鍵乃在令這些事件發生的上帝的旨意與行動，即祂的「仁格生命」。假若因強調客觀的歷史事實而要背上「實證主義」之名，那我們倒會欣然接受。然而我們必須重申，我們所相信的「實證」是「仁格的實證」（positive reality of the personal being），因為一切環繞著啟示的事實是上帝的仁格生命（the reality of the divine person）以及人的人格生命（the reality of the human person），而這些「仁格生命」的事實是超乎邏輯所能分析和經驗所能完全承載的。

4.7 啟示與世界宗教

基督教以啟示作為信仰的依據，但其他世界宗教教也同樣宣稱自己的信仰源於啟示。那麼，從神學的角度，我們應如何衡量其他宗教的「啟示」？一些福音派神學家比較傾向一刀切地否定其他宗教的「啟示」乃出自上帝，並認定其所宣稱的「啟示」全都出自人塑造偶像的靈感。這樣一來，宗教就是人反叛真神的罪證。我認為這種看法過於偏狹，忽略了一個很重要的事實。且聽我道來。

4.7.1「自然」有其超乎自然的一面

「自然人」(natural man)一詞通常有兩個不同含義，一是意指按上帝創造的本性而存在的人，他的生命率性自然，墮落之前的亞當便是「自然人」的典範。另一含義乃指墮落以後的人的自然生命，而「自然人」亦即屬肉體、受罪支配的人。無論我們取哪一個含義，「自然人」在上帝的恩典之下其實仍是超乎他的「自然」的(natural man is more than natural)。打從上帝按自己的形象造人，並與他無間地溝通契合，人的生命已被上帝的恩典所灌注，上帝已無私地將自己的生命向人揭示。人不單有接受上帝啟示的能力，人更曾經一度真的得著了上帝的啟示而能認識祂，並在某程度上與祂契合。「自然人」亞當已被上帝提升到超越其原有的自然性的地步。亞當與上帝同行，一步一步受上帝的啟示引領，逐漸進深地認識祂，與祂契合。只是，那時上帝向亞當的自我揭示正在開展之中，而亞當對上帝的認識僅停留在某一階段和層次。若亞當沒有背叛上帝，且無間地與祂相交，人至終會臻至與上帝完全契合的境界。也就是說，犯罪之前的亞當已因上帝的啟示而認識上帝，無論那認識是多麼片面。這些啟示成為他生命提升的屬靈資源。這些資源是仁慈的上帝已經賜予他的，上帝並沒有因他的悖逆而將這些資源全數撤回。這些資源在亞當被逐出伊甸園時已成為人生命的一部分，在逐出伊甸園後亦依然是人生命的一部分。犯罪以後的「自然人」對上帝的認識不是一片空白的。他的生命已超乎其自然的生命。他一方面擁有對上帝的某些認識，另一方面他已落入為罪惡所扭曲的生命的勢力中。上帝所賜予的屬靈資源、他生命中原有的對上帝的認識，以及他生命之內的扭曲勢力，互相交錯鬥爭。犯罪以後的人既仍閃爍出上帝榮耀的光輝，也同有著人性最醜惡的一面，而這兩種人性元素糾結在一起，是不能輕易拆解分開的。

因此，我們既不能一刀切地將宗教定性為人罪性的惡果，也不能浪漫地視之為神聖光輝的折射。宗教不是無中生有的，它們指向曾經一度存在卻又已經失落了的生命狀態，即人與上帝契合的事實。上帝在人裏頭放置了對祂的嚮往，給予人認識祂並與祂對話的能力。這些都是上帝賜予人的屬靈資源。不單如此，上帝更讓自己的榮耀展現在大自然中，邀請人分享祂的智慧、能力和美感。這一切上帝的恩賜與罪惡扭曲人性的動力，集結在一起而構成宗教，因此宗教既有上帝榮耀和恩典的痕迹，也同時反映著人性扭曲的事實。我們既不能完全否定宗教在人生命中的價值，也不能漠視它們扭曲生命的力量。反過來，我們也不能因其侷限和扭曲，而看不到它們對人的生命的價值。

4.7.2 佛教

就以佛教為例，在亞洲人的社會中，佛教絕對是不容忽視的精神力量；在中國，佛教也深入中國人的心靈和文化意識。數以千萬計的亞洲人信佛，不無原因。佛教對人生悲苦的透析可謂深刻無比。佛者，覺也，覺悟人生盡是悲苦，而悲苦的來由是「我執」，執迷於自我存在的真實，誤信色彩繽紛的世界的真實，不知道這一切原是虛幻。對於人生的悲苦，佛教不單深入剖示，也將各種「苦相」描繪得使人動容：生苦、老苦、病苦、死苦、愛別離苦、怨憎會苦、所求不得苦。的確，苦的一大根源乃在「我執」。悲苦之體悟，俯拾即是：「人生無根蒂，飄如陌上塵，分散逐風轉，此已非常身。」陶淵明《雜詩》中短短數言，道盡了人生無常與流轉的苦味。「少年聽雨歌樓上，紅燭昏羅帳，壯年聽雨客舟中，江闊雲低，斷雁叫西風，而今聽雨僧廬下，鬢已星星也，悲歡離合總無情，一任階前，點滴到天明。」蔣捷的《虞美人》寫漂泊與悲歡離合，淡然中卻透出極深的無奈！

佛教對人生透視的睿智，反映出上帝向人啟示與施恩的軌迹。然而佛教的侷限以及對生命真相的曲解，亦清晰可見。人生又何曾只有悲苦？基督教對人生悲苦與我執虛妄的剖示，絕不下於佛教。不同的是，基督徒相信苦罪真實，卻也同時為這美麗的天父世界感到心醉和感恩。世界縱然充滿悲苦，卻又同時充滿喜樂、歡愉、生趣，人間有情有愛，以致使人感到生命確是精彩。愛給人滿足成全之感，愛化解怨毒仇恨，在最殘酷醜陋的生命處境不時發出人性光輝，這又是何等真實。佛教專注人間悲苦與生命無常，而忽略生命美好的一面，多麼可惜。

佛教的啟示觀又如何？佛教認定人毋須倚賴外力以解脱苦罪，最重要的是自身的覺悟，佛教因此沒有超越啟示的觀念。若要説啟示，則啟示由己而生。禪宗更深信人可以頓悟，人可以頓悟而放下屠刀，立地成佛。佛陀不是啟示的源頭，他不過是「覺」的先行者，為人留下典範和指引。

4.7.3 伊斯蘭教

伊斯蘭教對一神的篤信與堅持、對神的絕對主權的信服、對神意旨命令的遵從、向神純潔的委身、對於神審判的公義，都有非常深刻的體悟，為人類提供了豐富的精神資源，使人從俗世的混濁中超脱出來。伊斯蘭教肯定反映出上帝啟示和向人施恩的軌迹。然而它的侷限與扭曲亦清晰可見。根據伊斯蘭教，神向人發出啟示，其所發出的，是祂的旨意，亦即祂的命令，要求人嚴格遵守。《古蘭經》可以説是神頒布意旨的「獨白」，至於神與人相遇對話，則絕無僅有；穆罕默德不是神的摯友，他不過是默寫和傳遞信息的工具。神透過穆罕默德向人所頒布的啟示，基本上只是指導人崇拜的規例以及道德生活的律法。這位神有絕對主權，高高在上，遙不可及，並不像那位以色列的聖者，雖然聖潔，絕對超越，卻住在罪人中間。在這位絕對權威而又賞罰嚴明的神面前，穆斯林的世界不是有情天地而是法規的生活。在伊斯蘭教中，非常明顯地，啟示只是客觀知識的傳遞，其傳的只是上帝永恆的旨意所化成的人間律法。上帝單向地向人宣告祂的意旨，沒有有情的對話，沒有契合的邀請，也沒有救恩歷史的開展。

至此，我們可以說，世界宗教透出上帝曾經對人展示的某層次的啟示，而這些啟示依然閃耀著神聖的光輝。無奈這些啟示既有其侷限，亦受到人罪性的扭曲，它們或許具有指向性的功效，導引人的視野從世俗轉向超越的領域，卻不能使人完備地認識上帝救贖人類的心意與計劃，也不能完備地幫助人重建與上帝的關係，重尋與祂契合的狀態。不過世界宗教縱有導人自我超越的動力，它們也同時使人與上帝完備的啟示和救恩絕緣。身在某一宗教傳統中的人，大多會深受其模塑，他們因此很難突破傳統的封閉而看見更高層次又未被扭曲的真理之光。人反倒會將其身處的黑暗化為光明，並以之為最高的價值參考。這樣的人面對上帝啟示的光輝，也可以視而不見，就彷彿瞎了眼一樣。

基督徒既得了光照，便清楚看到上帝的啟示在這些宗教裏面的痕迹，看到上帝恩典的光輝在其中閃出，但同時也看到這些光輝的侷限和其扭曲的狀況。只有在基督的光照下，這些宗教內蘊的真理，才會突破扭曲，還原本相，發出其應有的啟示亮光。但它們首先要對「啟示」的觀念有全新的觀照，明白啟示既不是自身的覺悟，不是命令的頒布，也不是關乎上帝的客觀資料，而是生命的相遇與交流。

4.7.4 聖經的啟示觀的獨特之處

對比於其他宗教，聖經的啟示觀可說是相當獨特的。聖經雖沒有獨立地論述「啟示」的意義，但從它敘述上帝向人啟示的種種行動和情況，我們不難看到，聖經內蘊的啟示觀其實可說是相當錯綜複雜的。其錯綜複雜乃因它雖有信息的傳遞、法令的頒布、人生智慧的傳授，其核心卻完全不是這些。啟示是愛的邀請、愛的約章、約愛的堅持、恩典的施與、人性的再造、歷史的更新。上帝所要啟示的不單是祂自己、祂的性情、祂的計劃，祂更要啟示人的實況、人應然的本相、人本有的尊嚴與締造歷史的任務。英國神學家約翰．貝利（John Baillie）簡潔地總結聖經的啟示觀：

> 根據聖經，其所啟示的，不是一些我們無法知曉的資訊。就算是資訊，這些資訊也是關乎上帝的本體、思想和旨意的。然而歸根究柢，所啟示的不是關乎上帝的資訊，而是上帝自己，那位道成肉身的耶穌基督，我們的主上帝。[15]

「那位道成肉身的耶穌基督」正是錯綜複雜的關鍵所在。從道成肉身的角度去看，在聖經中我們看到的是上帝如何介入人類的歷史，重建人的生命，締造新的歷史動向，以祂自己的「仁格生命」向人類發出呼喚，使人類重拾失落已久的人格生命並他原有的本相。啟示何止知識的傳遞或揭祕！其核心是生命的分享，是上帝親自將自己的豐富傾倒在人的生命中；啟示是愛的呼喚、愛的傳遞與成全，啟示突破一切隔閡和割離，是上帝救贖行動的開展與闡釋。啟示的情景是有情的對話，其目的是相交契合。這種啟示觀超越了其他世界宗教所揭示的生命的智慧。

基特爾（Gerhard Kittel）在《新約神學字典》（*Theological Dictionary of the New Testament*, TDNT）中對聖經啟示觀的闡釋，與約翰．貝利互相呼應。按他的剖析，在舊約裏，「啟示不是超自然知識的傳遞，亦不是神聖的感覺的引發……而主要是耶和華揭示自己、獻出自己的行動，為的是要〔與人〕建立團契關係」。而在新約，「啟示同樣不能被理解為是超自然知識的傳遞，而是上帝的自我揭示」。[16]

在舊約中，上帝的啟示固然在某些方面與其他宗教無異，也有透過夢、掣籤、烏陵及土明向人發出曉諭，例如上帝以夢向祂的僕人約瑟預示他的將來，以及埃及將要發生的事（創三十七，四十一章）。祭司以利亞撒透過烏陵向耶和華為約書亞求問。不錯，上帝的確用這些特異的事情來曉諭祂的旨意。但這一切的核心不在隱藏的「天機」，而在於一個重要的真理，就是上帝是掌管歷史的主。至於企圖用神祕法術去掌握「天機」的那些嘗試，上帝一概禁絕；所有占卜、觀兆等活動都被定為可憎惡的（申十八 10～11），因為這些活動背後的動機不是為了認識上帝，而是為掌握神祕力量，好預測或操控未來。上帝也會使用智慧之言，就是智者的洞見，去照亮人的道路。「耶和華賜人智慧，知識和聰明都由他口而出」（箴二 6）。上帝沒有否定人的知識和聰明可以是祂啟示的媒介。然而，一切必須以認識、敬畏耶和華為開端（箴一 7），因為耶和華是真智慧的源頭。祂向人展示的不是小學之知，而是關乎影響歷史乃至人類命運的生命價值。人要洞悉的「天機」或成功的智慧，一概不是上帝所要啟示的。凡稱得上是啟示的，一定與上帝的旨意、祂要在歷史中成就的事、祂救贖的計劃有關。

以色列的上帝是隱藏自己的上帝（賽四十五15），只有當祂定意要啟示自己時，祂才會向人作出啟示。祂會按自己的心意、既定的目的來揭示祂自己。在舊約，上帝主要循三方面啟示祂自己：一、祂啟示自己為歷史的主，在歷史中有祂的計劃。祂雖然完全超乎歷史，卻「行走於」歷史之中。祂是臨在於人間世事的主。祂掌管萬國萬族，按他們的屬靈境況、向祂開放的程度，安置他們在不同的歷史之特定位置上，扮演他們應得的角色，以成就救恩的歷史。祂向人所啟示的不是祂操控歷史的權力，而是拯救人類的計劃。其中最關鍵的是，祂呼召以色列民在救恩歷史中扮演獨特的角色。二、祂啟示了祂要與人建立的關係是怎樣的關係。祂向人類宣告，祂要作他們的上帝，也要他們作祂的子民，祂要與他們立約。上帝企盼與人建立的關係是一種既有親情又有法規的立約關係。在這關係中，祂顯示祂為一位既聖潔又滿有恩慈的上帝。祂對人有道德要求；祂與人所立的約就是美善的標準，而祂會按這標準斷定人是否公正公義。換句話説，祂所要求的是人對所立的約忠誠。然而祂卻同時是施慈愛的上帝，對人有憐憫有寬恕。在這立約的關係中，祂向人展示祂是一位怎樣的上帝，祂對人的心意如何，並向他展示生命的藍圖。三、祂啟示自己為創造主，同時也是照顧和管理天地的主。這方面的啟示極為基本，卻並不是啟示的重心。「祂是創造主」這方面的啟示，在祂整體的啟示中，就仿似序樂一樣，為立約和救恩的開展鋪設舞台，並作為一切啟示的引子。整個啟示的目的是展示上帝對人的愛，祂如何邀請人與祂契合，分享祂的豐富。因此，舊約啟示的中心，是上帝與人立約這一事實、因上帝守約施慈愛而開展的救恩歷史，以及上帝在其中的行動和旨意。[17]除了承接以上的觀念，新約更凸顯出一個主題：啟示乃指上帝親自向人顯現。上帝揭示祂是一個怎樣的上帝，同時也揭示祂要在人間活現的旨意，就是祂國度的彰顯。然而，這一切都以一種很獨特的形式進行，就是祂親自來到人間，向人類揭示祂自己。祂親身的揭示與祂要展示的國度，即祂旨意活現的所在，原來是二而為一的。上帝親自的顯現就是祂國度的顯現。[18]

註釋

1. 「仁格」一詞的意義乃取自牟宗三先生對「仁」的釋義：「仁以感通為性，以潤物為用。」參牟宗三：〈孔子的仁與「性與天道」〉，收《中國哲學的特質》（台北：學生書局，1975），頁30。
2. "[Reason] must not allow itself to be kept, as it were, in nature's leading-strings, but must itself show the way with principles of judgment based upon fixed laws, constraining nature to give answer to questions of reason's own determining. ... Reason ... must approach nature in order to be taught by it. It must not, however, do so in the character of a pupil who listens to everything that the teacher chooses to say, but of an appointed judge who compels the witnesses to answer questions which he has himself formulated." Immanuel Kant, *Critique of Pure Reason,* trans. Norman K. Smith (London: Macmillan, 1929), 20 (Bxiii).
3. 胡塞爾（Edmund Husserl）是二十世紀初的德國哲學家，公認為現象學（phenomenology）的開闢者。他晚年的著作《歐洲科學危機與超驗現象學》（*The Crisis of European Sciences and Transcendental Phenomenology*）就現代科學對人文精神所造成的危機，作出了深入的剖析和批判。
4. 當然，一些行為學派（behaviorist）的心理學家如史金納（Burrhus F. Skinner），相信沒有人不受「刺激—反應」（stimulus-response）的規律所限制，因而不相信人有真正自主的自由。這些心理學家相信，所謂主體的一切內在奧祕，原則上是可以完全被透視，沒有可隱藏的。然而，這些心理學家正正就是不相信人具有內在生命，他們相信人有的不過是機械式的條件反射。

5. Werner Bulst, *Revelation*, trans. Bruce Vawter (New York: Sheed & Ward, 1965), 18.
6. Paul Schanz, *Apologie des Christentums II,* quoted in Bulst, *Revelation*, 18.
7. 布特曼（Rudolf Bultmann）為二十世紀上半葉極具影響力的德國神學家和新約學者。他的新約研究對二十世紀的新約學者影響深遠。他深受德國存在主義哲學家海德格（Martin Heidegger）影響，認定真理的核心乃為「忠於自我的存在」。他以此作為理解聖經的惟一鑰匙，並以此對聖經進行「去神話化」（demythologization）的解讀。
8. "Covenant is the internal basis of creation. Creation is the external basis of covenant."巴特在其《教會教義學》第三卷第一部分將「約」看為創造的本體，因而看創造為立約的外顯或實現的所在。參 Karl Barth, *Church Dogmatics*, trans. J. W. Edwards et al. (Edinburgh: T & T Clark, 1958), 3/1。
9. 「美學神學」近期在神學界漸受關注，是非常可喜的現象。一直以來，在基督教新教（Protestant）的神學論說中，「美」都備受忽略；更因我們強調道成肉身的降卑和十字架的捨己，對上帝的榮耀亦缺乏深入探索。在這方面，天主教的傳統卻比較進取，因而對大自然有更深的神學反省，不單開拓「自然神學」（natural theology），也同時開拓一套關乎自然本體的神學，即論述大自然的神學（theology of Nature）。以「上帝的榮耀」作為神學方法及論說的主軸，首推天主教神學家巴爾塔薩（Hans Urs von Balthasar），他七大冊的鉅著《榮耀：美學神學》（*The Glory of the Lord*）標誌著二十世紀神學一項非常重要的發展。他以「上帝的榮耀」作為「美」的形而上基礎，更以基督為宇宙所散發的一切榮耀光輝的原模和總合，從而開展一套以基督為中心的美學神學，這實在是非常值得欣賞的。值得一提的是，早在十六世紀，加爾文（John Calvin）已經非常強調上帝的榮耀，並以大自然為上帝榮耀彰顯的舞台，同時亦以大自然為上帝親近我們和與我們溝通的媒介。（參 John Calvin, *Institutes of the Christian Religion*, ed. John T. McNeill, trans. Ford L. Battles [Philadelphia, PA: Westminster Press, 1967], 1.5.9。）
10. 康德（Immanuel Kant）在其《純粹理性批判》（*Critique of Pure Reason*）便坦言，哲學的一大醜聞（the scandal of philosophy）乃是：至今，它對於確定外在世界是否真正存在，束手無策。
11. 此話之意思是「有限的無法認知無限的」（"The finite is incapable of comprehending the infinite"）。

12. " We acknowledge man by nature to be blind, darkened in understanding, and full of corruption and perversity of heart, so that of himself he has no power to be able to comprehend the true knowledge of God as is proper, nor to apply himself to good works. But on the contrary, if he is left to what he is by nature, he is only able to live in ignorance and to be abandoned to all iniquity." 按照比薩（Theodore Beza）的記述，《日內瓦信條》（Genevan Confession）出自加爾文的手筆。但就算這非其親手所書，他也應該在其中有很大的影響力。因此，若說加爾文相信「上帝是隱蔽的，人是瞎眼的」，亦應該是相當肯定的。
13. Calvin, *Institutes* 1.5.14.
14. 這一點在巴特的神學方法至為重要。從他的《教會教義學》第一卷第一部分，我們可以清楚看到這樣的結構次序（structural sequence），就是先確立神啟示的「客觀真實性」，再論啟示的「客觀的可能性」，接著才到啟示的「主觀真實性」，最後才論啟示的「主觀的可能性」。參 Barth, *Church Dogmatics,* 1/1。
15. John Baillie, *The Idea of Revelation in Recent Thought* (New York: Columbia University Press, 1956), 28.
16. Gerhard Kittle, " καλύπτω, " *Theological Dictionary of the New Testament*, trans. G. W. Bromiley (Grand Rapids, MI: Eerdmans, 1965), 3:571 ~ 574, quoted in Baillie, *The Idea of Revelation in Recent Thought*, 28.
17. Kittle, " καλύπτω, " 3:571 ~ 574.
18. Kittle, " καλύπτω, " 3:571 ~ 574.

第5章

話語：上帝的話語．上帝的道

5.5.3　第三層次：先知使徒的見證、教會的宣講

5.5.4　第四層次：聖靈的臨在

5.6　道的啟示與三一上帝的榮光

5.1 超乎言語的「話語」

因上帝啟示，我們才得以認識祂。故此，我們從認識祂開始，便知道祂是揭示自己的上帝。這便立刻指向一個事實，就是祂是一位溝通的上帝（a communicative God）。若不是為了溝通，祂亦毋須揭示自己。

上帝要與人溝通，祂願意將自己「客體化」，成為人可以認知的對象。光是「客體化」是不足夠的，祂必須主動尋找方法使這「客體」成為人所能領悟的事實。要這樣做，祂必須「遷就」人，按人接收啟示的能力來揭示自己，而同時又尊重他的自主性，不會強迫他或操控他。

上帝應怎樣做呢？答案很簡單，祂用人獨有的溝通模式來向人揭示自己。人溝通的基本模式是怎樣的？人作為主體與其他主體溝通，最基本的條件就是「在」（presence）。單單「在」並不足以促成溝通，他必須進一步「主動地臨在」（actively present）於溝通的對象面前。亦即是說，他不單向他現身，使自己成為認知的對象，他更必須主動地與他互動交往，邀請他與自己對話。所謂「對話」，其實就是相交的關係，不一定指以言語作媒介的對話；在其中，溝通雙方可以純粹用行動來表達自己而毋須發一言，也可以在行動的進行中用語言解說行動所蘊含的思想、感情和意向。無論是哪種型態，主動投入的行動是達至溝通的最基本條件。不錯，行動至為基本，也是我們必須不厭其煩地強調的。主體的生命活現在行動之中，行動就是他生命的表達；沒有行動，主體的生命便沒有實質，也讓人無從辨認。我們甚至可以說，主體的生命是以行動來實現和呈顯的。沒有行動就沒生命可言，也沒有溝通的可能。

5.1.1 言說與語言

在所有的行動組合中，「言說」(speaking)在溝通這件事上佔了非常獨特的位置，因它可以清晰而有效地將人的內在思考、意象、感受、情緒狀況、意向等等表達出來。行動若沒有話語伴隨，所表達的意義便依然隱晦，可以任由觀看者詮釋。與行動緊密相連的話語，可以將行動內藏的意義外顯，使溝通更清晰，減少錯誤詮釋的可能。話語、語言與意義的溝通關係特別密切。例如當我們看到一個人在親人去世之時表現出悲慟哀號，我們知道，他的哀傷應與親人逝世有關。然而，這哀傷內蘊的情緒，其中是否夾雜著怨恨、失落、徬徨，我們單從哭號是無法看到的。直至當事人用話語向我們細說內心的感受或種種往事，我們才真的理解其哭號的深藏意義。由此我們看到，言說、話語、語言在人與人之間的溝通上扮演著一個很獨特的角色。

語言(language)是人類獨有的溝通「工具」，但這「工具」不是外置，而是融鑄入人獨有的人格之內的。我們通常說，語言承載著人的思想、感情和意志，彷彿語言就是一種容器、一種工具。然而，語言一方面仿似工具，卻又不只是工具。它是思想、感情、意志的具體表達，同時也就是表達了出來的思想、感情和意向。兩者融為一體，很難區分。語言所表達的不是一些主體「擁有」的東西；不，它所表達的思想、感情和意志就是主體自己的人格生命。我們有沒有見過一種「純語言」，是沒有思想或感情在其中，而只有語言自己，空蕩蕩的？若是有的話，那麼語言便真的可以被理解為一種容器，可以拿來承載構造好的思想或湧出來的感情了。然而，從來沒有人能提煉出一種「純語言」；它要麼不存在，若存在便必然與思想、感情、意志連結在一起而成為一個不可分割的整體。

「言說」和「語言」一方面可以說是主體內在生命的外顯，但另一方面它又比外顯的功能重要得多。說得清楚一點，語言根本上是主體內在生命的基礎部分。有了語言，我們的思想才會有形、有態、有聲音。試想，沒有語言，我們的思想在意識之內怎樣呈現出來？沒有語言承載的思想到底是怎樣的呢？這是我們根本無法想像的。沒有語言為思想發聲，就是我們自己也無從聽到自己思想的聲音；也就是說，我們連自己所想的是甚麼也會感到混沌一片。同樣地，沒有語言，我們的感情也不知用甚麼來辨認（identify）和區分（differentiate），叫我們可以明白這種感受與那種感受的分別在哪裏。我們的確不時會有感受湧上心頭，但假若沒有語言，我們便不能為自己的感受命名，從而辨認它。亦即是說，我們對所感受的無以名之，故只能稱之為「莫名的感受」。這樣的感受仍在混沌的狀態之中。一般來說，我們以為自己先有思想，或先有某些感受，然後找語言——作為一種容器或媒體——來表達。然而，思想、感情或意志與語言的關係並不如我們所想像的那麼簡單。沒有語言，人未必能有完整的思想和感情結構。了解到這一點，我們便明白語言是人格生命的基要組成部分，是上帝在創造人類時一項重要的設計，為要使人存在於溝通、對話和契合的關係中。沒有語言、沒有溝通、沒有對話，人便無以為人了。語言既與溝通、對話、關係合而為一，脱離了溝通關係的語言便是不可想像的了。到底人可不可以有一種供人自説自話的「私自語言」（private language）？維根斯坦（Ludwig Wittgenstein）否定它存在的可能和它存在的意義。[1]對於維根斯坦的觀點我們暫且不表；我們只想一再強調，對話的溝通是人存在的基本型態，是上帝獨特的賜予，失去對話的溝通，我們便失去生命中最寶貴的東西。

說了這麼多有關「言説—話語—語言」的重要性，我們卻必須歸回根本。我們必須緊記，語言與人的生命行動是連結一體，不能分割的。如上面所述，語言與其他生命行動一樣，都是主體展現、表述自我的行動。然而它卻是一種很獨特的行動，因為只有它可以形容、描繪、闡釋生命的其他行動，彷彿可以抽離於它們以外，「客觀」地對那些行動作註解、評論和總結。更奧妙卻又危險的是，當主體説話或書寫之後，語言便彷彿擁有獨立的生命，不再屬於主體，可以任由聽者或讀者注入意義。後現代的詮釋學或文學理論就是利用語言這種可抽離性，和抽離之後的不確定性，而任聽者或讀者操弄「意義」，將它主觀化和私有化。後現代的哲學是極度個人主義的哲學，它只以個人的意識為真實，外在的世界乃至他人，都不過是自己意識的產物。它堅守個人主義，很自然便認定溝通是不可能的，並且是多餘的。結果本來用以溝通的語言被抽離了生命行動，抽離了言説的主體，至終便變為空洞無物，任由聽者或讀者隨己意注入意義，使溝通完全失效。後現代哲學帶給我們很重要的啟迪，就是當語言抽離生命行動，抽離言説的主體，它便有可能會變得空洞無物，只剩下一個「空殼」，其傳意的效用也因而消失。因此，語言只有緊貼生命行動，緊貼言說主體的生命，它才有意義。

5.1.2 上帝的話語：寓於語言之內卻超乎語言

我們以語言、言說、話語作論述上帝啟示的開始，乃因在聖經中上帝與人對話、向人說話，這的確是一個很重要的溝通模式。再者，當我們從聖經去理解上帝的啟示，我們已首先肯定了語言、言說及話語的重要。話語在上帝的啟示中極為重要，這是不容否認的。正因如此，我們不難理解為甚麼猶太教傳統和一些基督教傳統幾乎以語言、言說、話語為惟一的啟示模式。在他們看來，聖經的歷史記述、律法的頒布、生命的教導和歷史詮釋，就是上帝啟示的核心，甚至可以說是啟示的全部。因此，「上帝的話語」(the Word of God)就是那在聖經之內、上帝向人所說的一切話。

以「上帝的話語」作為啟示的核心，是非常正確的。然而我們必須弄清楚，「上帝的話語」的意義卻遠比那透過語言、文字所表達的話語更廣闊、更深邃。在聖經中，「上帝的話語」絕不止於語言文字的話語。它指向話語背後的仁格生命。這仁格生命的旨意，祂對人行公義、好憐憫的恩情，可以寫在石版上，書卷上，也可以寫在人的心中。耶利米宣告耶和華與以色列人所立的新約，不再寫在經卷上，而是寫在百姓的心上。這樣的「上帝的話語」已超越了聽得見的話語、看得到的文字。「上帝的話語」既寓於語言之內，卻又超越語言所能承載和表達的。

「太初有『話語』(道；*Logos*)，『話語』與上帝同在，『話語』就是上帝。」我們一望而知，約翰所宣告的「話語」是遠超過語言文字所能承載的。「上帝的話語」不單與上帝同在，約翰更宣稱「它」就是上帝自己。這正是基督教信仰令人出乎意外、甚至困感，卻又令人感到奧妙無比的地方。上帝的啟示，用語言表達出來的，只是外顯的層次，啟示的實質和內涵是祂的生命。上帝要揭示自己的生命，祂可以拿甚麼來揭示呢？祂必須用生命將自己的生命揭示出來。上帝的生命深不可測，闊不可量，無以承載，無以表達，其豐富深厚廣大無比。當這樣的上帝轉向微如浮塵的人類，向人揭示自己，祂所揭示的自己又會是如何的呢？「道」正是那面向人類的上帝的實體，也是上帝用以揭示自己生命的生命。説的清楚一點，「道」就是上帝的生命，是上帝「揭示了出來的生命」（God's life disclosed），也就是以生命來揭示生命的上帝之生命。「道」一方面是「揭示了出來的生命」，也同時是上帝自我揭示的「執行者」（the God disclosing Himself）。

從上帝自我揭示的行動，從這些行動的軌迹看來，祂向人所表達的只可以用一個詞彙來總結，那就是「愛」。不錯，祂的生命就是愛，而祂要向人啟示的正正就是祂的愛。正因這緣故，啟示不是知識的傳遞，而是生命的分享。用語言説出來或寫下的話語，在傳遞知識、意義、感情和愛時，都極其有效，卻又有其限制，因為它所承載的是超乎它能容納的。當語言的話語到了極限，上帝只好用那超乎話語的生命型態去承載祂要揭示的。那超乎言説話語的便是道成肉身的耶穌基督。祂真的以生命去揭示上帝的生命。

我們若要堅持用「話語」作為溝通的主導意象，那上帝的話語是用愛來言説的話語，用自己的生命來言説和書寫的故事。基督就是愛的言説的實體。因此，要明白上帝的啟示或上帝的話語到底是甚麼一回事或甚麼意思，便必須以基督作起點，以基督作終結。

5.2 愛的言說：以基督為主導的啟示觀

多年前唱過一首名為《耶穌一來》(*Then Jesus Came*)的詩歌，至今難忘。歌詞述說一位雙目失明的乞丐，孤單可憐地坐在路旁，無奈地於黑暗中等待。當耶穌一來，他的黑暗變為光明，他的命運完全改變。這首詩歌的歌詞雖然簡單，卻清晰表達出一個偉大的真理。真的，耶穌一來，改變了人類歷史的方向，改變了詮釋歷史的角度，改變了人類對上帝的觀照，也改變了我們對啟示的理解。設若沒有道成肉身的事實，我們單單拿著舊約聖經，當中的見證縱使不斷閃出真理的亮光和發出上帝的話語，上帝的啟示肯定仍侷限於猶太人的歷史命運；從人類整體的歷史命運看來，這可謂零碎而割裂。沒有道成肉身的事實，上帝對人類的恩情，肯定不能完整而深刻地揭示出來，而人類亦未能看清楚，上帝的啟示為的是遍及全人類的救恩，也看不清楚上帝的愛是何等長闊高深。基督的道成肉身為人類開拓了一個超乎想像的視野，讓人透徹地明白啟示所承載的愛的重量，即上帝為愛所要付出的代價。耶穌一來，我們開始看到，上帝在歷史中向人顯現、與人對話並作出相應行動等眾多事件，原來是循著一道軌迹，環繞著一個中心，向著一個目標，以道為起始，以道成肉身為總結。道是甚麼？不是哲學家殫精竭慮以求的宇宙統一原理，不是上帝律法的言說，也不是真理的命題，更不是人類道德價值的典範。道包含了這些，卻又遠超過這些。不錯，在聖經所見證的上帝向人類啟示的悠長歷史中，道與言說的話語(words)——無論是上帝與祂僕人的對話或是祂所頒布的律例典章——都有著密切、甚至幾乎是對等的關係。無怪乎長久以來，猶太人一直堅拒道成肉身的道，而抱持語言、文字的話語，就是那寫下來的律例典章和先知的教導。對他們來説，道只是上帝「口中的話」，正是他們已忠心地記錄下來並成為聖典的上帝的話語。在基督教的悠長歷史中，仍有不少信徒及神學家因高舉聖經並視之為神的「話語」，而將「話語」圈畫在聖經的字句之內，因而領悟不透那超乎言語文字的「上帝的話語」，即約翰福音所宣告的道，也就是那太初與上帝同在又成為肉身的道。道成肉身是啟示的總結，因為這事實將上帝生命裏頭最核心的，就是祂的愛，毫無保留地傾倒出來。這正是上帝啟示的最深的心意。

不錯，耶穌基督一來，人過往所執著的啟示觀，都得改變。道成肉身徹底説明了啟示的上帝是絕對自由的主體。祂決定怎樣揭示祂自己，就怎樣揭示祂自己。就是為了遷就人，祂也按自己所定的方式去遷就。道成肉身超越了神性與人性之間的本體鴻溝，突破了人一貫對神的想像，即以為絕對、完美、超乎時空的神不可能屈居人間，更不可能受苦。基督的道成肉身打破了這些意識形態的規限。[2]

不過，道成肉身的啟示絕不是上帝即興而為的。在悠長的啟示歷史中，上帝一切的行動都指向道成肉身這事實。上帝是主體，更是絕對的主體。一個主體向另一主體揭示他自己，如上所述，他的行動結合了「仁格」三方面的元素。第一，他必須向對方現身，臨在於他的面前，與他面對面，以他為「有面孔」、有獨特人格的主體。第二，主體要揭示自己，他不能止於臨在，更需要以行動與對方互動，並在行動中，展示他是一個怎麼樣的主體。第三，在互動的過程中，主體與對方亦自然會進入對話，將隱藏的思想、感情和意旨，用言語表達出來。當我們回到聖經的見證，我們便會發現，上帝在歷代的啟示，正是環繞著這相互緊扣的三環的，就是「臨在」、「行動」與「話語」。這三環之相互緊扣，在基督的生命中展現得最徹底和最清晰。在歷史眾多的啟示事件中，若沒有基督道成肉身，我們縱然看到上帝啟示的三環，卻未必能夠從其中清楚地看見上帝所揭示的「仁格」生命。道成肉身的事實卻燃亮一切，使我們看到臨在、行動及話語不能分割的關係。反過來，假若上帝沒有在歷史中留下祂臨在的確據，假若祂沒有以行動改變歷史，又假若祂沒有向人說話，道成肉身這樣的事也大抵不會發生；就算發生了，人類也未必能領悟其真意。因此，道成肉身的啟示絕不是孤立的事件，而是與救恩歷史中眾多啟示事件一氣呵成的。我們不妨簡單地重溫，在上帝為人類開拓的救恩歷史中，祂的臨在、祂的行動以及祂的話語如何緊扣連結，以將祂要向人揭示的完整地呈顯出來。

5.3 上帝的臨在、行動和話語

上帝如何向人發出啟示？按聖經的見證，有情的上帝透過祂親自的臨在（personal presence）、祂在歷史中的行動以及向人說話，將自己的「仁格生命」向人展示出來。臨在、行動和話語三而一地結合在一起。祂臨在，叫人經歷祂的真實，也同時感到祂的親切。祂的臨在締造一種超越的、屬靈的情景，叫人突破自我封閉，看到神聖的景象，領悟超越的真理，聽聞上帝的召喚，悔改、轉向或接受差遣。祂臨在，絕不是沉默地臨在，而是向人說話，說出人存在的狀態、祂對這狀態的判斷與感受，並宣示祂將要作出的行動以及闡釋行動的意義。同時，祂所說的話並非空言，而是與審判、救贖、拆毀、重建的行動互相引證和配合的。說得直接一點，聖靈的運行與內住和道成肉身的降臨，開展了救恩歷史的行動以及其間上帝藉使者所傳的話，臨在、行動與話語，三者巧妙地融貫配合，這就是上帝向人類啟示的方式。讓我們從聖經的見證，了解上帝的臨在、行動和話語如何構成一幅全面的啟示拼圖。我們不妨先從上帝的臨在入手。

5.3.1 上帝的臨在

聖潔的上帝，絕對地超越被造的世界，與人類截然不同，卻選擇作「你們中間的聖者」(何十一 9)。了解到這一點，約翰福音的宣告:「道成了肉身，住在我們中間」(約一 14)，雖使人驚訝無言，卻是有迹可尋。在伊甸園中，人仍未墮落之時，人與上帝相交無間，彼此的對話，直接且親切。人彷彿可以與上帝面對面，如朋友一樣。當人類墮落，遠離上帝，上帝的臨在幾成絕響，要到救恩歷史全面開展，才在雅各與摩西身上重現(創三十二 30；出三十三 11)。在此之前，上帝仍不時向不同的人顯現，例如祂曉諭挪亞造方舟，與他和大地重新立約等等。在舊約聖經中，上帝的「面」(*panim*)既弔詭又巧妙地道出了上帝的「隱蔽」(veiling)與「揭示」(unveiling)。上帝的「面」一方面是上帝不可接近的榮耀本體，是具有消滅的威力，是人見而不能存活的。連摩西也不能得見。但聖經卻用「面對面說話」(出三十三 11)來描繪上帝與祂的僕人的親近；「上帝的面」表達了上帝親自確定祂向人的啟示是何等真確，使人毋庸懷疑。

聖經初次記述上帝向亞伯拉罕顯現，情節簡潔非常，只用「耶和華對亞伯蘭說」作交代，完全沒有「現身」的描繪。但情節的背後，給人一種他們是彼此認識、彼此信任的感覺，而非第一次相遇。耶和華對亞伯蘭發出使他「連根拔起」的命令，而所給予的卻是遙遠的應許；然而亞伯蘭竟義無反顧地作出回應，踏上全新的路，這樣的信任甚是驚人，內裏必定有深入的相交，才能生出如斯的信任。這簡單的引子將我們帶進了上帝與族長們相交相知的歷史中。因上帝臨到亞伯蘭，他不單離開本地本族父家，就是連姓名也改掉，這代表生命徹底的改變；他的生命被上帝分別為聖。古希伯來信仰的獨特處就在這裏：上帝的神聖（sacredness）毋須依附固定的神聖空間（sacred space）、一座祭壇或一座聖殿，上帝的神聖伴隨著與祂同行的人，它的彰顯是在人的生命中，而不是在某個方位或某個地點。亞伯拉罕到哪裏，上帝可以隨時向他顯現，而那地方當下就是神聖的地方，只不過它並不會因此而成為永久的神聖之所在。亞伯拉罕可以築一座祭壇以記念上帝的顯現，但上帝的顯現卻不受這祭壇之所在的限制。亞伯拉罕毋須回到同一地點去再次經歷上帝的顯現。亞伯拉罕在伯特利築了一座祭壇後，並沒有被這座標誌上帝顯現的祭壇所「拘留」，他繼續向前。無論在何處，只要有上帝同在，那處就是神聖的地方。

上帝向亞伯拉罕顯現，祂的話語是極為重要的一環。耶和華與亞伯拉罕進入對話的關係中。創世記十五章敘述：「這事以後，耶和華在異象中有話對亞伯蘭說……亞伯蘭說……當那日，耶和華與亞伯蘭立約，說……」（十五 1～18）十七章以同樣格式敘述上帝的顯現：「亞伯蘭年九十九歲的時候，耶和華向他顯現，對他說：『我是全能的上帝，你當在我面前作完全人，我就與你立約……』」（十七 1～2）在這些顯現的情節中，上帝的話語似乎是主導的表徵，而眼目所能見的徵兆卻近乎隱晦，例如在十五章所提及的「有驚人的大黑暗落在他身上……不料有冒煙的爐並燒著的火把從那些肉塊中經過」（十五 12、17）。直至到了創世記十八章，視覺的描述開始明顯。「耶和華在幔利橡樹那裏向亞伯拉罕顯現出來……亞伯拉罕……舉目觀看，見有三個人在對面站著，他一見……他們……」（十八 1～2）「看」與「見」在這裏清晰地表述出來，沒有半點含糊。這三位訪客顯然是耶和華的使者，耶和華卻透過其中一人作為其話語的出口，彷彿耶和華直接面對面地向亞伯拉罕說話。[3]上帝的臨在沒有比這裏表達得更清晰的了。

稱為以色列的雅各，初而在伯特利夢見站在天梯上的上帝向他說話（創二十八 12～15），繼而與上帝的使者摔跤。雖說是上帝的使者，但使者卻向他宣告：「你與上帝與人較力，都得了勝。」（三十二 28）按雅各的領悟，他「面對面見了上帝」（三十二 30），因而稱摔跤的地方為毘努伊勒（Peniel）——「毘努伊勒」的意思就是「上帝的面」（the *panim* of *El*）。在關於雅各的記述中，上帝臨在的神學（theology of the presence of God）照樣清晰可見。

亞伯拉罕在幔利的橡樹那裏遇見上帝，雅各在毘努伊勒見到上帝的面。假若這樣的事發生在迦南的文化中，「幔利的橡樹那裏」與「毘努伊勒」一定會成為「聖地」（*hieros topos*, holy place），具有神聖不可侵犯的地位。但在希伯來的文化中，「聖地」似乎並不那麼重要，重要的是聽聞上帝「神聖的話語」（*hieros Logos*, holy Word）。在聖經所保存的上古希伯來信仰傳統裏，上帝的話語與上帝的臨在基本上是二而為一的。上帝並非住在人手所建造的殿宇或侷限於一片神聖的地域，祂是與亞伯拉罕、以撒、雅各同行，向他們說話的上帝；祂的話語是最明確、肯定而持續不斷的上帝臨在的確據。[4]

以色列的歷史可說是上帝向人顯現而開展的歷史。上帝並非只一次向以色列民顯現，而是與他們同行，在他們中間行走。以色列人命運的轉捩點在何烈山（西奈山）上發生，當摩西「看見」上帝之時。摩西沒有直接看到上帝，他所看到的是燒不毀的荊棘。這荊棘的火焰，按聖經的見證，是上帝的使者向他顯現的景象。上帝不可見，連荊棘的火焰都不是上帝臨在的直接彰顯。上帝與人的距離，是非常清晰的。然而，祂的臨在卻是那麼真實；上帝臨在的神聖氣象或特質使摩西毫無疑問地知道：他正在面對著上帝。摩西看不見上帝，卻聽到祂的聲音。聖經中種種客觀描述的鋪陳，使讀者不可能將所記述的一切曲解為摩西的心理經歷。摩西所聽到的聲音是真實的，以致他可以進入對話之中。上帝向人說話，與人對話，是上帝臨在的最真實表徵。不過，在何烈山上，上帝臨在的真實展現了新的表達。

上帝在荊棘裏火焰中向摩西宣告了自己的名字，不只是慣常的「亞伯拉罕、以撒、雅各的上帝」，而是一個嶄新的揭示。"*ʾehyeh ʾasher ʾehyeh*"（出三 14）的含義，引起不少討論；[5]不過幾經討論，大多學者都認為希伯來及基督教傳統沿用的理解最為穩妥可取。[6]以"Being"（「自有永有」或「元在而永在」[7]）的概念去理解"*ʾehyeh*"，則"*ʾehyeh ʾasher ʾehyeh*"便可譯為「我是自有永有的」（"I am that I am"；或作「我是元在而永在的」），或以未來式翻譯為「我永在而將在」（"I shall be that I shall be"），或更直接地譯為「我是那決定未來的」。然而我們不要忘記，這位「自有永有，決定未來的」上帝，同時這樣介紹自己——我就是那位與亞伯拉罕、以撒、雅各同在同行的上帝（三 15），並應許摩西說：「我必與你同在。」（三 12）將這幾段經文放在一起來考慮，我非常同意荷蘭舊約學者弗利森（Theodore Vriezen）的見解。他認為「我是自有永有」（或「我是元在而永在的」）應理解為「我在那裏，無論是哪裏……我確實在那裏」（"I am there, wherever it may be ... I am really there"），[8]亦即是說，上帝的名字揭示了祂是一位與人同在的上帝；無論人在甚麼境況，祂一樣與人同在。祂是那位臨在於人間而與人同行的上帝。當以色列人離開埃及，他們經歷到上帝臨在的真實：「耶和華在他們前面行，日間用雲柱領他們的路，夜間用火柱光照他們，使他們日夜都可以行走。」（出十三21，《新譯本》）

出埃及記十九章毫不含糊地講述「耶和華要在眾百姓眼前降臨在西奈山上」（十九11）。百姓只看到雷轟、閃電、全山冒煙、遍山震動，然而「耶和華在火中降於山上」（十九18）的真實，使全民發顫懼怕。耶和華的話同時臨到百姓。祂的話——祂與以色列所立的約——要永遠臨在於以色列民的生命中。立約以後，摩西、亞倫、拿答、亞比戶並以色列長老中的七十人都上了山。來到這裏，上帝臨在於人的中間可以說是達到了高潮：「他們看見以色列的上帝，他腳下彷彿有平鋪的藍寶石，如同天色明淨。他的手不加害在以色列的尊者身上，他們觀看上帝；他們又吃又喝。」（二十四10～11）

這些長老的「看見」是怎麼樣的看見，在這裏沒有交代，所交代的是現場的景象（平鋪的藍寶石）。怎樣的看見似乎並不太重要，更重要的是，這些代表以色列全民的長老在立約之後，能夠和摩西一樣親近上帝，與祂面對面。一直以來，能夠接近上帝並與祂面對面相遇的，似乎只有摩西一人。本來與耶和華「面對面說話，好像人與朋友說話一般」（三十三11），這種經歷只是摩西一人獨有，但在西奈山上的這一幕，長老們得以分嚐與神面對面的經歷。於此，上帝臨在的親近不再是摩西一人獨有的私人經驗，而是全民的經驗。「他們又吃又喝」不單表明他們得見上帝而仍能存活，更表達他們與上帝的關係，如同家裏的人一樣親近，可以在祂面前吃喝，享用立約的筵席。

值得在這裏順便一提的是，上帝向代表全民的長老們顯現之後，祂宣告要將立約的律法寫在石版上。祂要求祂的話語「住在」百姓之中。摩西在會幕裏與上帝面對面，乃是要聽上帝的話。上帝的「臨在」與祂的話語（Word）緊密相連，二而為一。

5.3.2 上帝的臨在與上帝的靈

這位臨在與親近、向人說話的上帝，同時是一位行動的上帝。他們「看見」上帝，在其中，他們經歷了驚心動魄的解放歷史。上帝審判了欺壓祂百姓的埃及人，把他們的軍隊扔在深海中。上帝用大能的手領祂的百姓出埃及，將紅海分開，使他們走乾地而過。上帝對以色列民說：「我向埃及人所行的事，你們都看見了，且看見我如鷹將你們背在翅膀上，帶來歸我……」（出十九 4）從一幕一幕在他們眼前展開的歷史，他們看到那位與他們同行的上帝以行動締造歷史、改變歷史。上帝以祂的行動來說明祂是一位怎樣的上帝。祂守約，記念受欺壓的人，對欺壓者施行公義審判，祂是拯救之主。

雖說「耶和華與摩西面對面說話」，但摩西並未真的見到耶和華的「面」。出埃及記三十三章記述摩西要求觀看上帝的榮耀，而上帝的回答是：「你不能看見我的面，因為人見我的面不能存活。」顯然，上帝的面（*panim*）在這裏與祂的榮耀（*kavod*）是同義的。摩西不能見上帝的面，乃因祂的榮耀具消滅的威力；然而上帝卻容許他看見祂的「背」。按他們對話的上文下理，上帝榮耀的背後，就是祂的「美善」。耶和華對摩西如此說：「我要使我的一切美善都在你面前經過……我的榮耀經過的時候，我要把你放在磐石隙中，我要用我的手掌遮蓋你，直到我過去了。然後，我要收回我的手掌，你就會看見我的背後，卻不能看見我的臉。」（三十三 19，《新譯本》）上帝讓摩西看到的是祂的「背後」，祂答應讓自己的美善在他面前經過。

假若上帝的「面」和祂的「榮耀」代表著上帝那不能進入、不能探測的奧祕，亦即祂的本體，那麼祂的「背」和祂的「美善」

又代表甚麼？上帝向人類顯現的，既不是祂的「面」，那麼能向人顯現的，應該是與創造世界和人類有關係的祂的靈和祂的道。上帝是靈；那位與人親近、內住於人當中、向人説話的，是上帝的靈。當日摩西所看到的是向人啟示上帝美善的聖靈。在創造天地之時，上帝的靈運行於空虛混沌之上，使天地成形。詩篇三十三篇 6 節宣告：「諸天藉著耶和華的話而造，天上的萬象藉著祂口中的氣而成。」(《新譯本》) 祂口中的氣 (*ruach*) 所指的就是祂的靈。上帝的靈與上帝的道，是上帝與萬物生命相連的一面，也是上帝臨在於萬物的「仁格」(person)。荷蘭神學家柏克富 (Hendrikus Berkhof) 説得好：「聖靈是與我們相交的仁格 (person)⋯⋯ 祂是有情的上帝自己與我們相交。」[9] 用我們上面的説法，聖靈就是上帝彰顯美善的「面」，與人相交的「面」，與摩西如朋友般對話的「面」。在出埃及的解放經歷中，走乾地過紅海的百姓知道，上帝口中的氣 (上帝的靈) 一吹，「海水就堆聚起來；水流直立像堤壩」(出十五 8)。聖靈與道將上帝的內在生命、祂對人的恩慈和眷佑，彰顯並揭示出來。沒有聖靈的運行，沒有道的宣示，便沒有神的臨在，也沒有啟示。人感到上帝的臨在時，他感到的是上帝的靈的環繞和充滿。

5.3.3 上帝的臨在與上帝的話語

到了先知宣講的時候，上帝的靈與上帝的話語在表達上帝的臨在這件事上，便顯得非常突出了。就是在以色列最幽黯的時刻，上帝依然臨在，沒有離棄以色列；祂的靈與祂的話語透過先知湧現出來。

有人企圖將先知的異象與宣講説成一種宗教的狂喜 (ecstasy)，猶太哲學家赫舍爾 (Abraham Heschel) 在他的經典之作《先知》(*The Prophets*) 中提醒我們：「理解先知的預言，不能從宗教狂喜的角度去理解，而必須從深信上帝顯現（theophanies）的信仰傳統去理解，在這信仰傳統中，上帝於歷史決定性的時刻與人接觸。」[10] 不錯，先知所經歷的正是上帝向他們顯現，將歷史的危機、快要臨到的審判、祂救贖的心意，向先知展示，並差遣他們去宣講。上帝向先知以賽亞顯現，祂的榮耀充滿聖殿，祂的「面」隱蔽在撒拉弗的翅膀下。這一幕的顯現景象，描繪得比過往的上帝顯現的景象更為清晰、更有視覺上的真實性。然而，顯現的景象很快淡出，隨之而來的是排山倒海的上帝的話語。「耶和華如此說」響徹整卷以賽亞書。不錯，在先知時代，上帝的顯現確以「話語」為主導。阿摩司沒有交代任何耶和華顯現的景象，劈頭便宣告「耶和華如此說」。他所看到的景象不是耶和華耀光四射的彰顯，而是將臨的歷史慘象：蝗蟲吃盡田產，刑罰的火燒毀以色列的產業，審判的準繩放在歪斜的牆邊，一筐夏天的果子。上帝的臨在彰顯於臨到先知的話語。同樣地，耶利米所看到的景象，也不是以賽亞所見的上帝的榮光，而是將要發生的歷史景象。耶利米的呼召沒有天搖地撼的顯現景象，只有一句很簡單的宣告：「耶和華的話臨到耶利米」。耶利米看到的是一枝杏樹，一個燒開的鍋，接著的便是連串的上帝的話語。以西結所看到的近乎以賽亞所見的——上帝的榮光、有形的「手」將他提升（結八章）、藍寶石的寶座、滿佈眼睛的基路伯等等。然而主導的仍是關乎歷史的預兆以及上帝的話語。

打從先知運動一開始，上帝已明示祂的僕人，從今以後，祂的話語就是祂臨在的實據。以利亞在沮喪中，重回上帝向摩西和眾以色列民顯現的何烈山，大抵要重尋上帝臨在的確據。他期待的是昔日摩西所見的地動山搖的景象。他確實見到他所預期的大風、烈火、山崩、地震。然而耶和華卻不在風中、火中和山搖地撼之中，耶和華卻在微聲的説話中。「耶和華的聲音」或「耶和華的話語」在先知中成了耶和華臨在的常態。「先知」(*nabiʾ*)是一位「被上帝向之説話的人」(“the one spoken to”)；他存在的重心不在「説話」(speaking)，而在「被説話」(“spoken to”，被動語態)，他的身分完全取決於耶和華向他説話。透過先知，上帝的話語成了上帝啟示的主導模式。

5.3.4 上帝的話語與上帝的行動

然而，上帝不是光説話的神，祂話語的實質就是祂的行動。話語與行動在上帝的啟示中是二而為一的。祂的話語宣告祂的行動並闡釋這些行動的意義，而祂的行動就是祂話語的具體實現。聖經的上帝是行動的上帝(a God who acts)，祂的行動是塑造歷史的行動。歷史是上帝行動的舞台，也是上帝話語宣告及成就的所在。上帝的啟示往往以「事件」(events)出現，而這些事件一定有上帝的話語伴隨。上帝的行動不單揭示了上帝是歷史的主，是大而可畏的宇宙萬物的主宰，更揭示了祂是守約施慈愛的主，是解放、救贖、引領、照顧和管理的主。上帝的百姓從祂的行動中明白祂的旨意，了解祂是一位怎樣的上帝。祂的行動就是祂自我揭示的實質，所揭示的是人類的救贖、人生命的轉向、歷史的改造、上帝恩典的活現和約的成全。這一切都有賴上帝的行動成就。我們可以説，上帝在行動中不斷向人説話。就算上帝不發一言，祂的行動就是祂的話語。不過上帝為人的緣故，以言説的模式為自己的行動作詮釋和總結，並為下一步的行動作預告。

以色列人看見上帝向埃及人所行的事，看見祂如何引領他們進入迦南，如何懲治列邦，也用亞述、巴比倫等列國審判以色列。上帝的行動何止於舊約的歷史事件。更具決定性的行動乃在上帝道成肉身，釘身十架，以成就人類的救贖。正因如此，基督徒的信仰不是一套智慧之言，而是上帝行動的故事。作為我們信仰依據的聖經不是哲理的寶庫，而是上帝行動的敍述與闡釋。舊約學者賴特（G. Ernest Wright）說得好：

> 因為上帝是藉祂的行動被認知的，聖經正是祂行動的宣告傳誦（confessional recital），附以由這些行動引申而出的教導……宣認上帝，就是講述上帝行動的故事並闡述它們的意義。[11]

5.4 上帝的話語・上帝的道

上帝以臨在、行動和話語與人溝通，向人揭示自我，乃是有情的「仁格」之自我揭示的模式，也同時是為了遷就人的溝通格局。在漫長的救恩歷史中，上帝的臨在、行動和話語透過不同媒介——諸如自然景象、先知、歷史局勢和事件——將祂的心意、計劃展示出來。這些自然景象、歷史事件和人物分佈於不同時代和處境，彼此可以相距甚遠。奇妙的是，其彼此間卻有著清晰的連貫性和一致性。然而，在每一個歷史環節中，上帝的臨在、行動和話語這三種型態不都是同時並存和結合在一起的。有時人聽到上帝的聲音，卻未必即時見到行動。有時人看到歷史風起雲湧，耶和華的言語卻稀少。上帝與人面對面，以行動和話語向人交心，仿似人與人近距離地以行動相交、以話語對談？摩西的經歷與此最為相近。可是，等到基督道成肉身，三者才結合為一，上帝的啟示才連續不斷、一氣呵成地以一個完整的「仁格」生命呈顯出來。上帝以祂的「仁格」對應人的「人格」來與之相交，向人揭示自己，並重建人的人性。從耶穌基督身上，我們看得更加清楚——啟示不單是上帝向人交心，更是上帝將自己的生命奉獻予人類。基督教啟示觀的獨特性就在這裏。啟示完全不是信息傳遞那回事，也不止於心靈的溝通，而是上帝將自己賜予人類。上帝向人類揭示祂自己，為的不是把祂的本相告知（inform）人類，而是要人類得著祂自己、分享祂的豐富。世界沒有一個宗教的啟示觀是如此的。

5.4.1 上帝的話語就是上帝的生命

「太初有道，道與上帝同在，道就是上帝。這道太初與上帝同在，萬物是藉著他造的……道成了肉身，住在我們中間，充充滿滿地有恩典有真理。」（約一 1 ～ 14）這段經文突破了人類對上帝的一切想像，也突破了以言語、文字（words）為一切的啟示觀。「言說」的話語或「文字記述」的話語，雖是啟示的重要組成部分，但「話語」其實指向更深層的真相，就是上帝這位言說者自己的生命，也指向承托宇宙的道。用語言說出來的話語在啟示中的確扮演著重要的角色，卻不能完全表達出啟示的真意。同樣地，在基督教的啟示觀中，寫下來的話語雖然極其重要，但更重要的卻是啟示者自己的生命。基督教以「話語」來表達啟示，但所表達的卻又遠超過寫在經卷上的話語。因此「話語」一詞，在基督教的信仰中有兩重相關的意義：一是指以文字寫下來的話語，一是指這些寫下來的話語所承載著的真相，那是它本身不能完整地承載的。中文聖經將「話語」（the Word）一詞譯為「道」，正好表明譯經者明白其中深藏的本意。

在聖經裏，「上帝的話語」不僅是上帝藉使者或先知向人傳遞的信息，更是整個宇宙創立的源頭與根基。上帝說：「要有光！」光就從無而有。宇宙的創立乃基於「上帝的話語」，而這「話語」遠超乎有形有聲的言語。「上帝的話語」蘊含著上帝的意願、智慧與能力，也蘊含著祂創造的具體行動。在舊約中，「上帝的話語」主要的含義是「上帝的命令」、「上帝所定的規限」，亦即祂在創世時在宇宙中所立定的法則。將這一切演繹到人的生命和具體生活中，「上帝的話語」就是上帝為人所定的生命道路（the Way）。詩篇十九篇很明顯將諸天、穹蒼所述說的「話」（神的榮耀、手段）與祂向人所頒布的「律法」（神的命令、人的生命之道）連結在一起。宇宙內在的規律（太陽運行的軌迹）與人生命的規律同出一源，就是「上帝的話語」。在宇宙結構和運行的背後，在人生命的結構和動力的背後，也在人用來表達這一切的「語言」的背後，「上帝的話語」是一切的基礎。因此，「上帝的話語」是帶有「形而上」意味的。

我們恆以為形而上思維是希臘哲傳統的專利，其實「話語」（*davar*）一詞在舊約早已蘊含著形而上的「道」的意思，這要比希臘「道」（*Logos*）的觀念早得多。在希臘哲學的傳統中，*Logos* 一方面表達內在於宇宙的理性規律與結構，另一方面卻表達人的語言及其中內蘊的理性。運行於天地之間的「道」與貫徹於人生命之內的「道」亦同出一源，互相呼應。

5.4.2 道就是上帝

新約承繼了舊約「上帝的話語」的觀念，雖用上希臘哲學的字彙“*Logos*”，但卻帶出了革命性的啟示觀。「道」不單是掌管宇宙的原理，不單是規範人生命及語言的法則——「道就是上帝」。這語句是極具革命性的。上帝豈可等同於祂所發的命令、祂所說的話；上帝更不可能等同祂所創造的宇宙的法規或祂為人所定的律法。這一切雖然出於上帝，卻與上帝有別。在希臘，有哲學家以「邏各斯」（*Logos*）為宇宙的精魂，這精魂具有近乎神的偉大與超越，卻不是他們心目中的完完全全的神。希臘哲學家絕不能説出「道就是上帝」這樣的一個命題。

「道就是上帝」脱離了希伯來以及希臘固有的思想軌迹。它表達了一嶄新的真理：「道」就是上帝的自我揭示，它所揭示的不僅僅是祂的旨意、智慧與權能，更是祂的「自我」(His own self)。「道」——神的啟示——所傳遞的，不是一些有關祂的資料——祂的智慧、能力、旨意及行動所產生的結果，而是比這一切更根本的，就是祂要將自己給予人類。人得啟示，不是得到一些有關上帝的客觀資料，而是得到上帝自己，得到上帝作為他的產業，而他自己也成為上帝的產業(啟示所要達至的是人「擁有」神，同時神亦「擁有」人)。

因此，根據約翰給我們的無比寶貴的福音，「道」就是上帝向人所顯露的自己。亦即是説，上帝本是無限奧祕，卻選擇向我們揭示祂自己，並以我們能領悟的方式將自己揭示出來，而揭示出來的上帝的「自我」，就是「道」。

「道」不單是神所傳給人的説話，更根本的是，祂在與人相遇中所顯明的「真我」，亦即祂在與人相交的範疇中所需要顯露、所能顯露的真我。

這「真我」固然包括祂的權能、旨意、智慧，當然更包括那定義祂本體的「愛」。「神就是愛」表達了祂向人展示的本相、本體。祂的愛決定了祂向人所展示的權能是怎樣的權能，祂的愛決定了祂對人所定的旨意。這愛到底是怎麼樣的，全在耶穌基督的「道成肉身」，特別在祂為人受死的事實中，展現出來。

5.5 道的不同層次的展現

上帝的啟示最高的層次當然是祂直接無間地(un-mediated)揭示祂自己。這種無間的揭示，使人與上帝達至一種無間的契合（un-mediated communion）。不過這種契合卻要在人面對面地見到上帝，即直觀上帝（*visio Dei*），被上帝的生命完全灌注，被上帝完全擁有，而上帝同時讓人完全擁有祂之時，方能達至。這種情景需要在末世到臨之時，當上帝的國完全降臨，當人完全降服在上帝面前，才會出現。在此之前，特別當人仍與上帝隔絕的時候，「道」便需要透過某些媒介來揭示，方能對人有益處。「道成了肉身，住在我們中間」，成為肉身的「道」仍是間接揭示出來的道，仍不是道的終極本相。道要透過人的肉身生命、文化素材以及歷史時空的事件來揭示。在道成肉身的耶穌基道身上，人見到的是一個不折不扣的人，祂的神性承載於人性之內，需要透過人的生命方能表達出來。馬丁．路德的話非常正確：「道成肉身」揭示神的本貌，卻同時將神的本貌遮蔽起來。因此，在人與上帝能直接面對面，無間地以天上的話語相交契合之前，任何啟示都是受啟示的媒介（medium）所間介（mediated）的。「間介」是無可避免的，我們所需要知道的，是啟示不同層次的間介（mediation）。讓我們對那些不同的層次稍作交代。

5.5.1 第一層次：基督的肉身

道成肉身的道雖是道的自我揭示，卻仍以肉身作為其「間介」，人仍未能「直接」看到那太初與上帝同在的道，即未成肉身的道。然而我們必須明白，基督的人性與祂的神性是二而為一，其中人性完全被神性所灌注充滿，祂的人性在表露神性方面，可以說是通體透明的。因此，基督的肉身，其實是祂的人性，雖說是道的「間介」，卻是最透明的一種「間介」，因此，藉著道成肉身，上帝的臨在和祂的啟示是最直接的了。更重要的是，上帝在基督裏向我們啟示的是祂對人的愛，以及人的本來面貌，就是與上帝契合無間時的本貌。上帝的愛無間地在基督的捨身中表露無遺，直接而具體。而基督所表露的人性本貌也是沒有「間介」的，如實地擺在人的面前。在基督的身上我們看到，與上帝完全契合感通的生命，就是基督所表現出來的生命。同時，救恩歷史的「生命劇」(the drama of salvation history)就在人的眼前上演，叫有眼可見、有耳可聽的人，能清楚看見上帝救贖人類的行動是何等真實。上帝親自行動，成全救恩歷史，亦親自向人說話，解說這救恩歷史的意義，更親自與人同行，讓人參與這救恩歷史的開展。

不過有人仍會問，人看到的只是一個木匠，一個普通到不得了的人物。祂的肉身、祂的人性表現，都表明「祂只是一個人！」(“He is just a man！”)——這是著名舞台劇《萬世巨星》(*Jesus Christ Superstar*)的一句名言，也代表了不少現代人對耶穌的看法。祂的人性到底如何透明，清晰地讓祂的神性透出？我們怎樣可以從祂的人性直接看到上帝的臨在，站在耶穌基督面前就彷彿站在上帝面前？這位歷史的耶穌何以見得就是上帝的兒子？這些問題帶出啟示的弔詭性，就是「揭開」與「遮蔽」的交錯關係。耶穌基督的人性是上帝揭示祂自己最清晰的所在，但這揭示亦同時將祂的神性遮蔽起來。雖說遮蔽，上帝要「揭示」的神性，正正就是這樣「受遮蔽」的神性，這也是人所能及的最直接的神性的揭示了。

5.5.2 第二層次：基督的話語

耶穌基督所說的話可說是「道成人語」的典模(paradigm)。人的言語如何能言說屬於另一層次的上帝的話語？不受形與聲所限制的上帝的話語如何化為人語？人的語言如何能夠說出超越宇宙一切的太初之道？這問題與「道如何能成為肉身？」這問題如出一轍。道既可以成為肉身，上帝的話語也照樣可以成為人的話語。是上帝這位絕對自由的主體以祂奇妙的大能作成「轉化」、「翻譯」的工作。基督徒相信、基督教會宣認，基督道成肉身乃由聖靈介入而使馬利亞感孕的。同樣地，上帝的話語本超乎人間的言語，卻由聖靈「轉化」、「翻譯」，以致人的言語承載著上帝的話語。道成了肉身，耶穌基督就是那成為肉身的道，如此，當耶穌基督說話，乃是道在說話，是道選取人類的語言，是道支配著這語言去表達道所要人領悟的。耶穌基督的話語一方面是人的話語，另一方面卻是上帝的話語。兩者二而為一，不能分割；在其中我們也不能分拆出這是「上帝的話語」而那是「人的話語」。基督道成肉身，祂的話「道成人語」，可說是我們理解「上帝的話語」的最佳典模。這事實給了我們一把寶貴的詮釋鑰匙，就是當我們詮釋歷代以來上帝向人所說的話，必須以基督的話語作為詮釋的基礎與規範。企圖將舊約聖經獨立於新約的福音信息以外，釋經者只會碰到一道緊閉的門，無法打開。當今不少舊約學者(包括不少基督教學者)，純粹視舊約為一部將猶太人不同時代的信仰經歷結集在一起的文獻，既無中心，也沒有一條主線貫穿其中。不少新約學者都以相同的意識形態或信念來對待新約書卷。對他們來說，不同的新約書卷不過是不同的新約羣體個別的信仰宣認，內中只有彼得神學、保羅神學或路加神學等等，而沒有統一的信仰宣認。當這些學者將「道成人語」的鑰匙棄置，他們能掌握的不過是人的話語，至於在其中的上帝的話語，他們會視而不見，聽而不聞。

5.5.3 第三層次：先知使徒的見證、教會的宣講

上帝藉先知將祂在歷史中的作為記述下來、將祂的話傳講、將救恩歷史鋪陳在世人面前並作出闡釋，展示上帝對人的

心意、祂的審判並祂的救贖。同樣地，使徒為基督成就的救贖及其復活作見證，並將這些事實活畫在世人面前，說明上帝對人的恩典。上帝的靈引導先知和使徒，使他們看到，一些別人看來無關宏旨的歷史事件原來是救恩歷史的展現，並使人明白其中的意義。不單如此，上帝的靈更引導他們，使他們曉得如何用人的語言將這一切表達出來，而所表達的，不單對當時的人適切，更超越時空，對不同世代的人有效地說話。在聖靈的引導下，先知及使徒的見證、宣講，成為承載上帝話語的聖經，亦即上帝話語重現於人間的泉源。聖經不單見證上帝曾經說話，更超越時空，繼續向人說話，不單將過往的救恩歷史重述，更指向現在與將來在人間中呈現的墮陷、上帝的審判以及救贖，並末世的景象。當然，這一切對比於道成肉身的基督，則可說較為間接，沒有基督那樣直接地現身說法，將上帝的道表達出來，將道化成人語，述說出來。然而，這些先知、使徒所見證的，所傳遞的，仍是不折不扣的「上帝的道」，是「上帝的話語」，因為所傳所述的完全由上帝支配導引而出，一切源於上帝，先知使徒不過是媒介、器皿。當我們說，先知和使徒為上帝的道作見證，有人以為這只承認聖經是「見證」而已，而不是上帝的話語。不，我們的意思絕不是這樣。先知、使徒為自己所見所聽的作見證，但這些見證不單「重現」（re-actualize）上帝的行動與言說，也同時是上帝說話的媒介。透過他們的見證，上帝在說話，因為上帝主動地導引著、使用著這些見證去將祂的行動、心意講說得完備、清楚。因此，先知及使徒的見證，雖然稱為「見證」，乃是真真確確的「上帝的話語」。「見證」一詞乃用以說明其作為「上帝的話語」的間介程度（mediatedness）。

當然，比先知及使徒的傳述更為間接的，便是教會的宣講。使徒親眼見證耶穌基督道成肉身的事實，然後將所見所聽的見證出來。教會的存在乃建基於這見證，而教會所宣講的正是這見證的延續。教會的見證絕不是旁觀的報導，而是出自親身的經歷，以致她可以現身説法，説明基督的救恩是何等浩大，祂的臨在是何等真實。教會是基督的身體，聖靈內住其中，使基督的真實具體地透過教會展現出來。因此，教會的宣講乃由聖靈所主導，以將基督救恩的奧祕以及世人的結局揭示出來。當教會在聖靈的導引下重述先知和使徒的見證、宣講救贖的恩典及基督復活的大能，她的宣講乃不折不扣的「上帝的道」。

5.5.4 第四層次：聖靈的臨在

前文曾提及，上帝在向人揭開祂的隱蔽（unveiling His hiddenness）時，這揭示的行動無可避免地會同時將祂自身隱蔽（veiling）。十字架將「上帝是一個怎樣的上帝」毫無保留地揭示出來，但十字架卻同時將上帝的權能和榮耀收斂到幾乎完全隱蔽的地步，叫人感到那不是上帝的臨在，而是上帝的不在（absence）。在十字架上，人看到的是一個無能、羞辱的耶穌，一個徹底失敗、被棄絕、完全失卻尊嚴的人。我們完全看不到上帝臨在的任何線索。在十字架上，上帝完全隱蔽。弔詭的是，再沒有其他場合比十字架更能將上帝最真確的「面貌」、祂愛的本體、祂絕對的自由、祂行公義及好憐憫的巧妙結合、祂的權能在自限和捨己中顯出的榮耀等一切，都一併表露無遺。然而十字架卻是人類認識上帝最大的絆腳石。在揭示中的隱蔽，如何超越？人在面對這麼大的絆腳石，依然可以看出上帝在其中的揭示？上帝既不可能赤裸裸地讓我們直觀祂、不能不遷就我們的有限，因此不能不在揭示自己當中同時隱蔽祂自己，這是啟示的基本結構。我們必須在這基本結構中認識上帝。那上帝如何使我們在這樣的結構中不被絆倒，反能從隱蔽中看到上帝要向人揭開的奧祕？怎樣保證人不會只看到「隱蔽」而看不到「揭示」？答案只有一個，就是上帝親自作保證。聖靈臨在於人的心中，並在其中工作，使人透穿隱蔽而洞悉背後的揭示。聖靈將客觀的啟示在人的心內化為主觀的事實。在主觀的領域內，聖靈使人經歷上帝的臨在，看到祂的工作，並聽到祂的話語。聖靈將道成肉身的歷史事件重現在我們眼前，叫我們經歷到耶穌基督此刻的臨在，彷彿祂與我們同處「當代」（contemporaneous with us）一樣。聖靈在整個啟示的過程中是最為關鍵的。我們若稍一不慎，忘卻聖靈的關鍵性，便會曲解啟示的奧妙。

5.6 道的啟示與三一上帝的榮光

道成肉身的啟示揭開了上帝更深一層的奧祕，就是道成肉身的上帝原來是三位一體的上帝。基督宣告自己是上帝的兒子，與父原為一，父在祂裏面，祂在父裏面（約十 30、38），祂是父上帝差來的，而父上帝會親自為祂作見證（約五 36～37）。當祂這樣宣告時，祂預期聽祂的人，完全明白祂在稱自己為上帝，也預期堅守一神主義的猶太人會全然拒絕祂，控訴祂説僭妄的話。不過祂照樣宣告，因為這是事實，是真理。不單如此，祂更宣告，父上帝除了差子到世上來以外，還差遣聖靈來到人間，作他們的保惠師。我們除非像猶太人一樣拒絕相信耶穌基督乃與父原為一的上帝的兒子，要不然便沒有可能不看到三位一體的真相。假若我們相信道成肉身的基督是上帝啟示的高峯，是上帝最清晰的揭示，那我們便不能不承認，三位一體的真理也就是上帝向人類最深層的自我揭示。若說道成肉身和上帝死在十字架上這兩件事，是上帝「帶著隱蔽的揭示」（unveiling with veiling），則上帝三位一體的真相同樣是「帶著隱蔽的揭示」，是我們必須憑信心接受才能領悟的真理。隱蔽雖然猶在，但三一的榮光卻在基督的生命中透出，並由聖靈印證：聖父是啟示的原動者，是祂以深藏於三位一體之內的大愛，差遣聖子「步出」三位一體的內在關係，將上帝的美善和豐富湧溢出來，並作為上帝向人啟示的一面，即是為道！不單如此，上帝亦差遣聖靈，與聖子一同創造天地，一同將道彰顯。不錯，聖父是啟示的原動者，而聖子和聖靈則是啟示的執行者。道在聖靈的陪伴下「道成人語」及「道成肉身」。成為人語的道向人說話，成為肉身的道向人展示上帝捨己的愛，這一切可說是啟示的實質內涵，是上帝啟示行動的「傑作」（或曰「成品」）。

在整個啟示的歷程中，聖父、聖子、聖靈都無間地相互配合，因為啟示所彰顯的正正就是三者內在的契合和愛的互動。三位一體！有人不禁會問：為甚麼基督教要想像一個如此令人不解的上帝觀？為甚麼基督徒要如此語不驚人死不罷休？三位一體的信念的確令不少信徒感到疑惑，並覺得難於向人解釋。哲學家如康德等就覺得三位一體的觀念根本就是基督教信仰的一大負累，並且沒有保存的必要；神學家如士來馬赫索性將它束之高閣。三位一體的確奧妙無比，超乎人間想像，非人間概念所能理解和承載。然而我們斷不能因為它深邃艱澀，難於表達，就認為它既抽離現實，便無關痛癢，可以放在一邊。我們這樣想便大錯特錯了。三位一體的真相貫穿著我們信仰的每一部分；說得正確一點，從啟示的本質、人的本性、救贖的開展與成全，以至末世的景象，都有著三一的印記，因此必須從三位一體的真相去理解。

為甚麼上帝是啟示的上帝？為甚麼祂的啟示會引向道成肉身之路？為甚麼祂啟示的焦點是立約之愛，而不是簡單的生命指南？為甚麼人格生命在我們的宇宙中佔如此重要的位置？為甚麼人是人格主體而不是無情的草木？（其實在上帝所創造的世界中，草木也有情。）這都是與上帝三位一體的真相有關。我們的宇宙是一個有情天地，而不是一個機械結構，這全因它承載著三一仁格生命的結構。沒有三位一體這事實，仁格生命也不會成為我們這個宇宙的特質；上帝若不是仁格的主體，不以關係、相交、契合為重要，祂也不會向祂以外的事物作自我揭示，啟示也不會發生，啟示亦沒有甚麼意義了。

上帝的本體深藏著一種奧妙的契合。其奧妙的地方乃在：契合既是完全合一，卻沒有將內裏個體的個別性取消，而容讓它們保存著；不單保存著，個體的完整性乃在契合中成全。三位一體中「一體」的契合是一種保存「三位」個別性的契合；而同時，「三位」的個別性卻又是令契合完滿無間的一種個別性。「一體」的契合與「三位」的獨特性在這裏完全沒有張力，有的只是彼此成全的互動。在人間，用人的話語來描述，這種生命狀態只能用「愛」這詞彙來表述；也就是説，「三位一體」的狀態是完全、完滿的愛的生命狀態。人間正是因為有愛這種生命狀態，才會有情，生命才會精彩。人間的愛之存在，並非偶然，乃因為創天造地的主本身的內在生命就是充滿愛的生命。不，我們不應該説上帝充滿愛，因為上帝的本體就是愛。「愛」像上帝的親筆簽名，簽在每一件被造之物之內，成為反映上帝本體的共同特質。這宇宙的每一件事物皆蘊含著愛的動力及愛的呼喚。按上帝的心意，萬物同歸於一而又保持個體的獨特性。因此，最使被造之物的本相破損的，就是割裂；而最令上帝傷心的，也就是世界的割裂。

三位一體可說是宇宙結構的基礎。要了解宇宙的奧祕而漠視三位一體的奧祕，就是無知。因此，三位一體的奧祕是上帝最深層的自我揭示。從這角度看，道成肉身雖是我們理解啟示的關鍵所在，仿如一把鑰匙，打開啟示的真義；但它所指向的不是它自己，而是上帝三一的本體，以及其內蘊的愛。沒有道成肉身，我們就連三位一體的一絲亮光也看不到。只因道成肉身的事實，我們才窺見三位一體的榮光。然而，沒有三位一體這回事，道成肉身也肯定不會發生。我們甚至可以進一步說，沒有三位一體這回事，「啟示」這東西也會完全不同。「啟示」充其量是關乎神聖資訊或知識的傳遞，而不是愛的彰顯，也不是上帝將自我的生命與他者分享。從基督教信仰的角度來看，除非我們不認識啟示的真正意義，要是認識的話，我們便不能不看到啟示與三一上帝觀的關連。啟示內蘊著三一結構（trinitarian structure），乃因上帝所啟示的就是祂自己，而祂自己正是三而一、一而三的上帝。聖父是一切的基礎，就算在三位一體的內在生命中，聖父也是一切的基礎，是三一行動的主導。按聖經的啟示，我們深信上帝就是愛，愛定義了上帝的本體；也因著愛，上帝主動地創造有別於祂的「他者」。正是聖父決定將愛導向「他者」，使「他者」成為真實，更使「他者」成為上帝的立約伙伴。因此，聖父是創造的主導，也可以說是創造行動的始元。聖子是愛的行動的執行者，也是將上帝的生命及其一切豐富化成色彩繽紛的世界的「造化者」，祂將一切本來屬於上帝的生命導引出來，讓它化成受造之物。因此，聖子恆常扮演著中介的角色。從受造之物的角度來看，祂是與我們直接相關的。祂正是「以馬內利」，就是「上帝與我們同在」的表達。離開了祂，我們便離開了我們存在的基礎。因此，啟示的實質由聖子展現，啟示的中介也由祂扮演。假若我們說，聖父是啟示之始，是啟示的原動，那麼聖子就是啟示的具體實現，就是擺在我們面前「與我們同在的上帝」。聖子客觀地將上帝的生命展現出來，將上帝的生命化成被造的生命，使之成為真實，有形有體。聖靈卻在受造之物中運行，使一切受造之物自覺自己的真實，也自覺自己是受恩者，一切並非出於自己，而是源於一己以外的超越境界。從啟示的角度來看，聖靈使人自覺啟示的真實。沒有這種主觀的自覺，客觀的啟示無論如何真實，也無法為人所領悟。聖靈活躍於人的內在生命中，使人領悟啟示的真實。祂也活躍於受造之物之內，使一切受造之物有一種超越自我的向度，自覺自己不是獨立而存，而是與其他受造之物同歸於一的。祂是聯繫者，是領悟啟示的導引者，使啟示在人的主觀生命中顯為真實。

所有關乎啟示的闡述，都將我們引到三位一體的真理面前，這是多麼自然的事！惟有當我們看到三一上帝的榮光，我們才算完整地明白啟示的真義。

註釋

1. 維根斯坦（Ludwig Wittgenstein）所謂的「私自語言」（private language）是一種語言，「它的詞彙（words）指向一些只有那位說這語言的人才領悟到的，就是那些對於他而言是直接、私人的感覺。因此，別人無法理解這語言。」（“The individual words of this language are to refer to what can be known only to the speaker, to his immediate, private, sensations. So another cannot understand the language.”）引自 Ludwig Wittgenstein, *Philosophical Investigations*, 3rd ed., trans. G. E. M. Anscombe (New York: Macmillan, 1968), §243, 88～89。
2. 當然，有人會說，基督道成肉身沒有甚麼獨特之處，印度教亦有這樣的觀念。不過，基督道成肉身與印度教的神化身為人是完全不同的。在《薄珈梵歌》（*Bhagavad Gita*）中，亞周那（Arjuna）的驅車手克里希納（Krishna）乃至尊之神薄伽梵（Bhagavan, the Supreme One）的化身。薄伽梵借了人的軀殼，化身為克里希納，然而當薄伽梵顯現說話時，亞周那所聽到的只有至高無上的神的聲音，克里希納的肉身仿似頓然隱沒。同時，克里希納只是這至高者眾多化身的一位，在另一個歷史處境，薄伽梵可以化身成另一個人。說得明白一點，克里希納的軀殼不過是幻影而已，只有人的外觀而沒有人的實質。基督便有所不同，由始至終祂的人性保持著其完整性，沒有被神性吞噬。耶穌是真真實實不折不扣的人。道成肉身不是神借人的軀殼，而是超越的神甘於成為真正的人，完全與人認同，甚至像人一樣經歷死亡，且死在十字架上。上帝選擇這樣的模式作啟示，完全出於自主。上帝的絕對主體性，也就在此顯明了。

3. 參創世記十八章16、22節及十九章1節：「三人就從那裏起行，向所多瑪觀看……二人轉身離開那裏，向所多瑪去；但亞伯拉罕仍舊站在耶和華面前……那兩位使者晚上到了所多瑪……」
4. 參 Samuel Terrien, *The Elusive Presence: The Heart of Biblical Theology* (San Francisco: Harper & Row, 1978), 93～95。
5. 有關這方面的討論，吉爾茲（Brevard S. Childs）提供了全面而簡潔的介紹；參 Brevard S. Childs, *Exodus* (London: SCM Press, 1974), 61～70。
6. 有認為這「自我介紹」的公式表達了上帝創造的一面，應譯作「我是那叫事物存在的」（"I am he who causes to be"或"I create what I create"），意指祂是創造未來的主，祂會引領以色列以至人類同創未來。不過值得留意的是，希伯來的文獻從來沒有以「創造」的含義去解釋「耶和華」（Yahweh）這名字。反過來，何西阿書一章9節明顯用"*ʾehyeh*"一詞來表達"I am"之意。「給他起名羅．阿米（*loʾ ʿammi*，意即「非我民」）；因為你們不是我的子民，我也不是你們的神（*loʾ- ʾehyeh*）」（何一9，《新譯本》）。參 Terrien, *The Elusive Presence*, 117。
7. 「元」有起始和源頭的含義，故「元在」表達出上帝是起始、是源頭之意。
8. 參 Childs, *Exodus*, 69。
9. Hendrikus Berkhof, *The Doctrine of the Holy Spirit* (Richmond, VA: John Knox Press, 1964), 116.
10. Abraham Heschel, *The Prophets* (New York: Harper & Row, 1962), 365.
11. G. Ernest Wright, *God Who Acts* (London: SCM Press, 1952), 85.

第6章 聖經：聖經是上帝的話語

6.1　聖經：啟示中的啟示

6.1.1　何須固守一部經書？

6.1.2　聖經：整全、立體的啟示

6.2　聖經：立約之書

6.2.1　立約的生命結構

6.2.2　從口述之約到文字之約

6.3　聖經：歷史見證之書

6.4　聖經：生命指引之書

6.5　聖經：蘊藏多層意義的多元文本

6.6　聖經指向基督，基督確認聖經

6.7　聖經是上帝所默示的

6.8　聖經的權威

6.9 「聖經無誤」的爭論

6.9.1 實證主義的錯謬

6.9.2 福音派的無益內耗

6.9.3 詮釋文化的興起

6.9.4 福音派遲來的覺醒

6.1 聖經：啟示中的啟示

6.1.1 何須固守一部經書？

上帝臨在人間，以行動回應人的處境，以行動塑造歷史，以歷史作為揭示祂旨意的舞台，最後更親自道成肉身，將創世以來的真理——就是祂向人所揭示的神聖本相——有血有肉地擺在人的面前。每一次的臨在，每一次與人的相遇，每一步塑造歷史的行動，上帝都以奇妙的方式向人「說話」，令人「聽」到祂的話語，使人能用自己的語言重述上帝的話語。啟示就是這樣發生的。上帝既曾經以種種的形式揭示祂自己，祂其實可以繼續用同樣的形式向人啟示祂旨意的奧祕，維持一種親切而直接的、活潑的、互動的啟示形式。那為甚麼需要聖經作為啟示的媒介？

事實上，不少神學家雖從不懷疑上帝向人啟示，他們卻相信上帝的啟示乃出現在人心靈的感應中、呈示於人生命的經歷裏，而不是凝固在一本受時空及文化所限的經書內。上帝的啟示既是生命的灌注而不是神聖知識或資訊的傳遞，便不會硬以宣示真理命題的方式，藏於一個儼如真理命題的儲存庫內。

猶有進者，這些神學家認為，聖經內的記述其實不少與史實不符，既經不起歷史批判（historical criticism），更處處充滿矛盾，那我們為甚麼仍要固守聖經在信仰中的權威？

不錯，的確有不少神學家，特別是聖經研究學者，站在歷史批判面前恐懼顫抖，從不敢懷疑、更遑論挑戰那些所謂歷史科學背後潛藏的意識形態和一大堆假設。聖經的權威在過去兩個世紀既備受質疑，而存在主義的真理觀又大行其道於二十世紀中，無怪乎不少神學家企圖將「聖經」在啟示中的重要性減到最低。他們認為，在不同的歷史時空中，人的確經歷過非常獨特的宗教經歷，並認定這些經歷不是純粹出於人的生活經驗，而是上帝向他們特別發出的啟示。他們將這些經歷記錄下來，而聖經正是這樣的紀錄。這些記錄縱然留下了上帝向人啟示的痕迹，卻只能對身處當時文化處境的人有意義，對於現代人便不一定有任何權威了。充其量它可以作為現代人的一種靈性參考，但不可以作為必要的啟示媒介，更不能被視為上帝話語的表述。一些存在主義神學家如布特曼認為，聖經確實對人性、人存在的實況有極深邃的剖示，而對於人存在的真義更有極具「啟示性」的價值。不過這些關乎存在的透析與「啟示」，是用「過時」的世界觀作為框架表達出來的，其中的超越的上帝、末世的景象以及天堂、人間、地獄三界之分，便是這過時世界觀的一些主要象徵。他認為，基督教傳統信仰的「啟示觀」即受這種三層的世界觀所捆鎖，並以超越的介入作為啟示的中心。從現代科學的角度來看，這種世界觀可以說是「神話」（myth）。按布特曼的看法，「神話」一詞其實並無貶意，完全沒有虛假的意味；恰恰相反的是，它要表達的是真理，只不過是另一層次的真理罷了。其所關注的不是宇宙觀（cosmology），而是人生觀，並且以象徵的形式將生命的真締展示出來。要領悟「神話」

中的「啟示」的真意，我們必須去蕪存菁，將「神話」的框架放在適當的位置，不誤將它視為中心，方為正確解讀聖經之法，特別是耶穌的信息。他認為「去神話」是正確釋經的不二之途，而去神話化的釋經法（demythologization）不過是跨越兩個不同世界觀的「翻譯方法」而已。[1] 對布特曼來說，整部聖經的中心不是那些神怪的末世景象，而是「忠於自我的存在」（authentic existence）。耶穌的宣講雖以末世的天國景象為衣，實質上其信息的中心乃是「忠於自我的存在」。這樣的啟示觀徹頭徹尾地以人文精神為依歸，將超越的上帝排拒於外，因而無可避免地也把聖經看為一本人類宗教經驗的記述。

6.1.2 聖經：整全、立體的啟示

傳統基督教信仰卻深信，聖經所傳遞的是超越的真理，在上帝的啟示中有其特殊的位置。聖經雖不能說是上帝啟示的全部，卻將啟示的核心全面、具體而清晰地表達了出來。關乎上帝對人的愛及救恩，或人對上帝應有的回應，或上帝與人立約的旨意，人所必須知道的，都應有盡有地涵蓋在聖經之內。聖經之所以重要，乃因它內裏的啟示是全面的。上帝在個人生命或歷史事件中所作的啟示，看似獨立、割裂而互不相關，其實它們之間有著一種相互推演（mutually unfolding）、相互闡釋（mutually explicating）的關係。亦即是說，它們之間有一種內在的邏輯（inner logic）將它們連結起來，將上帝啟示的核心整合，總結出一幅整全而立體的圖畫。上帝當然曾個別地與人相遇，在相遇中向人揭示祂的心意；[2] 祂也曾連綿不斷地塑造歷史，並在不同的歷史事件中宣示歷史的方向和意義。[3] 不過，更重要的還是祂希望人能看到啟示的全貌、其內在的邏輯、個別啟示事件之間的關聯，以致人能全面地、立體地、具層次地

明白祂是一位怎樣的上帝，並祂的旨意為何。在具體的啟示事件以外，聖經的整體可以說是另一層次的啟示，彷彿是一塊提供立體透視的鏡片，讓人看到上帝眾多啟示中不同層次的意義（layers of meaning）。它記錄著不同啟示事件的情節和神人的對話，但它的啟示功能卻不止於記錄，更重要的是它站在一個更高的層次，將一個立體的、層次分明的、有機的、在演化中的啟示進程，展示出來。

聖經對眾多啟示事件的整合和總結，絕非出於人手，而是出於上帝的靈。因此聖經可以說是「啟示的啟示」（the revelation of revelation）。它不是啟示的記錄，而是展示眾多啟示事件所蘊藏的深層意義的一種啟示。沒有聖經，亞伯拉罕的個人經歷縱然深刻而有具大感染力，也不過是他個人的經歷，其在人類歷史中的意義毫不明確。作為啟示的單一事件，上帝只向他個人說話而不是透過他向全人類說話——除非，發生在亞伯拉罕身上的啟示事件，與其他啟示事件關聯起來，並得到全面的詮釋。聖經將亞伯拉罕的啟示事件，與猶太人的歷史經歷、與耶穌這位猶太人和祂所成就的救恩關聯起來，由是亞伯拉罕的經歷再也不止於是個人的經歷，而是上帝啟示歷史全貌的重要部分。在聖經的光照下，一件單獨的事件變得立體起來。

毋庸多說，聖經不是一本「一元性」的書，而是一本「多元性」的書；當中包含著不同時代的歷史記述、橫跨不同世紀的先知講論、個人生命經歷的神學反省、羣體宗教經驗的表述，或見證、或宣告、或詮釋。聖經的六十六卷經卷看起來自說自話，對上帝的啟示看起來各自表述。是的，我們若將聖經的任何一卷書孤立起來，它也肯定可以透出上帝旨意的奧祕；但所透出的將會是片面的，可能只有一種向度的啟示，仿如一幅拼圖中的一塊孤立碎片而已。

6.2 聖經：立約之書

談了這麼多，我們似乎仍未解答不少人心中的疑問：上帝的話語應該是活潑的道，在人的靈魂中引發激盪，激發人的生命改變；那為甚麼上帝不持續不斷地親自在每一個人心中做感動的工作，叫人不只理解祂的旨意，更同時對祂的旨意有一種直接的心靈感應？為甚麼上帝不藉祂的靈直接在人心中展示祂的愛，讓這愛在歷史中、在個人的生命中，成為改造的動力？為甚麼上帝不直接將生命的真諦及歷史的真義寫在人的心中，而硬要寫在那些書卷中？這問題驅使我們要更深入理解聖經的本質。

為甚麼上帝要這樣做？要領悟其中的道理，先讓我們確認幾個簡單的事實。首先，上帝是立約的上帝，上帝與人立約，使人成為上帝立約的伙伴。同時，人並非獨立而存的個體，乃存在於羣體之中，惟有當他與其他人生命結連，他個體的生命方為整全。還有一事實我們必須加以深思：上帝不只給予人講話的能力，也賜給人以文字傳意的能力。到底所為何事？

6.2.1 立約的生命結構

語言是上帝給人類的極珍貴禮物。這禮物不是白賜的，在上帝的設計中，它有著獨立的任務。語言使人存在於一種溝通的狀態之中；沒有語言，人類便只有封閉於一己的自我之內。有了語言，羣體生活才有可能。語言可以說是一種導引人超越自我的媒介。它使人可以將一己的內在思想、感情，客觀地呈顯出來，也就是說，它使人可以將自我化成客體以呈顯在他者面前（objectifying oneself as an object to others）。語言使對話、分享以及生命的互動成為可能，也因為如此，人才可以彼此回應、彼此承擔，道德責任也因此而生。上帝送給人類這份禮物，其心意非常清楚，就是叫人突破自我，生命彼此結連，成為一相互承擔的羣體。惟有當語言出現，人類才可以建立共通的符號系統，文化的創建方才可能。有了符號系統，人不單可以在當下此刻相互溝通，也可以藉這符號系統將生命的內涵跨越時空地一代一代傳下去。文化傳統就是這樣形成的。文化傳統代表著甚麼？它代表著一種約定、一種規範，為的是支援、承托生命，將之引向成全的境界。人立約的生命型態昭然若揭——文化蘊藏著「立約的生命結構」。在上帝創造天地的設計中，立約結構(covenantal structure)是基礎也是核心。每一個個體都是立約的中心，用他的意志去立約；個體若沒有其真實的個體性，立約若不是由個體自發而出，那麼立約便毫無意義了。然而，立約的真意乃在於，個體的獨特性必須在彼此承托和彼此感通的關係中成全。上帝一方面要每一個個體在立約中體驗自己是百分百的獨特個體，但另一方面上帝卻又定意使這些獨特的個體不可以做一個超然獨立、孑然而立的個體。祂定意使所有獨立的個體，若要保持其獨特性，便得與其他個體生命相連，至終更進入與萬物同歸於一的狀態。要不然，他的個體性便會步向分解之路。羣體與個體有著一種辯證而不能分割的關係。

了解到立約的關鍵性，我們便開始明白聖經在啟示中的獨特地位。簡單地説，聖經是上帝與人立約的見證，也同時是立約的內涵。基督教傳統將聖經分為「舊約」和「新約」，可見「約」的核心性。聖經在基督教信仰中就是一本「約書」。這樣的觀念也並非基督徒獨創，上帝的選民——猶太人——就以「約」來定義聖經的本質。

聖經是「立約之書」(a book of covenant)，是上帝與人立約之言。上帝的話語起初以口傳，繼而寫在石版上，後來寫在書卷上，其最後的目的乃是要將這約寫在人的心中（耶三十一31）。那為甚麼上帝不一開始就索性將約寫在人的心中，那不是更穩妥嗎？退而求其次，上帝的約為何不以口傳，那豈非更有人情味，更切合充滿感情的羣體生活嗎？

在聖經的見證中，口傳曾經是上帝與人立約的一種表述方式。上帝和亞伯拉罕、以撒、雅各立約，都是以口講為憑，以心為證的。所立的約一代一代以口傳方式傳下去，這樣不單沒有虧損立約的客觀性和嚴肅性，反過來，更顯親切，有著親情所繫的權威。父親以生命榜樣表述出立約的祝福以及立約的生命重量，這樣的口述傳約，所傳的不是一大堆冷酷的法規，而是活生生的立約生命。口述傳統叫人將生命法規記在心中，而不是抽象地將它置於經書之內。為甚麼上帝不繼續以口述傳約？不少古老文化的約定法規，豈也不是「口述傳統」？

6.2.2 從口述之約到文字之約

在舊約的記述中，上帝與亞伯拉罕、以撒、雅各所立的約，何時由口講為憑變成文字之約？這乃在西奈山下，上帝與以色列全民立約之時。以色列要成為「祭司的國度，聖潔的國民」，上帝與人所立的約同時要成為人與人之間共處之約。這約不單是人倫道德之本，更是政治法則之本、社會制度之本，建立於其上的，遠遠超過宗族鄉里、親疏有別、相對地封閉的社羣，而是一個向世界出發、向所有其他文化能起示範作用的「祭司國度」。它以公義、公平為社會的根基，這社會不單秉行公義、公平，更讓公義、公平秉行於眾目睽睽之下，就如現代法治社會在制訂法律時所高舉的原則，就是「公義不單施行，更在人所共見之下施行」（justice is not only done, but is seen to be done)。口傳的法規不單易受記憶磨損，也易受主觀的操控。在西奈山下的以色列民再不是逐水草而居的游牧小羣，而是品流複雜、意向相異的廣大羣眾。他們被上帝召聚以前，受不同的異邦文化薰陶塑造，對耶和華上帝有不同程度的認識體悟；他們根本就是「多元」的「烏合之眾」。再者，在他們當中，不同的社羣就極可能有著不同的「口述傳統」。要將他們結合為一，要他們同心恪守一套生命法規，上帝必須將他們過往的「口述傳統」來一次徹底清理。祂必須將一套對所有宗族社羣都一視同仁的法規，以公開的、客觀的方式展示出來。祂將立約的生命法規寫在石版上，讓所有操不同口語鄉談的人，有同一法典作依據。試想想，假若上帝在西奈山下以「口述傳統」作為立約的表述，在這羣烏合之民中，本已複雜非常的情況，豈非更形混亂？

不過，上帝著眼的又豈止以色列這小小的民族？以色列立國，以色列從亡國的漂流中歸回、復興，尚是小事（賽四十九6～7），真正的大事是以色列成為萬國之光，萬國要來就她的光（賽六十1～3），萬民萬族都要聚集在上帝面前，看見祂的榮耀。也就是說，上帝希望見到的，是一個比以色列不知大多少倍的立約社羣，即全人類都成為祂的子民。祂與全人類所立的約，需要以一種客觀的、統一的方式表達出來。上帝選擇了以文字寫成的約書，作為祂與人立約之證明和踐約的依據。文字超越了口述傳統的個別文化時空，以致上帝的約可以推展至普世。聖約化成文字，抽離口述的傳遞方式，這樣聖約便可以放諸四海，直接在不同地域、不同時代說話，而毋須事事回到口述的羣體中，以這口述羣體為權威的中心。上帝的話語化成聖經，聖經因而成了權威的所在。人要聆聽上帝的話語、要領悟上帝與人所立的約，他只需要回到聖經，而毋須回到口述羣體，受口述的傳授。惟有這樣，上帝的約才能達至普世，而脫離以色列的特殊主義（particularism）之禁錮。我們可以說，在人類的文化中，文字是「大公性」與「普世性」的基礎和標記。[4] 從這觀點出發，我們便不難理解為甚麼上帝要以文字將祂與人所立的約存留下來。

6.3 聖經：歷史見證之書

聖經是一本立約的「文獻」，將立約的意願、緣由和雙方恪守的原則道明。不過這聖約並非一種意念、理想或純粹的法規，而是用行動來確立的生命真理。沒有行動的確立，一切都不過是空言而已。因此聖經不單是立約之書，也同時是聖約的實踐的歷史見證，見證上帝如何以行動來表述聖約的真實性和嚴肅性。

舊約聖經有大量歷史陳述：摩西五經雖說是律法書，然而律法的頒布絕對不是抽離現實的，而是發生在風起雲湧的歷史場景之內，與歷史融為一體的。事實上，上帝所宣示的律法惟有在歷史的陳述中才有意義。因此，五經的核心是歷史。摩西五經以外的十二卷「歷史書」更全是歷史的敍述與詮釋，一目了然，這似乎是不爭的事實。十七卷「先知書」雖不像歷史書那樣去記敍歷史，但其所關注的全是以色列過去與未來的歷史，甚至是全人類的歷史命運。只有五卷「詩歌智慧書」似乎與歷史沾不上邊。然而，細讀之下，詩篇中卻有不少歷史的回顧與展望，其中不少的讚美、默想、祈求都是跟上帝在歷史中所行的奇事有關的。至於新約，歷史的陳述同樣是它的核心，其中最重要的固然是耶穌的歷史，而耶穌的歷史與人類的歷史命運是繫在一起的，這歷史也就是上帝國度的歷史，而使徒所見證的，正是上帝的國度如何在世界開展、擴張。

為甚麼聖經的核心關注是歷史？正因為聖經作為「立約之

書」不是一本死的法典，而是一本以生命行動來印證的信誓之約。聖經所展示的是人神之約內蘊的公義與愛的交織。聖約要求公義，但這公義遠超乎合約法規所規定的「公義」；聖約的公義內蘊立約之愛，成全立約之愛才算成全公義。上帝在人破壞聖約的情景下履行約的公義，就是將人挽回，使人可以實踐聖約，成為公義的立約者。立約的條文是死的，法規也是死的，惟有以生命灌注法規，以行動確證約章，才能彰顯出立約的真意。上帝就是用歷史行動實踐祂的公義和信實，將約的真諦活出來。而聖經就是歷史的見證（a book of testimony）。

這歷史的見證如何一代一代傳下去，成為放諸四海的見證？歷史事實的保存以甚麼形式最為穩妥？上帝選擇的方式，是文字的記述與詮釋。聖經是一本歷史的見證。這歷史的見證不是一本靜態的紀錄，旨在保存上帝或人類曾經說過的話和做過的事；不，聖經是上帝的「傳心行動」（communicative action），是上帝在行動中的話語（speech in action），是締造歷史，改寫人類的歷史的動力。這歷史的改寫不單要一代一代延續下去，更要不斷擴散，從耶路撒冷，猶太全地，撒瑪利亞，直到地極，向不同國度，不同文化，不斷推進下去。

在這過程中，翻譯是必須的。亦因這緣故，聖經成為文字書卷是無可避免的，為的是要遷就人的限制。從文字翻譯成文字，所翻譯出來的可易於保存和廣傳，而毋須在每一次以口述傳遞傳統時需要即時翻譯，也毋須倚賴一小羣人的記憶和當時的翻譯。

6.4 聖經：生命指引之書

聖經不單是立約之書，也不只以歷史作見證，確證上帝信守所立的約，更同時是人類、民族、社會以及個人的生命指引（life principles）。聖經透過歷史的真實場景，將人類的實況揭示在人的面前，將人的愚昧、墮陷與人性的扭曲一一呈示出來，並將其後果以及叛逆的結局陳明。詩篇一百一十九篇的作者對人性的軟弱和罪性的牽引力有深刻的體會，因而十分渴望生命的指引。詩人說：

> 我的性命幾乎歸於塵土；求你照你的話將我救活……我的心因愁苦而消化；求你照你的話使我堅立！求你使我離開奸詐的道，開恩將你的律法賜給我……你的話是我腳前的燈，是我路上的光。（詩一一九 25～29、105）

這一切不是在「空中樓閣」中闡述出來，而是人透過不同的歷史實況所領悟到的。在抽空的情景談生命的道理，人不易聽在心上；直到他墮入自己編織的罪惡網羅，才會領悟自身的愚昧，在痛定思痛中看到生命的規律。歷史充斥著人自以為是、墮陷、自救，然後又陷於更深的墮陷之中的場景。上帝就是在這些歷史場景中向人闡釋生命之道。以色列人可以說是「樣板」。上帝領他們出埃及，在他們當中祂所作的神蹟奇事，他們盡都看見。上帝與他們同行，祝福他們，領他們進入流奶與蜜之地。然而，他們卻心存悖逆，投向虛無之神，將祭物獻與鬼魔。上帝本來要他們如鷹般展翅翱翔，乘駕地的高處，但他們卻變成了乖僻的族類，迫使上帝稱他們為「不成子民」（參申三十二～三十四章）。因此，在摩西眼中，上帝對人最大的祝福莫過於將祂的話語賜予他們。摩西說：

> 耶和華從西奈而來，從西珥向他們顯現，從巴蘭山發

> 出光輝，從萬萬聖者中來臨，從他右手為百姓傳出烈火的律法。他疼愛百姓；眾聖徒都在他手中。他們坐在他的腳下，領受他的言語。（申三十三2～3）

上帝將祂的話語傳給人類，為的是要他們按創造的設計藍本生活。人是被造之物，其生命潛藏著創造的設計藍本。用一個粗糙而又不完全貼切的比喻來說，即上帝將律法賜給人作為生命設計的籃本，就如汽車製造商在汽車出廠時給使用者提供汽車構造藍圖和使用手冊。使用者必須按製造汽車時所定的設計去使用汽車，不然汽車便會損壞。當然，人不像汽車，不是一堆組合起來的零件，而是具有自由、感情、性格的個體，人比汽車複雜得多。倘若開動一部汽車都需要依照指南而行，那麼「開動」複雜千百倍的人的生命，豈不更加需要按指南而行嗎？另一個比喻或許更加貼切。在詩篇十九篇中，詩人一方面道出了大自然照著創造主所定的規律運行，並依循著森嚴而不可偏離的秩序運作，生生不息；另一方面，詩人亦相應指出，人的生命也一樣，是需要受生命規律的規範，方能豐滿活潑。聖經的律例典章正是這生命之律的文字表達。可是，當人心剛硬如鐵，容不下生命的律，要將這生命的律寫在人的心中，談何容易？上帝因應人的實況，接受人心蔽塞的事實，不想硬將生命之律有如將一套電腦程式安裝到電腦一樣，注入人的心內，於是上帝將它客觀地寫在石版上、書卷中，像一面外在的鏡子，供人對照，讓人從中自悟其墮陷與無知。上帝的苦心孤詣由此可見。

聖經將上帝的旨意、生命整全的祕訣，以真實的生命場景道出，既有情又有理。然而這一切都只是過渡的安排，日子將到，「生命的律」要寫在每個人的心中，成為人內在的本性，而不再是外在的東西。人類仍在等待那日子出現，而在等待的期間，聖經中的生命指引對人來說至為重要。

6.5 聖經：蘊藏多層意義的多元文本

聖經不單結集著多元的文本（a multiple of texts），這些文本的結集更蘊藏著多層次的意義（multiple layers of meaning）。聖經最少包含以下幾種形式的啟示：

1. 聖經中的確有不少「真理的宣告」（pronouncements of truth），而這些宣告是以「命題」（propositions）的形式去傳遞的。例如上帝創造天地，上帝以祂的形象造人，上帝愛世人，甚至將祂的獨生子賜給他們等，這都屬於宣示真理的命題。
2. 聖經包含立約的文本，其中有立約的解說，有立約的條文，有祝福與咒詛的應許。
3. 聖經載滿了有關上帝信實的見證。上帝為履行立約的責任，向失約的人不斷施恩，不惜負上極重的代價。聖經將這段踐約的歷史展現在我們眼前，以說明上帝是一位怎樣的立約之神。
4. 聖經不單將立約的條文列出，更將這些條文化成生命指引，不斷以實際的生命場景和具體經歷作為示範，以教導人當行之路。聖經可說是一本生命教材，也可以說是一本生命道路的地圖。

若說基督是道成肉身的最高表達，那聖經便也可以說是「道」有血有肉的另一種表達形式。在聖經的不同書卷中，我們看到，「道」在不同的生命境況中展現出來；在不同的個人或歷史處境中，於各形各式的墮陷與掙扎中，甚或在人的覺醒中，在苦罪的血淚中，道如甘泉衝湧而出。聖經是表述於人的生命之內的道（the Word in human life），這道在不同的生命層次或場景中以不同的形式彰顯出來。我們可以將聖經與道的關係簡單總結如下：

1. 聖經乃道表之於「真理的宣示」（the Word as the proclamation of Truth）。
2. 聖經乃道在歷史中（the Word in historical settings），並以歷史的場景將道表述出來。
3. 聖經乃道在社羣中（the Word in communal experience），以道對照人的社羣生命，將應許和審判表述出來。
4. 聖經乃道表之於律法（the Word as Law）。
5. 聖經乃道在個人生命中（the Word in individual experience），以道對照個人生命，將應許和審判表述出來。
6. 聖經乃道表之於對人生的指引（the Word as the Way）。

若要正確地理解聖經，就必須辨認道在這些不同生命場景中的不同表彰。

聖經既是多元的文本，而每一文本都可能具有多層意義，那麼我們若將它看為單一的真理表述，我們便很容易將它扭曲、曲解。例如我們若純以「真理命題」的思維去看聖經的整體，以為聖經就是一部真理命題的結集，我們必然會將本來立體和極其豐富的啟示壓縮成平面而淺狹的東西。聖經宣示真理，就算以命題的方式表達，也是將這些命題編織在歷史故事的情節中，內裏往往穿插著或激昂或深沉的感情回應。純命題式的表達，類似哲學家思辨的結論陳詞，在聖經裏可以說是不存在的。

反過來，聖經也充滿了人對上帝恩典的回應，內裏蘊含著豐富的感情和美感的表達，與教義的宣告或律法的陳述完全不同。言說的中心不是理性命題，而是超乎言說的契合經歷。然而，若因為聖經包含了不少這類文本，所以便認定聖經是一連串的「語言事件」(word events)，認為重要的是這些語言所引發的屬靈經驗或歷史演進，這也是大錯特錯的。不要說聖經的確充滿命題式的真理表達，就算退一萬步，我們完全確認「語言事件」所引發的心靈效應的首要性，我們也不能不問，真正有生命感染力的文本，不論是詩歌抑或故事，怎能沒有真理的言說在其中？這實在是不可思議的。況且，我們的確很難純粹用詩歌、故事的文學體裁去涵蓋聖經的整體。同時，就算在詩篇之中，歷史的記述、詮釋也俯拾皆是，為的是舉證上帝守約施慈愛的事實。聖經裏面的立約文本絕不是合約條文的羅列，反過來，立約的律例典章與歷史的發展，與上帝信實守約的陳述或人失約的生命型態的描繪，兩者緊密地編織在一起。聖經確有立約的法規，但這些法規不是僵硬的條文，而是充滿深情的生命指引。

從這個角度看，聖經可以說是一本生命教育的「天書」。它的目的、它獨特的寫作格局，都旨在將真理融入人的生命中。用另一說法，聖經所言說的是生命之道(the way of life)，是人生道路的指引。要指引生命，僵化的命題或規條是毫無幫助的。上帝所選擇的是生命的對話，或在生命的互動中閃出智慧的亮光。

於此，我們要不厭其煩地再三重申，惟有當我們認識到聖經的多元性和多層次性，我們才能掌握理解聖經的竅門。然而，當我們明白到這一點，得立刻補上另一句——聖經啟示的中心乃是基督。

6.6 聖經指向基督，基督確認聖經

上帝「說話」。這裏的「說」與「話」，蘊含著兩重奧祕。第一重奧祕是上帝的「說話」是遠超乎人間的言談說話，是人無從想像、不能言說的「話語」。上帝何曾有口，像人一樣說話？上帝所「說」的「話」所指的是出自祂內在生命的道，就是那「言說」上帝內在生命、以創造之物表彰出來、貫穿於萬物之中的道。我們可以說，道就是萬物賴以而存的上帝的「生命言語」（language of God's life），其中包括祂的旨意、意志，包括祂那超乎人間理性思維的行事邏輯，包括祂的設計、祂的計劃、祂的感情。總括來說，**道**就是祂內在生命的外在表述。我們可以這樣作比喻——道就是聖子面向「他者」（the other）的啟示面。道之所以為道，乃因上帝沒有獨存於己，沉湎於三一的內在關係，反而「踏出」自己，進入與他者相交的關係中。道之所以得為道，乃因聖子受聖父差遣，將三一的生命顯於被造的世界、顯於人間。聖子沒有沉湎於三一的內在關係，卻順服三一上帝內在一致的旨意，作上帝一體的生命表述，讓上帝本體的愛湧溢而出，創化天地，孕育人類，照管萬物，以約愛承托、救贖一切。道就是上帝「愛的語言」、祂旨意的「宣示」、祂設計的「言述」、祂理性的「發聲」。整個被造的世界就是道的言說的具體表達，它不斷「言說」著上帝的道。道既創化天地，貫乎萬物之中，寓於平常之內，當人回復原初對上帝應有的感應，然後再回看萬物，便自然會看出道在其中。

上帝「說話」的第二重奧祕，就是上帝那超乎想像、思維、

言詞的「話語」，竟奧祕地化成人所言說的話語。但其實這奧祕又不是這麼難理解的。我們既然可以領悟上帝從無創出天地，道既可以創化出那摸得到、見得到的天地，為甚麼不可以化成人語？上帝說：「要有光！」「要有光」這句話是超越宇宙的世外之「話語」，但這「話語」卻化成我們可以看得見的光（或應說「照亮萬物的光」）。不信上帝的人會說：這有甚麼可能？但相信上帝的人卻說：這有甚麼不可能？上帝說：「要有光！」與上帝以人的語言說：「我是亞伯拉罕、以撒、雅各的上帝！」基本上是同一道理。當上帝說：「要有光！」光便立刻存在於人世間，與摸得到、見得到的萬物同一層次；同樣地，當上帝宣示：「我是亞伯拉罕、以撒、雅各的上帝！」這句原本超乎聲音和人間語言規律的「上帝的話語」，也一樣可以立刻化成人聽得見的人間話語。「上帝的話語」與「人間的話語」同一層次，完全相通。假若我們好奇地問：從「上帝的話語」到「人間的話語」，經過甚麼程序？那就等如問：從「要有光！」的神聖命令到光的出現，到底經過甚麼程序？兩者同樣奧妙，想像不到，也測不透。其實，真正使人震懾的奧祕乃在上帝道成肉身。道創化天地、道發聲而為人間話語、道成肉身，都同出一轍，全因上帝要向人揭示自己，與人分享自己的生命；「道就是上帝」，道就是那位住在人間、充充滿滿有恩典有真理地與人同在的上帝。道成肉身可說是上帝彰顯祂自己的高峯，也就是說，基督是上帝啟示聚焦的所在。所以，所有一切啟示，都指向基督。

聖經與基督有著一種辯證的關係。基督是上帝自我揭示的中心，也同時是最高的表達；沒有基督，則聖經的啟示便全無焦點，迷糊不清，空洞而沒有指向。然而沒有聖經，人會因為缺乏敍事與詮釋，不明前因後果，對於基督的出現會有一種莫名其妙的感覺；基督固然是上帝自我揭示的高峯，然而，沒有其他揭示來承托與指引，面對基督的人恐怕會不明所以。基督不是超乎文化歷史的基督，祂以猶太人的身分，作為「大衛的子孫」，出現在一個特定的猶太文化歷史的時空中，將上帝的愛與公義展示出來。上帝選擇這歷史時空展開其「終末啟示」（revelation of the *eschaton*），[5]乃因這段歷史正是祂親自搭建的特殊啟示的「舞台」。這個以歷史搭建的舞台，讓基督立體地、清晰無比地展示上帝如何不斷介入人類的歷史，將祂的大愛、恩典及真理之光傾注在墮落的世界中。猶太人的這段歷史也是傳遞信息的最佳媒介，因為它承載著上帝以立約的公義和慈愛待人的歷史見證，並積累了最恰當的宗教象徵和語言。舊約聖經的歷史就是這樣為耶穌基督提供了一個佈置得最恰當的舞台，以及提供了最傳神的象徵和語言。舊約的一切歷史都指向基督，使人明白到，基督的出現不是一件突如其來的偶發事件，而是一連串啟示事件所預示的真相。這歷史舞台讓基督完備地將上帝的救恩展現出來。反過來，基督將一切舊約的啟示總結在祂身上，使它們頓然瞭亮起來。

舊約聖經為基督作見證，基督同樣也為舊約聖經作見證。值得注意的是，當耶穌基督展開祂在世的事奉時，一開始便為聖經作見證；到祂受死、復活，完成了在世的職事時，祂又再一次為聖經作見證。在事奉之始，祂在拿撒勒的會堂打開以賽亞書六十一章 1 至 2 節，向會眾宣讀：「主的靈在我身上，因為他膏我去傳福音給貧窮的人，差遣我去宣告被擄的得釋放，瞎眼的得看見，受壓制的得自由，又宣告主悅納人的禧年。」（路四 18～19，《新譯本》）然後對在座的人說：「這段經文今天應驗在你們中間了。」（路四 21，《新譯本》）很明顯，耶穌基督是指先知的預言在祂身上應驗。當祂在世的事奉快要完結的時候，即祂復活之後，在往以馬忤斯的路上，祂又再一次向門徒清晰地闡釋自己與舊約聖經的關係，祂說：「摩西的律法、先知的書，和詩篇上所記的，凡指著我的話都必須應驗。」於是耶穌開他們的心竅，使他們能明白聖經（路二十四 44～45）。由此我們看到，耶穌基督的自我闡述都是以聖經為基礎的。就是在最危急的時候，當耶穌將要面對被捕的厄運，祂所記念的是聖經的話語如何在祂身上應驗。祂從容地對拔刀在手的彼得說：「收刀入鞘吧……你想，我不能求父現在為我差遣十二營多天使來嗎？若是這樣，經上所說，事情必須如此的話怎麼應驗呢？……但這一切的事成就了，為要應驗先知書上的話。」（太二十六 52～56）無怪乎祂在登山寶訓中宣示，律法和先知的一點一畫也不能廢去、都要成全。而祂就是律法和先知的成全。祂的教訓所依據的是舊約聖經，但卻超乎猶太人宗教傳統對舊約的詮釋。祂的生命才是舊約最真確的詮釋。我們可以說，祂的登山寶訓，基本上是把舊約的真理從僵化的教條中活現出來，呈示在人的面前。事實上，當祂履行地上的職事時，祂不斷以舊約教訓人。連祂自己受試探的時候，所依據都是舊約聖經的教訓。在馬太福音十九章 5 節，當耶穌基督論到休妻的問題時，祂直接引用上帝向亞當宣告的命令：「因此，人要離開父母，與妻子連合，二人成為一體。」（創二 24）然後問那些質問祂的法利賽人：「這經你們沒有念過嗎？」顯然，耶穌基督的意思是，聖經的話就是上帝的話，是人應當遵從的。祂對當時的猶太人宣告嚴厲的審判，其依據也是舊約聖經的話，例如祂說：「經上寫著：匠人所棄的石頭已作了房角的頭塊石頭。這是主所做的，在我們眼中看為希奇。這經你們沒有念過嗎？所以我告訴你們，上帝的國必從你們奪去，賜給那能結果子的百姓。」（太二十一 42～43）祂引用聖經，自覺自己在引用上帝所說的話。「『這經』說」與「上帝說」，在耶穌基督看來基本上是沒有分別的。[6]

假若舊約擔當著預示基督的任務，新約則是直接地為基督作見證了。新約的中心也只有一個，就是基督。我們可以用約翰的一句話作為總結：但記這些事要叫你們信耶穌是基督，是上帝的兒子，並且叫你們信了他，就可以因他的名得生命（約二十31）。福音書將基督在世最關鍵的事件以及祂的教訓記述下來；這記述只有一個目的，就是見證耶穌是基督，是上帝的兒子，祂來到世間的目的是要叫人得生命。使徒作見證，是基督的吩咐。在基督升天以前，祂告訴門徒：「但聖靈降臨在你們身上，你們就必得著能力，並要在耶路撒冷、猶太全地，和撒瑪利亞，直到地極，作我的見證。」（徒一8）這見證的目的，是要萬民作祂的門徒，學祂的樣式，生命得改變。因此，基督非常清晰地命令他們說：「你們要去，使萬民作我的門徒，奉父、子、聖靈的名給他們施洗，凡我所吩咐你們的，都教訓他們遵守……」（太二十八19～20）新約聖經就是基督的見證。它將基督道成肉身的事實述說出來，它將基督的教訓記錄下來，並以見證者所親身經歷的生命改變來佐證基督復活的大能。新約的見證不是出於見證者自己，而是受基督的命令與差遣而發出的。這見證對不認識上帝恩典的人來說就是「福音」。基督是福音的實質，而新約聖經就是這福音的宣告。

6.7 聖經是上帝所默示的

「聖經是上帝的話語」，這句話我們應如何理解呢？提摩太後書三章16節「聖經都是上帝所默示（*theopneustos*）的」這句話，常被引用以回答這條問題。然而，這句話應如何理解，正是問題的癥結所在。“*theopneustos*”一詞在整卷聖經中，除了此處，並沒有在其他地方出現過。就是在古希臘的文獻，這詞彙也不常見。按施韋策（Eduard Schweizer）在《新約神學字典》（TDNT）對“*theopneustos*”的闡釋，這詞彙在世俗的文獻中出現時，多指作者在創作時充滿靈感。到底保羅在使用這詞彙時，他心目中的意思是甚麼？我們應如何理解「默示」呢？

在教會二千年的歷史中，對「默示」一詞的理解當然出現過多種理論。極端的自由主義者固然相信「默示」所指的，不過是出於人創意直覺的靈思（intuition），一如詩人直覺地洞悉時代的困惑或人類心靈深處的渴想，因而寫出感人至深的詩章。對這些人來說，聖經不過是一部發自人類心靈的史詩，其「默示」乃出自人文精神的創作泉源。另一些自由主義者如士來馬赫，則認為人類的創思固然重要，但真正燃點創思之火的，仍是上帝的靈。聖靈光照聖經的作者，使他們有超乎常人的屬靈悟性，窺見一般人看不到的屬靈真理。這種靈光照射的默示觀，通常被稱為「光照默示觀」（illumination theory）。自教父以降，基督教傳統比較常見的默示觀乃為「字句默示」（verbal inspiration），意指上帝引導聖經的作者，不單將啟示的核心精意表達出來，更指示他如何選取詞彙及語法，務求他能完全地、準確地將上帝的啟示書寫出來。因此，「字句默示」亦稱作「完全默示」（plenary inspiration），意指聖經的每一部分都是上帝默示的結果。極端保守的「字句默示」理論稱為「口授筆錄默示觀」（dictation theory；或作「默寫默示觀」）或「機械式默示觀」（mechanical theory）。意指聖經作者只是一位完全被動的書記，上帝口述，他便筆錄；猶有甚者，索性認為他只是書寫的工具，就如上帝手中的一支筆。這種默示觀所著眼的是，要確保聖經的神聖權威，確保它不受人的任何失誤所影響。然而，這樣卻否定了聖經作者有血有肉的生命特質。一種較「機械式默示觀」更為合情合理的字句默示觀是「動態字句默示觀」（dynamic verbal inspiration），而荷蘭神學家貝爾考韋爾（Gerrit Berkouwer）可說是這立場的代表。他認為聖靈的默示不是單向，而是因應時代的文化的；聖靈在感動作者書寫時，並不是憑空地感動他，而是運用作者本身所具備的生命特質去這樣做。聖靈與聖經的作者互動，一方面引導他，卻又給他自由去選取詞彙、語句甚至觀念，去表達上帝要他說的話。聖經作者所選的詞彙、語句，不是聖靈為他選的，而是在聖靈的規範中由他自己選擇的，以致其所表達的意思，一方面能完全並有血有肉地反映出當時代以及作者個人的特質，另一方面又確保所表達的意思不會有任何偏差。這種默示觀照顧到語言的活動性和彈性。要精確地表達一個意思，不一定要硬性規定只可以使用一個詞彙或一句語句，其他詞彙或語句都可以有相同的傳意效果，此所謂異曲同工之妙。

「聖經都是上帝所默示的」這命題，雖然從未在舊約聖經出現過，然而它要表達的意思，在舊約卻可謂隨處可見。我們可以說，這命題斷不是保羅在提摩太書信中所獨創的，它不過是舊約聖經自我解說的一個註腳而已。耶利米書一章一方面說：「希勒家的兒子耶利米的話記在下面」（一1）；另一方面卻清楚指出，耶利米的話其實是源自耶和華的，耶利米說話乃因「耶和華的話臨到耶利米」（一2）。耶利米更進一步說明，他所說的話絕不是出於他自己的，因耶和華對他說：「我吩咐你說甚麼話，你都要說。」「於是耶和華伸手按我的口，對我說：我已將當說的話傳給你（"Now, I have put my words into your mouth", NIV）。」（耶一9）先知以賽亞亦清楚地述說：「主耶和華的靈在我身上；因為耶和華用膏膏我，叫我傳好信息給謙卑的人……」（賽六十一 1）由此可見，先知只是傳遞信息的人。以賽亞書四十八章 16 節更清楚道出，是耶和華招聚祂的百姓聽祂說話。先知只是受祂的差遣。「主耶和華差遣我與祂的靈同來」（“And now the Sovereign LORD has sent me, with his Spirit”, NIV），是耶和華的靈感動先知說出祂要向人說的話。先知不單是宣告者，正如前文所言，「先知」一詞更意味著，先知宣告信息以先，自己是「被上帝向之說話的人」，以致當他們宣告信息時，他們可以說：「耶和華如此說！」先知這樣的宣告，給人一個印象，就是「神的默示」仿如一字一句的「口授筆錄」。當然，我們必須承認，聖經的某些記述若不以「口授筆錄默示觀」去解說，確是難以理解的。例如，亞當與夏娃在伊甸園的故事。我們若不認為這記述純粹是神話或詩人根據傳說所創作的史詩，而是上帝所默示的，那我們便得問，若不是上帝親自告訴聖經作者（按猶太人的傳統，他們相信這段記述的作者是摩西），便只能相信這故事之所以能記述下來，乃因自亞當、夏娃以降，這故事以口傳的方式一代一代傳下去，直到聖經作者筆錄之時。但後者的可能性有多大？當然，我們若不相信聖經是上帝所默示的，那我們大可以說這故事是虛構的神話；然而，我們若相信聖經是上帝所默示的，那最合理的解釋便是上帝親自將故事「告知」作者，而不是故事從亞當、夏娃一代傳一代留存下來。又例如，當路加在使徒行傳二十六章 30 至 32 節記述亞基帕王及巡撫的閉門會議，當中記載了亞基帕對非斯都所說的話：「這人若沒有上告於凱撒，就可以釋放了。」假若這閉門會議是真的，又假若亞基帕王真的對巡撫如此說，那到底路加如何得知這閉門會議的內容？除非這是路加虛構的，要不然，是誰告訴路加談話的內容？若不是上帝一字一句地向路加複述，路加是不可能知道對話的內容的。[7]

「口授筆錄默示觀」之所以曾在基督教傳統中被認真考慮作為闡釋默示的一種理論，是有一定理由的。然而，我們卻又知道，將「口授筆錄默示觀」放諸於聖經的所有默示，是以偏概全，不易成立的。就算我們承認先知所傳的某些話是上帝親自向他們口述的，先知書中的不少論述不可能盡是神直接的宣告。歷史的記述、敵擋神的狂傲之言，以及人心靈感受而出的讚美之歌，在先知書中比比皆是。同時，摩西五經不時提到「以下所説的是摩西……向以色列眾人所説的話」（申一 1）。這些話似乎不是神直接向人説的。馬歇爾（I. Howard Marshall）説得好：

> 先知的確宣稱他們聽到上帝向他們說話，然後講出所聽到的話語。但其他作者卻並非這樣描繪他們的寫作活動。他們用出自人的資訊材料，按一般作者的寫作方式來寫作。他們不以為自己是神聖的錄音機或電腦打字機、是完全由使用者操控的工具。[8]

福音書的作者基本上看自己為見證者，將所見所聞記述下來，而所記述的，有作者本身所觀察、領悟到的獨特角度。四福音的作者各有不同的出發點和記述的焦點，他們的文字並非千篇一律。在路加的自序中，我們清楚看到人主動的元素。路加説：「提阿非羅大人哪，有好些人提筆作書，述説在我們中間所成就的事，是照傳道的人從起初親眼看見又傳給我們的。這些事我既從起頭都詳細考察了，就定意要按次序寫給你。」（路一 1～3）很明顯地，路加在這自述中完全沒有宣稱自己直接從上帝領受話語，然後將它記錄下來。反過來，他聽取了別人傳給他的信息，並經過詳細考察，才將事情的次序寫下來。路加完全沒有隱瞞他寫作的主動性。他聽取、考察、編輯、記錄的活動，與一個史學家的活動非常接近。我們不妨再想一想，當保羅在提摩太後書吩咐提摩太將他留在加布的那件大衣及書卷帶來給他時，難道這囑咐也是聖靈所口授的？

有些舊約聖經作者更會使用一般的歷史資料來鋪陳上帝在歷史中的作為。例如以斯拉就引述了波斯的歷史「檔案」（參拉七 11～26），以說明上帝在歷史中奇妙的作為。馬歇爾說得好：「我們不可能想像這些外邦的歷史資料是上帝口授筆錄的。若有人倡議，當以斯拉將這些史料從波斯的歷史檔案中抄錄出來的時候，上帝就在此時默示這些史料，這實在是非常可笑的。」[9]

在新約，使徒確實記載了不少基督直接說的話，而基督所說的話就是上帝親自向人說的話，正是「道成人語」的典範。不過，福音書也不盡是基督的教訓；事實上，福音書記載了不少歷史事件或個人經歷。當馬太福音的作者將當時發生的歷史事件記述下來，例如希羅底的女兒如何誘使希律答應她斬下施洗約翰的頭，放在盤子上給她，馬太福音的作者所記述的是他所見或所聞的，與一般的歷史記述，在某層次上，是沒有分別的。在這裏，我們很難想像上帝以「口授筆錄」的方式默示馬太福音的作者，然後由他將這段歷史直書出來。

不少自由派的神學家為了「抹黑」福音派的傳統，常以福音派倡議「默寫默示觀」來譏評福音派保守和不合情理，有些人甚至將福音派或基要派的默示觀比作伊斯蘭教的默示觀。伊斯蘭教相信《古蘭經》是真主（Allah）一字一句向穆罕默德口述宣示，然後由他一字不漏地記錄下來的。不過正如巴刻（J. I. Packer）在《基要主義與神的道》（*"Fundamentalism" and the Word of God*）一書中指出，「默寫默示觀不過是一個『稻草人』而已。我們可以穩當地說，從改教運動至今，沒有基督新教的神學家抱持這種默示觀，而當代福音派肯定不會抱持這種立場。」[10] 話雖如此，在「聖經無誤」的爭論中，美國福音派嚴重分裂，而其中一些人為了維護聖經無誤，不惜一切，最終被迫走入「默寫默示」的死角；他們進而重新詮釋基督教神學傳統——從教父到改教運動的神學家，持「口授筆錄默示觀」立場者，在他們的眼中似乎俯拾皆是。

作為福音派，無論我們何等熱衷於維護聖經的神聖本質，要辯明證實聖經的話語完全是出自上帝，但倘若因此堅持「默寫」的默示模式，不單難於使人信服，更會使人對聖經充滿疑惑。要維護聖經的神聖本質，是否需要將它與「默寫默示觀」扯在一起？在我看來，「默寫默示觀」基本上扭曲了聖經的本相，也曲解了聖靈在歷史以至在人心中的工作。

那麼我們應如何理解「上帝的默示」呢？「上帝默示」可理解為「上帝吹氣」（*theo-pneustos*, God's-breathed），這一方面指上帝從祂的生命中「吹出」（breathe out）生命之道；另一方面，這是指上帝將這生命之道「吹入」（breathe into）祂選召的僕人的生命中。「吹出」所表明的，乃是聖經一切的啟示完全出於上帝，上帝是聖經啟示的源頭。「吹入」乃意指上帝讓祂的靈灌注、充滿祂的僕人，在他的心中運行，使他內裏的一切生命素材完全被聖靈灌注、滲透，完全受聖靈支配，在聖靈的引動下為聖靈發聲而成為人的話語。「上帝吹氣」表明了上帝的主動性，表明了一切乃出於上帝，且獨特地出於上帝的「氣」。「上帝的氣」即上帝的靈，也代表了上帝的生命、上帝的力量、上帝聯繫契合的行動。上帝的「氣」（聖靈）進入人的生命中，在人的裏面，與人的生命結連，在其中發揮能力，使人説出上帝的話語。上帝的靈「吹」入人的生命，在人的生命裏頭向人注入真理，讓真理以他的生命內涵表達出來；聖靈不是在人的外面向他宣示真理，然後請他筆錄下來。當聖靈滲透人的生命，人生命內裏的一切都可以成為表達上帝啟示的素材。人類歷史的集體記憶，人類文化意識的沉澱，當代的世界觀、價值觀，個人的經歷，羣體的心理狀況，甚至他的思想活動，通通都可以成為聖靈使用的現成生命素材以及表達上帝啟示的媒體。只要聖靈選取、重塑、重新注入新的內涵，任何微不足道的經歷、意念、記憶、思考，甚至是充滿罪污的人生片段，都可以成為表達上帝話語的素材。如此，上帝的話語才顯得有血有肉。

正如我們在前面已清楚地交代的，啟示並非為了傳遞資料、資訊，而是為了生命的契合，為了成全立約的關係。在這樣的前提下，我們很難想像上帝會把人當作純粹抄寫的工具，而將人的思想、意識、心理、經歷等等棄而不理，只看中他的抄寫功能。與此相反，充滿約愛的上帝乃視祂的僕人為立約的伙伴、立約生命的彰顯。他的過去、他現存的實況、他生命的處境，全都是祂的啟示所要針對的，也是祂要使用的，並以此作為生命的示範、作為恩典的初熟之果。祂的僕人在傳遞信息時，他的生命——被上帝改造、使用的生命——就是一個見證。聖經的作者不是一台錄音機，不是一支抄寫的筆，而是滿載苦罪又滿載上帝恩典的見證。上帝用他，是用他生命的全部——他的文化環境、內化在他裏面的文化精神、他的個性、他的思維、他的意志、他的願望與激情。一個完整的生命，不，是一個殘缺不全的生命整體，正是上帝話語的出口。加爾文常以傳道者為上帝的嘴巴，述說上帝放在其中的話。但這張嘴巴所發的聲音言語，乃是內蘊著傳道者的生命整體的。當上帝使用這張嘴巴的時候，祂已經將一切都計算在內。

上帝不會將真實的、有血有肉的生命棄而不用。祂要表達的真理，就是表達於這樣的生命中。因此，聖靈的默示會善用這些素材。在聖經中，我們所看到的都是有血有肉的人：因缺乏信心而背棄妻子的亞伯拉罕，厭倦並憤怒的摩西，信心瀕臨崩潰的約伯和他那些似乎信心高漲卻不知信心為何物的朋友，滿有靈力卻落荒而逃的以利亞，備受重視卻至終令人失望的希西家，瀕於絕望的先知耶利米，完全不成氣候的十二門徒等等。上帝的靈運用他們生命裏面原有的素材來說出上帝的話語。不錯，夾雜著他們的墮陷、誤解、無知，上帝的話語由他們說出來；而他們所說出來的，就是上帝要向人說的話語——上帝的話語。

這些殘缺不全的人，活在墮陷的文化和歷史之內；而文化、歷史的墮陷與殘缺的人生交織在一起，不能分割。上帝就是這樣使用他們作為祂的出口，宣示真理。上帝所宣示的真理，並沒有遠離世俗污染而獨立於純潔之境。不，上帝的話語正正就是要進入墮陷、污染和充滿誤解扭曲之境，在其中彰顯其純潔的真理光輝。上帝真確的宇宙觀，彰顯於人類錯誤的宇宙觀之中；上帝給人類的正確的人生觀，彰顯於錯謬的人生觀中；上帝正義的道德律，彰顯於人扭曲的道德生命中。不單彰顯於其中，祂更使用這些錯誤的、虛妄的，來襯托、承載祂的真理。因此，在聖經裏面，我們看到古代文明的各種面貌，包括它們的世界觀、歷史、地理、獨特的記述方式，一些異於現代人的文學表達，譬如誇張的修辭或強烈情緒表達，屢見不鮮。上帝沒有用祂看為絕對最真確的宇宙觀，或祂認為最合情合理的文學手法取代古時猶太人錯漏百出的宇宙觀或文學手法，然後才放心把真理放進去。若祂這樣做，祂又如何能讓當時的猶太人明白祂在說甚麼？若祂這樣做，恐怕現代科學家也無法明白祂所說的——他們只會像井底之蛙一樣，用自己認為是最接近宇宙真相的宇宙觀，去判定上帝所用的宇宙觀是完全荒謬的。理由很簡單：上帝所表達的宇宙真相，一定遠超現代相對論和量子力學所能描繪的。

值得慶幸的是，上帝沒有用最絕對真確的宇宙觀、且最合情合理的文學手法將真理傳給人類，不然，恐怕只有上帝自己才明白祂所傳的。反過來，為了使人明白祂信息的真義，祂寧願遷就人，就地取材，使用人那殘缺不全的宇宙觀和種種知識，使用不同時代的人感到最穩妥的宇宙觀和各種文化元素，去表達祂要表達的真理。祂的真理夾雜著各種人間不完全的知識和誤解。我們讀聖經的時候，我們讀上帝真理的同時，也讀著不同時代的人的種種不同的知識。假若我們從現代人的角度去讀聖經，發現聖經中所講述的某些知識是「錯誤」的，這是否代表上帝的啟示是錯誤的？況且，很多所謂的「錯誤」和「矛盾」，完全由於詮釋不得其法所致。

上帝容許殘缺不全的文化承載其真理，其實，一如祂在創世之時，讓世界出於虛無而不是從祂的神聖本體放射而出。我們不要忘記，在我們這些充滿上帝恩典的人身上，「虛無」仍是我們本體的一部分。在創世之時，當上帝說：「要有光！」聖靈在「上帝說」的同一「時間」於空虛混沌和黑暗中運行。上帝的靈伴著祂自己所發出的創造命令，彷彿聖靈就是那成就上帝命令的動力。聖靈運行於空虛混沌之中，使空虛混沌成形，化成有形有體的世界。同樣地，祂也可以使存在於人生活裏頭、文化之中或意識之內的任何素材，成為上帝的話語。上帝的話語就是這樣被承載於由聖靈重塑再造的人的話語、意識、思維之內。這些被重塑再造的人的話語所說出來的，是百分之百的上帝的話語，是上帝要向人說的話語，亦正正是充滿了生命再造能力的話語。

「聖經是神所默示的」，對直接聽到神說話的先知或使徒來說，他們所聽到的，是聖靈將神的話語化成人可以聽得見、明白得到的「人的話語」。從另一層面看，神在歷史中行動，將歷史中的人的作為化成救贖歷史的事件，而祂的靈導引著這些事件的發生；與此同時，神的靈感動一些人成為這些救贖歷史事件的見證人。聖靈感動他們，叫他們見到這些歷史作為，並感動他們用人的言語將這些歷史事件表達出來，更感動他們說出它們的意義。面對同一件歷史事件，普通人縱使獨具慧眼，親眼「見證」著這事件發生，但若沒有聖靈的感動，便斷不能看出神在其中的作為，也看不出其中的救贖意義，他們也不能成為救贖歷史的見證人。因著聖靈的揀選，先知、使徒經祂感動、導引，成為救贖歷史的見證人。他們的見證不止於記述，他們更為歷史作宏大而正確的詮釋。聖靈感動他們將人類歷史的意義、方向闡述出來。這些見證人自己首先成為救贖事件（salvation events），他們所見證的，已在他們身上成為事實。

「上帝的默示」說明了一件事，摩西、先知、使徒所說的，不是出於他們自己。這些「人的話語」的源頭是神的靈。至於神的靈如何工作，以促成默示，這完全是奧祕。就如神的創造以及道成肉身的事實，我們只能看到聖靈所成就的「產品」，領悟到這「產品」完全出於神，卻不能掌握其中運作的機制（mechanism）。

6.8 聖經的權威

聖經之所以對教會乃至對全人類具有絕對的權威，乃因它是上帝的話語。我們如何知道它是上帝的話語？最直接的答案是：聖經自證它是上帝的話語。這豈非「循環論證」（circular argument）？這問題困擾不少信徒。但對馬丁．路德來說，這完全沒有構成任何困擾。他認為聖經就是具有一種“*autopistos*”（self-authenticating）的本質。“*autopistos*”這個字由“*auto*”（自動）和“*pistos*”（信心）兩個字組成，意指聖經自然而然會在人心中引發信心（the Bible calls forth faith in itself），也就是說，聖經「自證」並使人相信它所宣告的是真理。這樣的自證算是甚麼樣的證明？我們不能不問。然而我們所要求的證明是甚麼樣的證明？設想一下，當真理站在我們面前，向我們宣稱「我就是真理！」我們的反應大概會是：「我怎麼知道你真的如你所說的就是真理？你如何證明你就是真理？」假若真理以它以外的證據來證明它就是真理，那它所依賴的證據必然比它更真，一定是比它更為根本的真理。亦即是說，需要在其以外找依據的，一定不是最終極、最根本的真理。假若真理真的是真理，它不能依賴它以外的任何根據來證明它就是真理，它只能用它的自身來證明。真理必須是自證的。同樣地，假若聖經確實是真理，它也必須是自證的。當人敞開他的心懷，向聖經抱持開放的態度，聖經便能向他說話，在他心中呼喚出心悅誠服的確信。聖經的權威完全在於它以本身的真理服人，叫人信服，而無待用其他考證或思辨去證明。當然，歷史的考證若能清除人的誤解與疑惑，我們不應貶抑；闡明聖經權威在不同生命層次的意義，若需要理性的思辨剖析，我們也不應迴避。然而若有人企圖用歷史的可靠性或聖經內在的一致性「證明」聖經是可信的，他能「證明」的「可信」的層次，應該非常低。簡單來說，我們只能用信心去接受聖經是「上帝的話語」。

6.9「聖經無誤」的爭論

有些基要派的神學家生怕，倘若我們容讓「人的話語」在聖經中有太大的真實性、太多的主動性的話，人的限制和錯誤便會使聖經的「傳真度」(傳遞真理的精確度)減低，而上帝話語便會出現「失真」的情況，影響到聖經的權威。這種憂慮完全出於對真理的真確性抱偏頗不全的看法。這些神學家顯然不自覺地被聖經批判牽著鼻子走，為了反駁聖經批判學者的指控——聖經「錯謬」百出，他們便想盡辦法，要向聖經批判學者證實聖經是沒有絲毫「錯誤」的。為了不容讓這樣的指控影響到聖經的權威，「聖經無誤」的立論便建構得如銅牆鐵壁，滴水不漏。可是，如此一來，釐定真理的標準和檢驗的準則，全由聖經批判學者來開列，真理觀也受他們的支配。甚麼是錯誤？甚麼是真確？甚麼是真理？這完全受聖經批判背後的實證主義支配。這是五十年來福音派的一大陷阱。掉進去以後，我們便為「聖經充滿不實和互相矛盾的記述，以及不科學的命題」這樣的指控團團轉，一天到晚，向那些拿著實證主義真理尺度的人，證明聖經達到了他們檢驗真理的標準。可是，我們這樣做不單不會令這些人信服聖經的真確性，反倒使自己在不知不覺間將聖經的真確性錯置了、扭曲了。這樣，我們的信仰變了質也不自知。

6.9.1 實證主義的錯謬

上帝話語真確無誤，當然是指它的宣示絕無虛假、它的陳述毫無錯誤，並且在它所表達的真理上完全正確，這包括世界觀、人生觀、道德律、人性的剖析，以及歷史的陳述與預言。任何錯謬，縱是極為微細，也可以影響上帝話語在人心目中的可信性。然而問題卻在於——甚麼是「錯誤」(error)？任何人對聖經作出任何評論，必先詮釋聖經，而詮釋的背後自有詮釋者自己的一套世界觀、真理觀，乃至釐定真理或錯謬的標準。或許，更重要的是他有沒有正確的詮釋技巧。試想，一個完全沒有文學素養的科學主義者，備受自然主義的意識形態支配而不自知，當他讀聖經時，便很自然會看到內裏有很多與所謂「科學」相謬的地方，他也很自然會把這些「相謬」之處當成錯誤。其實，所謂的「錯誤」極可能來自他錯誤的詮釋。一則他可能謬解聖經，誤將馮京作馬涼，無視文學體裁，將原本是詩歌的表述拿來當作知識的論說，完全錯失了作者的本意。這是詮釋技巧和詮釋哲學的問題。這種詮釋技巧的失誤，不單在科學主義者身上很常見，就是在受實證主義主導的歷史家身上，也屢見不鮮。在聖經學者中，深受實證主義影響而不自知的，相信亦大有人在。自三十年代始，高漲一時的實證主義其實已呈崩潰之狀，及後在五十年代更因奎恩（Willard Van Quine）的批判而全面崩塌。用實證主義的知識論去檢驗聖經的「真確」與「錯誤」，這種方式已日漸式微。然而基督教的神學家，無論在福音派本身的陣營內，或在自由派的神學家當中，談到聖經是否有錯誤時，總仍擺脱不了實證主義的影子，其所爭論、疏解的所謂「錯誤」，往往是以實證的標準為參考。

不過，更加根本的不在詮釋技巧，而在世界觀或隱藏在背後的意識形態。科學主義者以為他們的世界觀是惟一真確的世界觀。以這世界觀作為終極參考，一切與它稍有分歧的觀點，都歸到神話世界之內。「神話」一詞包含著一種「真」與「假」的判斷。從科學主義的世界觀出發，不少聖經學者一開始就將聖經的世界定性為神話世界，布特曼便是其中的表表者。他「去神話化」的詮釋伎倆，將聖經中一切超自然的事實化成人文精神的象徵。奇怪的是，本來在實證主義崩潰以後，這種科學主義的世界觀已經沒有太大的流通價值（currency），但依然有不少布特曼主義者位居於西方聖經研究的要職，繼續從事其「去神話化」的聖經詮釋。更奇怪的是，不少福音派人士繼續對他們的意見慎而重哉。為甚麼？乃因他們對文化潮流的反應太遲鈍了，不知道布特曼主義者的世界已經過時。

6.9.2 福音派的無益內耗

福音派的學者為甚麼要用他們所設定的平台、所定下的規則，玩他們的遊戲？有不少福音派的神學家，在回應那些不相信超越真理的神學家對聖經所作出的批判時，為維護聖經的「無誤」，竟落入他們的窠臼中，對「真確」、「錯誤」和「無誤」（inerrant）的理解，完全受他們支配，亦因此將「真確」的檢定標準完全錯置。當他們這樣做，他們的真理觀便落入了非常狹隘的境地中，對聖經的理解也會傾向陷在「字義」的執著（literal meaning）或「事實」（facts）的列舉之中。由是聖經活潑的真理被困於生硬的真理命題之內。也因為這樣，基督教在文化戰線上，節節敗退，被文化潮流衝擊得落花流水。

福音派因「聖經無誤」的爭論陷於無盡的內耗中，三十多年間錯失了回應及塑造文化的契機，不但如此，更因而被文化淹蓋。這場爭論不單分裂了福音派，更暴露了福音派的思想之貧瘠，以及其對文化深層的變化之無知。在福音派一味只顧維護「唯獨聖經」和「聖經無誤」的同時，一場文化思想的決戰正在開展。

一九四九年，「福音派神學協會」（Evangelical Theological Society）成立，捍衛「唯獨聖經，聖經的全部都是神的話語，因此，它原初的版本乃無誤」的信念。一九六七年，美國長老會修訂信條之內的聖經觀，再次引起爭議。范泰爾（Cornelius Van Til）以《一九六七年信條：其神學背景及大公意涵》（*The Confession of 1967: Its Theological Background and Ecumenical Significance*）一書作全面的回應，嚴厲批評巴特的聖經觀。

「聖經無誤」再度成為福音派的信仰旗幟。一九七六年，淩賽爾（Harold Lindsell）在《聖經之戰》（*The Battle for the Bible*）中指責福樂神學院（Fuller Theological Seminary）放棄聖經無誤的信念，失卻了福音派信仰的承傳。「無誤」的議題烽煙再起，也引致一九七八年秋《芝加哥聖經無誤宣言》（Chicago Statement on Biblical Inerrancy）的發表，並於次年成立「國際聖經無誤協會」（International Council on Biblical Inerrancy），推動「聖經無誤」的認信。

6.9.3 詮釋文化的興起

正當美國福音派神學家忙於為「聖經無誤」的堡壘展開攻防戰的時候，文化的大氣候卻在迅速轉變。西方步入了後現代的「詮釋文化」（a culture of interpretation），[11] 而過往的所謂第三世界國家，卻經歷了市場經濟全球化以及隨之而來的多元主義與相對主義的洗禮。

「詮釋學」（hermeneutics）的崛起，標誌著近代真理觀及知識論的巨變。這革命早在二十世紀初已開始萌芽。索緒爾（Ferdinand de Saussure）質疑語言符號與事物之間的相互對照關係；維根斯坦認定語言並非表達外在世界的真相，而是表達人的生活型態的；海德格認定，事物的真相乃主體與客體相遇時，「大道」透過這一相遇而呈顯。而正好這時期邏輯實證主義（logical positivism）呈全面崩潰之象。這些發展匯成一股強而有力的思潮，促使人們開始對客觀真理產生懷疑，科學的哲學也因而經歷前所未有的轉化，由「客觀探索論」（objective discovery）轉入「主觀建構論」（subjective construction）。這一切變化，福音派神學似乎毫不覺察，依然在從事其歷史文法釋經，其所針對的，依然是歷史批判對信仰發出的挑戰，殊不知歷史批判的科學性正經受前所未有的質疑。自由神學家如布特曼、弗殊（Ernst Fuchs）乃艾伯林（Gerhard Ebeling）已運用這些新的知識論去探求新的釋經學；艾伯林更早在「語言行動理論」（speech-act theory）成為「詮釋學」的流行詞彙以前，已發展其「話語事件」（word event）概念，並以此作為詮釋的鑰匙。[12] 無奈福音派的神學家與布特曼或弗殊等釋經學者對話時，看到的往往是他們的釋經對傳統教義的衝擊，卻看不到在這種新的聖經詮釋背後的思潮，其影響將更為深遠。福音派的神學家費盡心思，要否定布特曼的「神話說」，並為證明耶穌的歷史真實性而竭智盡力，可是他們完全忽略了更重要的事——應付正在文化中萌芽、茁壯的新的真理觀與知識論。

6.9.4 福音派遲來的覺醒

我們足足遲了五十年，才開始醒覺到更深層的問題所在。一九五八年奎恩的文章〈經驗主義的兩個教條〉（"Two Dogmas of Empiricism"）對邏輯實證主義作出致命的一擊，奎恩在文中認定，所謂知識或真理不過是「信仰的網絡」（a web of beliefs）；一九六〇年伽達瑪的《真理與方法》出版，論述客觀知識是沒有可能掌握的；一九六二年孔恩（Thomas Kuhn）的《科學革命的結構》（*The Structure of Scientific Revolution*）出版，「典模轉移」（paradigm shift）的概念急速流通，成為塑造後現代文化意識最關鍵的詞彙。由這時候開始，「詮釋學」的後現代意義，如洪水氾濫般淹蓋我們的文化意識。正當哲學界就知識的客觀性與可及性展開激烈的論戰，大多數的福音派神學家卻掉以輕心，還以為這不過是哲學家的語言遊戲，全不放在心上，也沒有認真思考應如何回應。等到傅柯（Michel Foucault），羅蘭・巴特（Roland Barthes）及德希達流行起來，我們才意識到事態嚴重。就算如此，依然沒有多少福音派神學家從確認客觀真理和知識的層面去參與討論；留意到後現代思潮衝擊的福音派人士，他們較注重的是如何利用後現代對現代的反撲，去反擊現代科學主義和客觀主義對信仰的否定，從而闡述信心的必要性。為此，我們付上了非常沉重的代價。

當詮釋學成為相對主義的理論基礎，當聖經作者寫作的原意被判定為無可挽回地失落，當文本的定義受到質疑，當語言——無論是文本的語言或當下詮釋者的語言——被視為不斷浮動、聚散的文化符號，當「意義」本身的意義也不能確定，「詮釋」根本就是確立虛無主義的一種生命型態。在這種文化氣候中，我們大可以繼續固守「唯獨聖經」和「聖經無誤」，但現在的問題卻是「誰的聖經？」「在甚麼歷史時空下閱讀的聖經？」

這種泛詮釋的文化意識，是一種分裂宗教傳統的巨大力量。英國福音派神學家韋立（Chris Wright）在〈基督與多元主義：二十一世紀福音派宣教學的挑戰〉（"Christ and the Mosaic of Pluralism's Challenges to Evangelical Missiology in the 21st Century"）一文中，討論到不同的釋經取向在不同的文化中所引申出來的釋經效果。[13] 他只列舉了三種，即「以作者為中心的取向」、「以文本為中心的取向」、「以讀者為中心的取向」——其實釋經取向又何止這三種。單是這三種釋經取向，在不同的文化中開展，便足以引申出基督教信仰的極度多元的信息。韋立的示範使我們想到，不同的釋經取向，可以令福音派在「唯獨聖經」的共同基礎上分裂為眾多「一本聖經，各自表述」的羣體。

「聖經無誤」作為福音派信仰的試金石，在「詮釋文化」的氾濫下，可謂意義不大。一場爭論就如打空氣一樣，氣力耗盡，結果卻空虛一片。這個教訓，我們實不能不深入反思。

註釋

1. 布特曼「去神話化」的理論有巨大的影響力。今日歐洲不少新約學者仍以這樣的眼界看新約聖經，他們無視現代科學主義的世界觀已受到根本性的質疑，仍以科學主義的世界觀否定超越的領域，否定聖經所記載的神蹟，視之為反科學。要了解布特曼「去神話化」的釋經法以及他的啟示觀，可參考他的著作：*Kerygma and Myth: A Theological Debate*, ed. H. W. Bartsch, trans. R. H. Fuller (New York: Harper & Row, 1961)，其中〈新約聖經與神話論〉（"The New Testament and Mythology"）一文更可被視為這種「新詮經論」的宣言。
2. 例如摩西在何烈山與上帝相遇，上帝將祂解放以色列人的計劃向摩西揭示，也同時將自己的名字，將祂與亞伯拉罕、以撒、雅各的關係，闡述出來。這可以説是一次性的啟示事件，但它卻與以後一連串的啟示事件緊密相連，構成一幅壯闊的歷史圖畫。
3. 先知書將一幅又一幅的歷史圖像展示在不同時代的人眼前，有回顧過往的，也有預示將來的。
4. 在這裏值得一提的是，後現代哲學家德希達（Jacques Derrida）批評西方文化傳統為「邏各斯中心主義」（logocentrism）的傳統，即以「言説的道」為中心，而言説所強調的是「臨在」（presence），亦即是説，道的真相必須在臨在中經驗、體悟。為此緣故，文字、書寫在西方的傳統備受邊緣化。他的批評主要依據《費德魯斯篇》（*Phaedrus*）蘇格拉底的對話中對書寫提出之保留，認為書寫下來的文字，到了讀者的手，便任由他宰割。德希達的論説所涉及的，其實極為複雜，而他的論據也頗為片面。西方文化中的基督教傳統一方面以文字書成的聖經為信仰表述的基礎，但卻同時極度強調「道的臨在」，這臨在的道，是文字的根本，是文字的內涵，是文字表述的動力。在這裏，「文字」與「言説」有著緊密相連而辯證的關係，不能單向地理解。基督教強調聖靈的默示、聖靈的光照、聖靈將上帝的話語活現出來，正是這原因。沒有聖靈的啟示觀，「道的臨在」根本就不知從何理解。
5. 耶穌基督所宣告的是上帝國度的來臨，而這國度正彰顯在祂身上。上帝國度的彰顯揭示了上帝對人類的終極旨意，上帝奇妙地介入歷史，將歷史轉向，導往終末的新天新地。我非常同意英國聖經學者陶德（Charles H. Dodd）的見解，即上帝的國度不是純粹未來的景象，而是同時在現世的歷史、在耶穌基督的身上活現出來的。耶穌基督將未來的國度於當下此刻（the present）

彰顯出來。陶德認為，在耶穌基督的身上，「末世已經由未來移到現在，由盼望期待的領域轉到已經實現的經驗……這代表，看耶穌的事奉，需從『已經實現的末世觀』（realized eschatology）來看」。參 Charles H. Dodd, *The Parables of the Kingdom* (New York: Charles Scribner's Sons, 1936), 50～51。

6. 參 B. B. Warfield, *The Inspiration and Authority of the Bible* (London: Marshall, Morgan & Scott,1951), 299～348, quoted in I. Howard Marshall, *Biblical Inspiration* (London: Hodder & Stoughton, 1982), 23。
7. 這兩個例子引自 Marshall, *Biblical Inspiration*, 32。
8. Marshall, *Biblical Inspiration*, 32.
9. Marshall, *Biblical Inspiration*, 33.
10. J. I. Packer, "*Fundamentalism" and the Word of God* (London: Inter-Varsity Press, 1958), 79.
11. 此詞彙為 Roger Lundin, *The Culture of Interpretation: Christian Faith and the Postmodern World* (Grand Rapids, MI: Eerdmans, 1993) 所提出。
12. 艾伯林（Gerhard Ebeling）於一九五〇至六〇年間，寫了一系列文章去探討詮釋路向。這些文章其後結集成書，英譯本為 *Word and Faith*, trans. James W. Leitch (Philadelphia, PA: Fortress Press), 1963。
13. Chris Wright, "Christ and the Mosaic of Pluralism's Challenges to Evangelical Missiology in the 21st Century," *Evangelical Review of Theology* 24, no. 3 (Jul 2000): 207～239.

第7章 詮釋：詮釋學的神學思考

一如我們在第六章所說，捍衛聖經的權威固然重要，但關鍵乃在聖經的詮釋。今日教會面對的一大挑戰，乃來自混亂不堪的詮釋學思潮。詮釋學之混亂不只影響我們如何閱讀和理解文本（text），更影響我們如何對待知識、價值，以至對真理的理解。我們討論聖經的詮釋時，再不能像過往一樣，只探討解經（exegesis）的方法；我們無可避免必須進入當代詮釋學的討論中，作出批判，釐清其中的混亂之處。作為教義神學的一章，我們本應直接討論「聖經詮釋」的神學思考，無奈我們的文化處境是一個很特別的文化處境，在其中，「詮釋」已變成了一種意識形態，就是一種否定文本真實、懷疑「意義」真有意義，或純粹以個人觀點和感覺去確立意義的意識形態。我們所處的文化可說是一種「詮釋主導的文化」。即是說，一切的真理、意義、價值，都在乎我們如何詮釋擺在面前的一切；一切的所謂真相或意義，完全由「詮釋」去定奪。我們如今面對的爭戰，不再是如何確立聖經作者意圖所要表達的「本意」（intended meaning）那麼簡單；真正的戰線，乃在當代極具影響力的詮釋哲學。因此我們不得不繞道而行，先對當代有關詮釋學的若干觀點作出批判的回應，再回到聖經詮釋的問題。

7.1 啟蒙運動與聖經詮釋

在過去二百多年來，聖經詮釋深受啟蒙運動的文化意識所牽引。啟蒙運動是一個相當複雜的運動，在其中，兩股思想勢力一方面互相角力，另一方面又連結在一起——以理性、科學為旗幟的理性「客觀主義」，與奉主體意識為一切真相基礎的「浪漫主義」，相互交鋒卻又糾纏在一起。聖經詮釋備受這兩種交錯矛盾的勢力所困擾。不少釋經者一時受客觀主義影響，以歷史批判、原始素材批判（source criticism）、編修批判（redaction criticism）、宗教傳統歷史批判（tradition history criticism）及社會科學批判（socio-scientific criticism）等作為詮釋的首務。然而，他們又同時受浪漫主義的牽引，以聖經作者的心理狀態為研究對象，或探討文化意識與文化象徵對聖經作者的影響，以及聖經中的神話的解讀等等。從十八世紀到二十世紀初，客觀主義挾著科學的成就，一直是西方文化的主流。到了二十世紀三十年代，這種客觀主義更因邏輯實證論盛行而愈加高漲。在這時期，聖經詮釋幾乎完全落入追尋及判斷聖經史實的批判中，無論是文獻形成的歷史、各種文學體裁的形成以及它們與當時文化處境的關係、文獻所記述的歷史或宗教傳統發展的歷史，都是詮釋的焦點所在。「歷史的耶穌」（historical Jesus）的追尋是當時的一大主要關注。不過，在十九世紀至二十世紀中期，一直在隱蔽的角落等待時機的浪漫主義，終於在二十世紀五十年代，對理性主義、客觀主義進行反撲，開展出後現代主義的潮流，把人的主觀意識奉為一切真相的基礎與源頭。主觀意識支配一切、塑造一切。從詮釋者的主觀意識出發，文本的客觀意義是否存在，頓成疑問；就算它存在，讀者是否能掌握到，乃是更大的疑問。在客觀主義與主觀主義交替之間，不少釋經者無所適從，有的繼續過往所慣做的歷史研究，或文學體裁的批判，或宗教傳統的歷史研究，有的轉而投向後現代的陣營，不問文本的本意，轉而問文本與讀者之間的互動，關注讀者本身的意識形態或歷史處境，如何決定文本意義的呈現、甚而塑造文本的意義等等。

在過往，客觀主義、科學主義對聖經詮釋造成了極大衝擊，除了對聖經的啟示提出了若干根本性的質疑外，也令聖經詮釋變得技術化，使聖經的生命感染力幾乎消失於無形。但在客觀主義的藩籬下，聖經依然有文本可言，依然有客觀的歷史爭論，依然有真實與虛假的對質。詮釋仍在處理一些實質的東西：文獻、語言、宗教傳統、歷史的考證等等。當主觀主義全面接收時代的意識，這些實質的東西便虛幻起來了，一切都變得不能確定。我們的時代被一種「認知的絕望感」籠罩著；文本、意義、歷史、事物的真相，都被一種不可知的迷霧遮蔽著。在這種文化意識下，聖經詮釋所受的苦害與扭曲更大。為這緣故，我們會先回應「主觀主義」的問題，嘗試確立一些客觀的立足點，接著再討論客觀主義的一些問題。

7.2 閱讀與詮釋的失落

我們為甚麼需要閱讀？我們閱讀乃因我們有對話的渴求，有超越一己的慾望，有探求真相、分享知識的情懷，有追尋智慧的心。假若我們認為超越的世界根本就不存在，不相信他者的真實，認為只有我的意識在孤獨地自說自話，而我們無論如何也跳不出自我的意識，那閱讀根本就毫無意義。我們仍在閱讀，乃因我們仍然相信，在自我以外，世界是真實的；知識雖未能絕對掌握，卻仍是值得探索的；價值雖未能絕對確立，卻仍是值得嘗試去肯定的。

7.2.1 理解的失落：詮釋這遊戲！

我們為甚麼需要詮釋？理由很簡單，一如士來馬赫指出，尋求理解（understanding）的工作，是一刻都不能鬆懈的，因為誤解（misunderstanding）既普遍又無可避免。兩個人面對面對話，理解似乎是非常自然的事；但就算是這樣，誤會也經常出現，可以引起不知多少爭執，有些誤會更是致命的。若是兩個人面對面對話，當誤會出現時，雙方有機會立時作出解釋或辯白，以達至重新理解。對話的好處就在這裏。然而，就是面對面對話，彼此了解也不一定唾手可得，因誤解會隨時冒出來。故此，我們面對的若是一本書，一份不能回答質詢的文本，一份縱然被扭曲了也無從回應的文本，那誤解更可以說是既無可避免、也無法挽回。除非我們放棄，任由誤解發生，要不然，不論多麼艱辛，理解的工作便必須持續不斷地進行下去。然而在當今所謂後現代的世代中，「理解」一詞已被解構到完全失去其意義，根本就無從分辨「理解」與「誤解」。詮釋學原本是確立「理解」之學，如今卻成為一種哲學取向，旨在説明意義的不可確定性（indeterminacy of meaning），説明讀者為何有理由透過閱讀來創作意義，説明閱讀根本就是操控意義的一種遊戲（a game of meaning-manipulation）。詮釋學不單自身充滿混亂，更是人文精神價值混亂的徵兆。正當教會不少釋經者因恐怕落後於人而急於跳上後現代詮釋的列車之際，詮釋學其實已全然變質，成為一種精神取向，對真理與價值持否定的態度，也因此成了虛無主義的化身。後現代詮釋哲學家瓦蒂莫（Gianni Vattimo）坦言，詮釋學根本就是一道形而上的「訃文」，宣告客觀真相已死，一如尼采宣告上帝死亡一樣。尼采宣造上帝死亡，意指人類從今以後再毋須論述上帝；如今詮釋學宣告客觀實相並不存在，它其實是在宣告，從今之後，我們再沒有必要論述客觀實相或真理。這樣一來，詮釋學餘下的工作就是將真理的論述與虛無主義連結起來。[1]

我們當然可以大談讀者如何在閱讀中參與塑造文本的意義，但我們可要小心，當「意義」失去了客觀的定位，讀者本身的真實性至終也成疑問，而接踵而至的，是讀者的「自我」(self)被割裂、分解。假若我們跟隨後現代的思想進路，則所謂「自我」不過是一堆文化符號的偶然結集，聚有時，散亦有時。讀者所面對的文本固然是文化符號的結合，讀者自身豈不也是一樣，是由眾多文本提供的文化符號結集而成，全然偶合？而那些符號的淵源也就無從稽考了。[2]用另一個說法，假若「意義」是浮移及流動不定的符號組合，閱讀就不過是一組符號「閱讀」另一組符號，亦即一組符號與另一組符號短暫接觸，所謂的「參與創造意義」根本就是一種幻象。這一切不過是一個龐大的語言文化系統(linguistic-cultural system)在自己詮釋自己而已。所謂「自我」，不過是在這龐大語言文化系統的某一角落偶然出現的一小撮不穩定的符號組合。所謂在閱讀中創造意義，不過是自欺欺人的一種言說。

如此一來，甚麼是「閱讀」？按後現代思想家羅蘭．巴特的說法，閱讀有兩個原因，一是為了「忘記」。在閱讀中，讀者不斷重組自己的文化符號，在不斷的重組中，他不斷「改換名字」，他也不斷清洗過往的「我」，讓過往的「我」的「本源」(origins)更無從稽考，讓過往的「意義」隨風飄去，以致新的意義在不斷的重組中不斷湧現。[3]另一個理由來得更痛快而直接。閱讀不為甚麼，只為了一時的「快感」。為快感而閱讀，這理由已然足夠。「我」既是無常，不斷變幻流轉，就只有當下此刻的感覺方為真實。因此，閱讀只有一個理由，就是從閱讀中得到快感。[4]閱讀時，我們毋須判斷文本的好與壞，「毋須問有甚麼報酬，毋須作甚麼批判……惟一的判斷——絕非粉飾之言，就是：對了，這正好是為我而寫的（that's it, that's it for me）。」[5]

這是「主觀主義」締造的自戀文化的必然結論。文本存在的意義和價值，全在乎讀者的感覺。文本的客觀性沒有了，文本所要表達的客觀意義也沒有了，惟一真實的是讀者的感覺。這樣的閱讀觀至終連讀者的「自我」的真實性也取消掉。閱讀所為何事？為的是讓讀者自覺自己不過是一堆符號的組合，提醒他文化符號的多元性和多變性，叫他接受自己沒有既定的本源，也因此沒有既定的身分，沒有甚麼所謂道德責任，有的只是即時的快感。享樂主義（hedonism）成了惟一的標準。

7.2.2 回到文本：多元文本要求多元閱讀

面對這文化現象，我們其實毋須希奇，這是市場資本主義的產物。文化創作受市場經濟支配，「商品化」是無可避免的後果，因此充斥市場的文本，只能順應市場的需求。市場最大的需求是供娛樂消遣的文化製成品。寫作的人要以娛樂為經，以遊戲為緯。為娛樂而閱讀正是後現代文化的特徵。在這樣的文化處境中，人被消遣的文本所淹沒，只能以消遣的心態、只懂以消遣的習慣去閱讀。讀者應怎樣讀這類作品，才算是真正理解這些作品？正確的讀法是以遊戲的心態、以參與遊戲的方式來讀，絕不能有「文以載道」的期望，不然這便會造成天大的誤會。

其實我們毋須否定後現代的閱讀和詮釋理論，我們對它應予以肯定，確定它是一種正確的閱讀與詮釋模式。然而，這種獨特的閱讀和理解的模式，只能用於這獨特時代出產的文本，就是那些不相信自己可以傳遞知識、真理、價值的文本，即那些自知沒有承載甚麼，也不期望讀者在其裏面可以發現甚麼的文本。對於這樣的作品，讀者如何閱讀？讀者是否需要詮釋？詮釋甚麼？空無意義的文本根本是不需要詮釋的。閱讀是符號重組的遊戲，詮釋就是重組的活動。面對著這些作品，後現代的詮釋理論可說是最適合不過了。我們不妨舉一個例。我們應如何閱讀以下的一段文字？「憂慮雨不對勁，綠不對勁，白又不對勁，擔心那處有一張椅及很多呼吸。關心那裏有難以置信的公義和相似之處，這一切形成了一壯大的蘆筍，以及一個噴泉。」（The care with which the rain is wrong and the green is wrong and the white is wrong, the care with which there is a chair and plenty of breathing. The care with which there is incredible justice and likeness, all this makes a magnificent asparagus and also a fountain.）這是二十世紀初長居法國的美國作家史坦（Gertrude Stein）的一段「無厘頭」詩作，她要用文字仿傚畢卡索（Pablo Picasso）的「立體主義」（cubism），製造一種感覺上的效果。這可以說是一種文字的玩意，其追尋的是一種美感、快感。我們應怎樣閱讀這段文字？最正確的讀法就是以遊戲或觀賞的心態去閱讀、去感覺它所引發的快感，而絕不應懷著尋找真理和追求智慧的心情。設想若有人用理解愛因斯坦（Albert Einstein）「廣義相對論」的論文的方式去解讀史坦這段文字，豈不是天大的笑話？所以，閱讀一種文本，需要適用於它的一種讀法。因此，後現代的閱讀哲學自有其道理，它在廣闊的文本世界中是有其位置的。

然而，後現代的詮釋理論家確存在一個很大的誤會，就是他們以為可以用這種閱讀模式去讀遍天下間所有的文本，並將這種閱讀方式視為詮釋的常規，可以放諸四海而皆準。不錯，問題就在這裏。天下間的文本極盡多元，有類似史坦那篇搞文字實驗的遊戲文章，也有純粹希望讀者讀來心靈舒暢的消閒作品——可以讀完即棄，毋須深究內容的真意。然而，在芸芸的閱讀世界中，也又有不少自命為探究真、善、美的論述，它們宣稱自己承載著對真、善、美的一些透視，那怕這些見解是多麼片面。這些文本是有「信息」的，是有待讀者去接收的，因此它們期待讀者按其所定的指示去理解它們。後現代的詮釋哲學家所犯的錯誤就在這裏：他們以為可以將天下間所有文本都說成為空無一物的消遣玩意，任由讀者去填上自己喜歡填上的內涵。事實上，天下間卻有一些作品是人命攸關的，我們若以後現代的模式去閱讀之，可能會帶來嚴重的後果；小則個人性命堪虞，重則關乎國之安危，甚或人類的災難。後現代的哲學家以「多元」為旗號，骨子裏卻是極其一元，恆以後現代慣見的那類「去真理」、「去道德」、「去人文理想」的文本作為範本，要求所有閱讀都同歸於一，即以這類創作所承載的哲學、以主觀的感覺、以創作遊戲的心態來對待之。無奈世間的文本種類多元，閱讀方式絕不可一概而論；決定我們應如何閱讀某些文本的關鍵，乃在於文本本身。「回到文本本身」（“back to the text itself”）是解決詮釋學混亂的第一步。

7.3 生命的閱讀

以滿足主觀的感覺、以美感或休閒的取向去閱讀，在西方或中國文化歷史中，當然時有出現，卻並非主流，更鮮有構成一種閱讀理論，在文化中流通。這樣的閱讀方式成為時代的主流，完全是近代的現象。美國文學評論家沃爾德（Patricia

Ward）指出：「法國詩人波特萊爾（Charles Baudelaire）一八五七年出版的《惡之華》（*Les Fleurs du Mal*）可被視為是藝術與閱讀理論的分水嶺。」波特萊爾倡導寫作和閱讀應純為美感，並以此建構起一套文學理論。後現代的閱讀和詮釋理論亦由此萌芽生長。在此以前，在悠長的人類歷史中，寫作和閱讀有著很不一樣的意義。遠自荷馬（Homer）的史詩，到沙特（Jean-Paul Sartre）以至魯益師（C. S. Lewis），西方對閱讀的理解可以簡單地總結為兩大傳統。第一種傳統非常強調閱讀在「人格模塑」（character formation）中的作用。這傳統視寫作和閱讀為開展人格生命的動力。第二種傳統認為寫作和閱讀是一種生命的對話。作者之所以書寫，是為了分享生命的經歷、見識和感受。讀者閱讀乃為進入生命的對話之中。閱讀是經歷作者臨在（authorial presence）的嘗試，內蘊著對他者的生命的尊重。這兩大主流有一共通之處，就是讀者被理解為「道德原動者」（moral agent），其閱讀乃確立道德之歷程的一部分，帶有道德責任。[6]

7.3.1 寫作的教化責任：塑造讀者的生命

遠自古希臘時代，寫作往往肩負著教化的任務。柏拉圖（Plato）對荷馬史詩的價值，肯定有加。詩人「被繆斯迷攝牽引著，進入溫淳的靈魂，喚醒它，以詩歌及種種詩作令它著迷；透過歌頌古賢的德行，教化下一代。」[7] 荷馬的史詩《伊利亞德》（*Iliad*）不單是歷史的記述，更是一種生命理想的陳述。耶格（Werner Jaeger）認為《伊利亞德》很明顯有一種道德的設計：

> 人與大自然和諧的深邃體悟⋯⋯統攝著荷馬對世界的觀照⋯⋯對荷馬來說，對普遍的希臘人來說，最

> 終的道德規範不在乎道德的規條，而在宇宙本體的既定法則。[8]

柏拉圖對荷馬的詩作也有微辭，乃因他生怕荷馬所運用的神話對培育公民的「德性」（*arete*, virtue）帶來負面作用。可見柏拉圖對寫作的教化作用極為關注。

亞里斯多德（Aristotle）卻沒有這種憂慮，他對詩作的價值非常肯定；他認為詩作有別於歷史的陳述，因為詩作一如哲學，所追尋的是生命的共相（universal）。[9] 在欣賞詩作及悲劇的過程中，讀者、觀眾透過感情的參與，學習體悟生命的法則。在討論悲劇的本質時，亞里斯多德強調悲劇故事中的人物表達著人格及思想。

> 〔悲劇〕表達的主題同時是行動；而行動涉及行動主體，他們必須具有人格與思想……人格使我們認定行動主體們具有某種道德素質；而思想在他們表達某種觀點時，正闡述一種普遍真理。[10]

悲劇透過行動主體的道德素質，以及他們行動所導致的成功與失敗，向觀眾提示生命的普遍真理及道德責任，因此有著人格模造的目的與作用。觀賞悲劇不單為消遣，更是一種精神洗滌及道德思辨的練習。

柏拉圖自己的寫作更以確立道德為目標。秉承蘇格拉底（Socrates）的哲學使命，柏拉圖認定，哲學追尋真知，其目標乃在止於至善。因此，在他的《對話錄》（*Dialogues*）中，蘇格拉底扮演的角色是引導者，導人走上追尋真理的正路，其目標是破解人的道德疑惑，使人至終得到真正的快樂。對話不是為了自娛，而是一件極其嚴肅的事。蘇格拉底曾告誡他的學生，不要輕易「購買」知識。知識不像食物或飲品；購買食物或飲品，我們可以先用盛器承載它，經檢驗確定對身體無害，才飲用之。然而當我們「購買」知識時，卻不能這樣「預防」，因「買入」知識乃直接將它注入自己的靈魂之內，「買入」了虛假的知識，靈魂便可能遭毒害。在閱讀和聽講時，我們讓知識流入靈魂之內，影響我們的生命，我們怎能不慎而重哉？

亞里斯多德的繼承人泰奧弗拉斯托斯（Theophrastus），收集了三十個偏離道德規範的個案，寫成《人格》（*Characters*）一書，作為修辭學的指南。可見在泰奧弗拉斯托斯心目中，「人格」對於理解寫作和閱讀是何等重要。或許更清楚表達這傳統的，要算是蒲魯他克（Plutarch）。他的鉅著《人物生平》（*Lives*）有一個清晰的目標，就是以歷史人物的性格、德行作為讀者的典範。他在〈年輕人應如何閱讀詩作〉（"How a Young Man Should Study Poetry"）[11] 一文中，闡述詩作如何引導青年人進入學問的初階，進而陪伴他們進入追求真、善、美的哲思中。蒲魯他克對日後的文藝復興有相當的影響力，而對文藝復興時期的一位作家阿米歐（Jacques Amyot），他的影響尤為顯著。阿米歐《給讀者》（*To the Readers*）一書的講話正是其中的代表。阿米歐認為詩作所提供的具體的生命體驗和反省，比道德哲學更具感染力。他認為單單訴諸道德理性是不能產生行為的改變或人格的陶造的。反過來，當讀者面對具生命感染力的文藝作品時，內裏會引發出一種行善的意志與渴求。同樣受蒲魯他克影響的便是盧梭（Jean-Jacques Rousseau）。他在其《懺悔錄》（*Confessions*）的卷一中，述及他年青時閱讀蒲魯他克《人物生平》後所受的衝擊。那些歷史人物令他深感認同。[12]

7.3.2 閱讀的道德責任：尊重作者

第二種閱讀理論傳統則強調讀者對作者的尊重。一本文藝作品表達著作者的生命，裏面包含著他獨特的個性與自由。假若對別人尊重是必要的道德責任，那麼讀者便應該對作者負起這種道德責任。他不能輕率地對待別人的生命表達。讀者面對作品，就彷彿面對作者本人。這傳統由奧古斯丁，經阿奎那，至培根（Francis Bacon）及米爾頓（John Milton），乃至近期的潘諾夫斯基（Erwin Panofsky）及魯益師。米爾頓認為，「一本好書是一個偉大靈魂的生命血脈，它需要被保存、珍惜，為的是使生命超越生命。」[13] 對這傳統的擁護者來說，閱讀是一種以生命感應生命的活動，出自尊重與愛。為此，讀者透過作品與作者溝通，他的自我絕不能妨害作者自我的表達。不單如此，讀者為了讓作者能暢所欲言，他必須在某程度上保持緘默，留心聆聽，以尊重作者的完整性（integrity）。就如魯益師所說：

> 優良的閱讀（good reading）雖然基本上與愛情、道德或理智的活動有所不同，但它與這三者有其共通之處。在愛情中，我們逃出自我以進入他者的生命。在道德的領域，每一公義、仁慈的行動都涉及把自己放在別人的位置而超越一己自私的個別性……我們每個人出自本性的即時衝動便是維護及榮耀自己。然而，我們卻同時有另一種衝動，就是交出自我，糾正我們的自我主義，醫治我們的孤單。在愛情、美德和知識的追求，以及在迎接藝術作品的過程中，我們正是這樣做。明顯地，這過程可成為自我壯大的行動，卻又可以成為暫時隱滅自我的歷程。不過，這正是古舊弔詭的所在：凡喪失生命的，必得著生命（太十 39）。[14]

閱讀引發我們跳出自己的小千世界，進入他者的心靈世界，分享他的創思或領悟。在「跳出」(自我)與「進入」(他者的世界)的行動中，讀者喪失一些自我，卻得到他者生命的滋潤。

這弔詭在現代與後現代之間，顯得何其真實。凡要「得著生命的，將要失喪生命」正是「現代—後現代」的寫照。「現代」執著於人的主體，不斷壯大之、誇耀之，到頭來卻發現這「自我」不過是一堆「散亂的意象」。[15] 對於致力詮釋工作的人，這真是一大警惕。那些自稱為基督徒的詮釋者，應深思耶穌基督的教導，明白到祂的生命取向(喪失生命以得著生命)與「現代—後現代」的生命取向是完全相悖的。那些追逐後現代浪潮的釋經者，更應反省他們對基督所宣講的生命真諦，到底有多認真。

7.4 生死攸關的信息

後現代的詮釋者以詮釋作為一種消遣的遊戲；讀一段消息、一則故事、一篇論文，可從多角度玩味，隨一己之興致意願為其確定意義。一切都彷彿無關痛癢，毋須承擔任何後果。一卷書、一個信息，閱讀了，忘卻了，絕不礙事。然而生活不盡是一場遊戲，而閱讀在生活中有時會關涉嚴重的後果，有些甚至關乎生死。

第二次世界大戰初期，德軍因潛艇的優勢，在海戰上每佔上風。英國截獲德國海軍的通訊，卻苦無方法破解其密碼。通訊密碼內蘊含著重要的信息或指令，它有一套獨特的編碼方式，也有一套相應的解讀方法；其信息的意義非常清晰，絕不含糊。它承載的意向，可危及數以千計的生命。這通訊密碼之所以難於破解，乃因德國海軍創製了一套精密複雜的編碼機器及程序。亦即是說，這密碼有一套精密複雜的文法。正當英國軍機處一籌莫展之際，一位年青數學家杜林（Alan Turing）出現。他日以繼夜地研究德軍密碼的文法。經過數月辛勞，他終於成功破解密碼，英軍因而對德軍的軍事通訊瞭如指掌，令軍事形勢頓時逆轉。

當杜林面對一堆看來毫無意義的密碼時，他必須假設這堆密碼蘊含著「確實」的客觀信息，這些信息是不能任他隨意詮釋的。信息的客觀真實性非常確實，確實到有如隨時會引爆的一列魚雷砲，可使英國的戰艦、砲艇沉沒，使數以百計英軍葬身大海。任由那些後現代的詮釋者繼續爭論作者的「本意」是否存在或是否可以確定，英國海軍卻是以生與死驗證「作者本意」的真實性。

杜林在破解德軍密碼時，需要跟隨編寫密碼者的思想方式來思考；他自我的喜好、偏見、創意，全得擱置一旁。對試圖掌握敵軍情報的人來說，詮釋絕不是創作，而是一種緊緊跟隨、「緊隨在後」的思想活動（an act of thinking-after）。在這種詮釋活動中，誤解是意料中事，更可說幾乎是必然的；正確的理解才是萬中無一的「奇迹」。但情報的詮釋者在「誤解乃理所當然」的情況下，仍鍥而不捨，努力尋求正確的詮釋，乃因他知道，正確的詮釋不單存在，並且是生死攸關的事。詮釋者清楚了解其詮釋任務所背負的重任。

在另一種情況下，詮釋、解讀是否正確，也可招致嚴重後果。我們大可以辯論「甚麼是正確？」這條問題，但在這種具體的情況下，「正確」不是關乎「定義」的問題，而是「驗證」的問題。我所說的具體處境是——醫生面對病人的處境。病人告訴醫生他有發熱、頭昏、頭痛、嘔吐的感覺。醫生接收了這些信息，他需要精確地詮釋這堆信息背後的「意義」。假若他憑己意斷定這些信息是指向感冒的話，而病人患的原來是腦膜炎，其後果可想而知。

醫者了解病者的病情，其實是一種「閱讀」的行動。病者是一份文本，他身上的種種迹象是一堆符號、密碼。醫者必須曉得如何解讀，或說醫生必須曉得根據文本符號內在的「文法」去解讀。錯誤閱讀引來的後果，是可以相當嚴重的。醫者細心「閱讀」，為的是要揭示病者病情的真相。他的「閱讀」內蘊著對病者的道德責任。在這樣的「閱讀」過程中，誤解不能避免，屢無差誤的詮釋是不可能的。醫者卻不能因誤讀的可能而廢止「閱讀」的行動。反過來，「閱讀」者因此慎而重哉地致力尋找無誤的詮釋，因為他對「被他閱讀的人」（病者）負有道德責任。

在我們日常的生活中，有另一類詮釋可以對我們產生重大影響。法律的解釋對整個社會可以有巨大的影響力。法律給寫下來，經過立法程序，當然不再屬於草擬法律的人，而釋法時也毋須向草擬者徵詢立法的原意。草擬人的原意經過立法確認，已成為該法例的意義。這意義是大眾賦予的，是社會大眾所確認的，亦是大眾所能了解、掌握的。正因立法原意是眾所能知的，法律才是法律。仲裁背後的假設就是，立法原意是可以透過不偏不倚的司法者詮釋出來。錯誤的詮釋是可能的，但我們卻不能因此而放棄確信某法例只有一個正確解釋的信念。若非如此，法便不成法了。正因誤解、曲解法律是有可能的，任何法治社會都會盡一切努力以建立更完善的機制，防止誤解。所有法例都不應暗晦不明；爭論的焦點，往往在於某一法例在不同的處境中應如何理解。仲裁是基於一個信念，就是無論在任何處境，該法例的意義是絕不含糊的。否定了「法律具客觀意義」的共識，法治也將破滅。

仲裁者在詮釋法律時，背負著道德責任。他的解讀必須撇除一己的私見。他的解讀之所以具權威性，乃因他的克己自律使他成為通體透明的媒介，以致法律客觀的真意能透過他而得以昭明。在這情況下，閱讀、詮釋絕非遊戲。

對於那些後現代的詮釋者，我們可以按哈伯瑪斯（Jürgen Habermas）所建議的，對他們進行試驗，看看他們是否真的相信文本原意是可以隨讀者意願宰割的。假設一個後現代詮釋者在軍隊中工作，當敵人揮軍侵佔他的國土，面對著敵軍軍情的通訊，他會不會認為通訊內的意義是多元而不可確定的呢？相信不會。他只會竭盡全力，幫助己方人員找出通訊內惟一可能的意思。正確地解讀通訊是他的道德責任。又假設這些後現代的詮釋者覺得自己受到不公平的對待，決定入稟法院，依法伸張公義。他會否相信法律沒有既定原意，可隨詮釋者的觀點、角度、意願而定？我想不會。在他看來，法官正確無誤、不偏不倚、不隨私意地去解釋法律，是法官作為法官的道德責任。對他來說，涉案的法例有客觀清晰的意義，是侵犯他的人應明白並遵守的。閱讀、理解的道德責任，在這裏是再清楚不過的了。

7.5 以生命押上的文本

以上列舉不同的閱讀處境，乃在說明在不同情況下產生的不同文本，大概要求不同的閱讀模式或詮釋取向。我們需要懷疑的，是有沒有一套放諸所有文本皆準的詮釋理論。閱讀軍情密報與閱讀一齣荒謬劇的劇本，可能連「理解」的概念都有所不同。理解軍情密報，需掌握密報編碼的文法，以揭示其隱藏的指令，才算達至「理解」。然而讀一齣荒謬劇，惟有當荒謬感出現於讀者心中時，真正的「理解」才算達至。這兩種「理解」概念顯然不同。當我們硬要將一種共通的「理解」概念套在不同的情景、文本中，混亂便會出現。

後現代詮釋者相信「意義」的多元性與不可確定性，本是無可厚非的。問題是這些詮釋理論是否能放諸四海而皆準並涵蓋所有文本？他們有沒有想過，具多元意義及在意義上具不可確定性的作品是有的，但是不是所有文本，在原則上都毫無例外地必然如此？

有一類文本，不單要求我們要正確地理解它，更要求我們以行動作出回應。這類文本，不單像軍事密令一樣，內蘊著重要的、關乎生命的信息，更特別的是，其信息是作者冒生命危險寫成的。寫的人自覺肩負著道德責任。其寫作動機是明顯不過的了——他們是不得已的。他們一寫下那信息，他們便「有禍了」(保羅之語)，好像有火在他們的骨中燃燒著，使他們不得安寧。作者宣稱自己受一種頑強、不能抗拒的主體意願驅使著，催促他們把信息書寫下來。他們所寫下的往往是超乎他們所能明白的，是超乎他們本身的理解、意旨所能及的。他們所寫下的是神的啟示。信息的源頭是絕對的主體，信息鋪排的邏輯完全取決於這絕對的主體。寫的人、讀的人都必須跟隨啟示的內在「邏輯」去思考，方能正確地「理解」。讀者更必須有一種「自認無知」及「悔悟」的謙卑與開放，放下「我執」，啟示方為啟示。不單如此，「理解」同時蘊含著實際回應的行動。於此，閱讀是非常嚴肅的事，絕不像後現代讀者以「趣味」作為閱讀、對話的起點那麼輕鬆。聖經便屬於這類文本。

正如前文曾提及的，約翰福音的作者清楚表明他寫作的意旨：「但記這些事要叫你們信耶穌是基督，是上帝的兒子，並且叫你們信了他，就可以因他的名得生命。」(約二十 31) 到我們讀約翰福音的時候，應如何看待作者這樣的宣示？作者的期望，顯然不是要求我們用欣賞創作、藝術的態度去閱讀他所記述的事迹。他的記述，按他所説明的，絕不是流水賬式的歷史事件陳述，而是具有啟示目的的歷史記述。這些記述指向一事實：耶穌是基督，是神的兒子。怎樣才算「理解」這些記述？就是當讀者的生命起了變化，接納這真理，並因而得生命。讀者面對這樣的文本，即面對生命的抉擇——相信耶穌是基督抑拒絕相信。不同的抉擇，引致不同的生命取向。以「否定」的態度來讀這文本，固然也可以有很多不同的「否定」讀法：我們可以認定這不是作者的原意，或這一表面的原意內蘊著更深的寓意。我們亦可以採取一種「觀賞」的進路，就是讀這文本時，像觀賞表達宗教經歷的文藝創作或象徵符號結構一樣。我們可以用證偽考據的心態去閱讀它，更可以用後現代的方式來閱讀它，將它改寫成如《萬世巨星》般的鬧劇。

然而，我們無論用甚麼樣的態度去讀這卷福音書，都要面對一事實，就是寫福音書的人將生命押在他所寫的信息上。當他宣講時，他向聽者或讀者交付出（hand-over）的不單是他的思想，更是他的生命。他之所以冒生命危險去寫這文本，是因他感到他向他的讀者、聽眾有不可推諉的道德責任。當然，我們可以對他所感受到的道德責任不以為然。他可以自以為任重道遠，我們卻可以視他為痴人說夢，但我們卻不能無視一事實，就是他的寫作是有目標、有信息的，亦即是說，在他所寫的文本中，是有他要表達的本意的，姑且不論我們是否認同他的信息。為達成他表達信息的目標，他押上了自己的生命，甘受迫逼，甚至招來殺身之禍，也在所不計。

7.6 文本與生命處境：「意義」的意義

上文對後現代極度主觀的詮釋論作出了批判，對文本客觀本意的真實性亦作出了若干建設性的反思，於此，我們還需要多過一關——主體存在的真實性、讀者所處的文化歷史處境的真實性。他絕不能抽身於歷史處境之外（context），從一個中立的、不食人間煙火的角度去接收信息，一字不漏地將文本的原意收受下來。他無可避免要受他自身的視域、他的世界觀、他的關注、他的興趣所限制——總的來説，是受限於他自身存在的格局。這存在的格局，限制了他如何聽、如何看、如何理解擺在他面前的文本。如此一來，甚麼是「客觀意義」?「客觀意義」就是存於文本之內的歷久不變的、原原本本的作者所要表達的意義嗎？抑或是在文本與讀者的互動中所呈顯的意義？是客觀與主觀融為一體的意義？到底「意義」的意義是甚麼（the meaning of the "meaning"）? 海德格等一眾看重人的存在實況的哲學家，對詮釋提出了相當重要的觀點，是釋經者不能不考慮的。

相信沒有人會懷疑，一本書內藏著作者所要表達的本意。但一本從未有讀者閱讀過的書，有的只是一些符號，作者要表達的意思，可以説是從沒有活現出來。這文本與一件放在家中的家具沒有分別。作者要表達的意思，是需要讀者令它「再活現」（re-actualize）的。問題也就在這裏。讀者站在自己的歷史時空中，處於特定的存在狀態中，有著某種精神取向，受著某些存在的問題所困擾或牽引，他本身就是「一組意義」（a pack of meanings）。當他閱讀時，他是否能將他生命裏面所蘊藏的意義撇在一邊，或索性將它「靜止」（de-activate）、將它「關掉」? 這當然是不可能的。他無可避免地必須用他既有的意義架構去理解擺在他面前的文本的意義。這樣一來，在這「再活現」的過程中，文本作者要表達的「本意」是否還能完整地保存下來？抑或在「再活現」的過程中，讀者本身的「意義」已無可避免地融入了文本的「意義」中？我們不妨換另一個説法來説明這一點。海德格提醒我們：讀者存在於時空之內，立於歷史的某一點。歷史處境給予讀者一處站立的空間，也同時給予他一個特定的視域，這就是他「存在的視域」（existential horizon）。他理解事物時，無可避免必須在這視域之內以特定的角度去理解所有事物，包括文本所傳遞的意義。若他站於另一位置，換上另一角度，他所看到的可能大不相同，可惜他不能像神一樣，可以同時以無盡的角度去看事物。讀者所站之處有其獨特的歷史結構，這些結構是先於讀者已存在的，不是讀者可以逆轉的，但它們卻成為讀者存在的重要部分——他「存」、他「在」於這結構之內。這就是他理解任何事物的「前設結構」（fore-structure）。這結構也是他生命內涵的決定性部分，是他「既有的」（fore-having）、「已見的」（fore-sight）。當他理解事物或文本時，他的理解是由這結構出發而延伸出去的。他所掌握的，是基於他已經掌握的，或基於「掌握」著他的結構。讀者讀一本書，他所做的是由他所站之處投射出去，投射到文本上面去。文本是伸延所達之處。[16] 甚麼是「意義」? 海德格說過一句名言：

> 意義是投射「所到之處」，透過這投射，事物成為可理解的事物；它從既有的，已見的及已有的觀念得其結構。[17]

同時，在閱讀的時候，讀者大抵會問：這文本所傳遞的信息，對於我到底有甚麼意義？這「對於我的意義」豈不才是真正的意義嗎？不錯，作者說話總有他的「原意」，但他所說的到底對我有甚麼重要性（significance）? 我為甚麼要留心他所說的話的「原意」? 豈不因為我覺得它對我有重要性、有意義嗎？因此，「重要性」豈不就是「意義」嗎？「重要性」不是在得到作者的「原意」後，再加添上去的，即彷彿掌握了作者的「本意」後，然後問：它對我有甚麼重要性。有人將意義分為兩部分：「意思」(sense)和「重要性」，但對海德格來說，兩者是不可分割的。「沒有重要性」的意思，是「沒意義」的；也沒有「具意義」的「意思」，是「沒有重要性」的。因此，「意義」乃在於它的「重要性」。

7.6.1 文本的自主性

問題也就在這裏。作者要表達的東西，對他來說是重要的。作者很清楚它的「重要性」。他同時代的讀者讀這文本的時候，掌握到的重要性跟作者自己所認定的，很大可能已有一定距離。不同時代的讀者讀同一文本時，各人掌握到的重要性又可以有很大差異。文本的「重要性」豈非隨時代和讀者而變化？因這緣故，一本書或一篇文章寫成以後，豈不是已經不在作者的掌握之中，而是有其獨立生命，對不同時代、不同的人說話，對他們有不同的「重要性」，即不同的意義嗎？這種想法在存在主義盛行的年代非常流行。這種想法最極端的表達，相信莫過於意大利小說家皮蘭德婁(Luigi Pirandello；一九三四年諾貝爾文學獎得主)了。皮蘭德婁的劇作《六個尋找作家的角色》(*Six Characters in Search of Author*)所要表達的就是，劇作離了作家的手，便不再聽命於作者定規它要表達的意義。脫離了作者，一切便在乎演員的演繹。演員可按他們自己的理解去演繹劇作，但這演繹一經表達出來，又有其獨立的生命。演員演繹出來的便全在乎觀眾的玩味與詮釋。劇作中的角色雖說由劇作家塑造，但是到了讀者和觀眾眼前，其實已經與劇作家想要表達的相去甚遠。

按這樣的觀點，不少存在主義哲家如海德格相信，文本在完成以後，是有其「語意自主性」(semantic autonomy)的，不再受作者的原意所困。因此，海德格被視為後現代詮釋學的先行者。

7.6.2 作者的本意

然而我們必然會問，文本真的可以完全獨立自主？文本的「語意自主性」真的可以完全不受作者本意的規範？詮釋學理論家赫爾胥(Eric D. Hirsch, Jr.)對文本獨立自主或「語意自主性」的論點大表疑問。他認為文本的產生乃為了對話，是作者與接收他信息的對象的對話。作者所說的一句話是一連串單字的組合。同一串單字組合從不同的人的口中說出來，其意思可以大不相同。例如「在罪人中我是個罪魁！」這樣的一句話，由不同的人說出來便會有不同的含義。我們可以想像，監牢裏的一羣重犯在討論誰堪當首領，互相比拼誰是罪孽最深重的罪人，其中一個說：「在罪人中我是個罪魁！」他的意思很清楚，他要以自己的犯罪紀錄作為當大哥的本錢。換了另一個場景，例如在古代的中國，一羣將領為失守要塞而謝罪，每一個將軍都深感歉疚，在皇帝面前請求治罪。其中一位將領說：「我犯了用兵之大忌，受敵所誘，妄動出戰而失守第一關，在罪人中我是個罪魁！」這兩個人所說的同一句話——完全相同的單字組合，其意思截然不同。到保羅說「在罪人中我是個罪魁！」(提前一15)這一串單字組合又有完全不同的意思了。保羅這句話是讚歎感恩的話，其意思是說：像我這樣一個罪孽深重的人，竟能得到赦免，真是何等奇妙！

每一句話都有它的獨特處境，首先是講者獨特的主體生命，同時還有講者與聽者共有的歷史處境。一串由單字組成的組合，放乎抽象之境，完全沒有講者或作者的人格生命實況作參考，也沒有講者與聽者共有的歷史處境作參考，其意思便可以有數不完的可能性。惟有講者或作者的獨特人格生命以及他說話、寫作的特殊處境，能夠給一串單字組合注入實質的意義。因此，要確定一句話的意義，講者或作者的原意以及其獨特的處境是不容忽視的。不錯，讀者會變，他們的存在處境會變，因此，某一段說話對不同讀者的「重要性」會變，但賦予這段話意義的，有一些東西是不變的，就是作者在其說話時自主的意願、其立意要向讀者表達的意義、他與讀者共有的共同處境。作者的「意願」(authorial intention)不能輕忽棄置，彷彿它根本就不存在一樣。「語意的自主性」或許是有的，但它絕不能脫離作者原意而能保存意義的實質。「語意的自主性」是有限制的，作者的原意就是規範著它的視域(limiting horizon)。

不單如此，一如呂格爾(Paul Ricoeur)指出，一份文本代表著一段對話。在對話中，作者是不容搬弄操控的主體，他以主體生命將其內在的意義「客體化」，這「客體化」的意義構成了對話的實質(the "what" of the discourse)。這「客體化」的意義不單包含著主體的生命，也包含著對話對象的主體生命。還不止於此，通常對話更關乎外在的事物。一份文本是一段對話，由某人對某人講述一些事物。這裏起碼涉及三樣參考：主導對話的主體(作者)、參與對話的另一主體(讀者)，以及對話所言及的事物。要釐清「意義」的意義，我們絕不能將這三樣參考棄而不顧。設想一下愛因斯坦與艾丁頓(Arthur Eddington)的對話，那是關於重力如何可以改變光的軌迹的。愛因斯坦的主體生命、他科學研究的軌迹、他的創意，艾丁頓的數學天才、他對真理的執著，當然是確定他們對話的意義的參考，但還有更重要的一環，就是艾丁頓要用實驗證明的「物理事實」，而這正是廣義相對論的真與偽之關鍵所在。這客觀的事實，是確定他們對話的意義的重要參考。

7.6.3 新詮釋論的問題

只顧文本的「存在重要性」(existential significance)而對其他事實視而不見，這樣的詮釋只會將「意義」平面化，使其失去立體感。用這種對「意義」的理解去詮釋聖經，由布特曼及艾伯林等開展的「新詮釋論」(new hermeneutic)將聖經的語言以及它所蘊藏的世界觀，與現代人的語言及世界觀作出鮮明對照，並強調兩者的極大差距。聖經作者所說的話，對當時的聽眾固然有很明確的意義，不過這番話轉到現代人的語言體系以及截然不同的世界觀裏，就可能令現代人完全不明所以。因此，進行世界觀的轉移是詮釋的一大任務。既確定了聖經的世界觀是神話的世界觀，與現代科學的世界觀不單格格不入，更是互相排斥的，那麼，如何才能令現代人明白聖經的真意？惟一的方法是對聖經進行「去神話化」，就是「解除」其神話的世界觀。因此，當耶穌面對著相信天堂、人間、地獄三重世界的人，他的信息只能用這樣的世界觀來「包裝」；當跟隨他的人滿腦子都是末世的景象，他的天國福音不得不以末世的語言來言說；而耶穌的信息卻是關乎存在的問題——人如何能活出真我。當然，要向現代人宣講耶穌昔日宣講的福音，就絕不能將當日的語境和世界觀照搬過來；釋經者所要做的是將「對等的存在意義」(equivalent existential meaning)用現代的語言表達出來。然而，當我們將福音書的世界觀視為「神話」，而我們現代的世界觀才是反映世界的真相時，我們其實已經作了「意識形態的選擇」。布特曼等人當時並不自覺自己所作的是意識形態的判斷，他們自覺自己是站在科學真理的一邊。從這樣的意識形態出發，他們決定甚麼是耶穌信息的中心，即耶穌所宣講的不是末世的真相，而是「忠於自我的存在」。這「忠於自我的存在」說穿了其實就是二十世紀四、五十年代存在主義的人生理想。布特曼等人將時代的精神情緒讀進福音書內，硬將自己要給時代的信息放入使徒的口中。這樣的釋經，只會使聖經獨特的信息淹沒在時代眾說紛紜的意識形態中。

不過，相對於主觀主義，另一端的釋經進路也同樣可以將聖經的信息平面化，其禍害也可以一樣嚴重。不少聖經學者宣稱以客觀的歷史、語言、文學及宗教的科學研究來解讀聖經，他們堅信各形各式的聖經批判，可以將我們帶回「意義」的另一端——客觀的意義。

7.7「意義」的另一端：客觀主義的釋經

一如我在前文所說過的，啟蒙運動中的兩股勢力——理性主義與浪漫主義——互相衝突卻又互相連結，糾纏不清。它們對聖經的詮釋有很大的影響力。理性主義面對著聖經的文本，它問的問題是：聖經中的歷史陳述是否真實？歷史的真相到底是怎樣的？這些文本的敍事到底經歷了甚麼樣的進化過程？我們在其中是否可抽絲剝繭地將壓縮在一起的不同層次的傳統（layers of traditions）分解開來，使個別傳統原有的面貌得以回復，從而理解在文本中不同的敍事單元、在不同傳統的獨特處境中所要表達的究竟是甚麼？例如威爾浩生（Julius Wellhausen）在摩西五經中分解出J、E、P、D四個不同歷史時期的信仰傳統，他認為五經中不同的敍事單元其實出自不同的傳統，有著極不相同的意義。要真正掌握這些單元的意義，我們必須將它們放在原來的歷史處境中，這樣，其原初要表達的意義才得以呈現出來。與威爾浩生如出一轍，布特曼對符類福音也進行了相似的解剖，他探本索源，追尋「耶穌信仰」的眾多源頭（the origins of the Jesus tradition）。符類福音主要以馬可福音及 Q（*Quelle*, source）所代表的兩個不同的信仰傳統為基礎。馬太福音及路加福音就是根據馬可及 Q 的史料進行編修而寫成的。它們也代表著自己獨特的信仰傳統。追溯這些信仰傳統，將不同的敍事單元放回這些傳統的獨特生命處境中（*Sitz im Leben*, life situation），我們才能理解這些敍事的原意，以及它們在其獨特生命處境所發出的信息。通常被稱為「存在主義的釋經者」的布特曼，在分解福音書內不同的傳統時，可以說與理性主義的歷史學家沒有太大的分別，都是在追尋客觀的歷史真相——不同信仰傳統形成的真相，從而掌握不同敍事單元在不同的生命處境中要表達的原初信息。

7.7.1 單一客觀意義的預設

在這裏，我們看到一個事實，威爾浩生也好，布特曼也好，他們同樣相信一個事實，就是聖經不同單元的敍事，在其生命處境中有它們特定的原初的信息，也就是有特定的客觀意義。

袞克爾（Hermann Gunkel）所倡導的文體批判（form criticism）也有同樣的假設；不過袞克爾不問意義而問功能。每一個文體的形成，都有其獨特的生命處境，在回應某種需要，以及滿足某種社會文化的功能。創世記中的某些敍事，正是在某些宗教禮儀上履行著某種功能的。例如亞伯拉罕與上帝立約的故事，是為了解釋割禮這傳統習俗的來由，並解釋為何以色列人一代一代地謹守著這習俗。又例如不同的詩篇以不同的文體寫成，不同的文體乃用於不同的場合。例如國家民族的哀歌（national lamentations）是在某些特別的場合使用，履行著某種習俗所要求的社會功能的。同樣地，某些敘事，某些文體所表達的，必須在其特定的生命處境中，方顯其真義。

雖然這些從事聖經研究的學者沒有明言，但其背後的假設卻非常清楚，就是聖經中個別的經卷，甚或經卷中個別的文學單元，只有單一意義；也就是說，這經卷或這文學單元的意義，是作者在其獨特的處境向特定的羣眾所要表達的意義。在另一種情況中，經卷在某個信仰羣體中已成為集體創作或集體回憶，而不再是個人作品；在這情況下，經卷或文學單元的「意義」，就是它們在特定的生命處境中所扮演的宗教功能，就是信仰傳統在特定的處境中（例如某些宗教禮儀上所使用的某些歷史敘事）賦予它的特定意義。這種對聖經文本的理解，可以用十九世紀古典文學大師周伊特（Benjamin Jowett）的一段話作總結。他說：「聖經只有單一意義，就是當先知或使徒向當時的聽眾或讀者宣講或寫作時，心中所要表達的意思。」[18] 周伊特認定聖經原作者的原意完全給教會的教義扭曲了。教會相信聖經是「神所默示的」，這對他來說無疑是天方夜談。[19]「我們沒有道理去假設聖經有別於柏拉圖或荷馬的作品，內藏一種另類的設計。」[20] 他認為我們不單不應假設有「默示」這回事，也應該將教會的某些信念放在一旁，例如舊約與新約有內在關聯，或新約是舊約的延續。

> 舊約不應與新約連結為一，摩西律法與先知也不應如此；同樣地，福音書與書信亦不應如此，或者也不應硬要保羅書信與雅各書調和。每一個作者，每一個彼此相接的時代，都有它自己獨特的地方……將約翰福音與符類福音比較，或將約翰福音與啟示錄比較，不單不能產生亮光，只會將它們原本的意思混淆。[21]

由是，只有那些未受教育或欠缺科學知識的人，才會想像在聖經之外有所謂「神聖的意義」(Divine meaning)，他們這樣做只是根據自己的宗教意識推斷聯想而已。

7.7.2 被排除的神聖意義

史坦麥茲(David C. Steinmetz)說得對，當代聖經學者的批判技巧，比周伊特時代進步了不知多少，同時對文本的複雜性或層次的掌握，也不知深入了多少，但他們仍與周伊特一樣，所追求的是經卷的原始意義(primitive meaning)或宗教功能，即作者要表達的本意或信仰羣體所意指的本意。在這種釋經法背後的更基本的假設是，聖經與其他所有文本完全無異，都是人懷著某種心意(intention)或信念所書寫而成的作品。簡而言之，聖經純粹是出自人的產物，除了這些作者或編修的羣體所企望表達的意義外，再沒有其他意義。啟示、上帝作為文本的原初作者、超越層次所展示的超越意義，全都被放在一旁。這些釋經者以一種有別於基督教信仰的世界觀去詮釋基督教的「神聖」經卷。這樣的釋經格局，一開始已將聖經框在一個平面世界之內，一切意義都給平面化了。這樣一來，耶利米所表達的只是耶利米的信念、他獨有的神學、他對歷史獨特的理解。這與以賽亞先知所看到的不一定有甚麼關係，跟新約的福音書更是兩碼子的事了。同樣地，路加有路加的神學，馬太有馬太的神學，保羅有保羅的神學，他們若有甚麼相同之處，也不過是「家族的相類似」(family resemblance)。現在不少聖經學者一生只作某一經卷的專家，認為過往教會深信不疑的「聖經整體的一致性」或「救恩歷史」的連續性，純粹是一種神話。可惜不少福音派的聖經學者也不自覺地在這種框架內運作。

於此，我們不得不同意海德格的洞見：「詮釋永遠不會是沒有假設地去掌握事物⋯⋯在詮釋中，潛藏著一些假設，被認為理所當然⋯⋯」[22] 周伊特與當今一眾的聖經學者，都假設只有科學的世界觀才是理所當然的，也是世界惟一真實的描繪。如此，超自然的介入不過是神話而已。

7.8 文字之義與屬靈意義

我們不要以為這些近代的學者的歷史批判能力和技巧，一定比中古或宗教改革運動時期的神學家高超。中古的釋經家如里拉的尼古拉（Nicholas of Lyra）或加爾文，他們對歷史、文法、文字學、修辭和文學技巧的剖析，功力大概不比現代的學者遜色。所不同者，在於他們以另一種世界觀去看聖經，所看到的便很不一樣。他們深信，除了語言文字（letters）以外，還有聖靈所要說的話，承載於這些語言文字以內。看聖經時，他們看出了兩重的意義（two levels of meaning），一重是文字之義（literal sense），另一重是屬靈層次的意義，亦即上帝透過文字所要表達的意義。而這兩者緊密地連結在一起，任何一方面都是不能忽略的。當我們研讀聖經，我們進入作者的世界、進入他的心靈、進入他的處境和語境，掌握他所說的話，因為這位作者在某一歷史時空之中真的說過話，並且說話中包含著他的意圖和意思。但聖經的作者，無論是向以色列民宣告信息的先知或是福音的宣告者，都深信不疑，他們自己所說的話雖從他們的生命和意識而出，但卻有另一源頭，因此他們不是意義的賦予者，只是意義的表述者而已。

因此，對巴特來說，精細的歷史、語文的研究和批判，使我們進入了作者的世界和心靈，使這世界向我們通體透明，是不可少的一步。然而，這只是起點而已，真正的釋經方才開始。巴特在《羅馬書註釋》第二版的〈序〉中，將加爾文和現代德國聖經學者于禮澤（Adolf Jülicher）放在一起作對比。[23]巴特認為于禮澤頗能代表了現代的一般聖經學者：

> 我們看到他如何專注於解開文字的意義，仿如解開神祕密碼一樣；然而當一切都做完了，這些文字依然叫人不明所以……整個釋經的程序所達至的不外乎將經文重述一次，所提供的不過是真正釋經的起點。

文本所承載的「內涵」沒有被釋放出來。在巴特看來，加爾文的釋經便大不同了：

> 確定了文本確實的內容後，他便開始重新思考裏面的東西，與之摔跤，直至分隔十六世紀與一世紀的牆壁變為透明……保羅説話，處於十六世紀的人聆聽。原典與讀者對話，環繞著主題，直至到昨日與今日的差異無法辨認。

于禮澤與加爾文最大的分別在於，于禮澤研讀聖經的文本時只看到「話語」（words），而加爾文在看到「話語」的同時，看到在其中承載著的「道」（the Word）：

> 道必須從話語中揭示出來。具真知的註釋乃指，我這個註釋的人被催迫向前，直至我毫無阻隔地，與那使我困惑的主題面對面；直至那文本不再是一本文本而已，直至我忘記我不是文本的作者，直至我認識作者

深入到一個地步，彷彿那作者讓我代他說話，而他也代我說話。[24]

保羅為甚麼為福音癲狂？因為他所傳的正是他所聽見而又將他俘擄的道。當加爾文聽到保羅所宣講的，他聽到的也是保羅所聽見的；保羅被所聽的道抓住，加爾文也同樣被這道抓住。分別就在這裏。于禮澤聽到保羅之言，卻沒有聽到保羅所聽見的。也沒有被所聽見的抓住，他只是一個旁觀的複述者，而不是保羅的聽眾，因此也聽不到上帝向保羅所說的。

7.9 重要的信念

奧古斯丁可以說是基督教詮釋學的先驅，他的《論基督教教義》（*On Christian Doctrine*）所探討的主要是聖經詮釋的問題。他認為要理解聖經，我們首先要相信，聖經既是神向全人類揭示祂旨意的媒介，那麼它一定是有效的傳遞信息的器皿，而信息的意思也應該是普羅大眾都能明白，就是連小孩子也能讀得懂或聽得明的，因為神深願所有人，那怕是目不識丁的人，都能毫無阻礙地清楚明白聖經的正意。因此，聖經根本不需要我們大肆剖析、大造文章，才能掌握其中的真意。奧古斯丁的信念是非常正確的，也是歷代持正統信仰的信徒所認同的。事實上，明白聖經的最大障礙，恐怕是人用自己所設計的種種所謂科學方法，將聖經硬套入所設定的框框；當中不少人更削足就履，最終將聖經扭曲割裂。在今天神學院「大學化」的年代，為了符合「學術規格」，符合學術遊戲的規範，不少聖經學者不得不標新立異，建構別樹一幟的聖經批判，以致聖經遭「過度詮釋」（over-interpreted），失卻了生命的感染力，也失卻了閱讀的意義。因此，教會必須堅持奧古斯丁的信念，並敦促作為教會教師的聖經學者以此信念作為詮釋聖經的起點。

7.9.1 聖經詮釋是必須的

相信聖經簡易清晰的同時，奧古斯丁並未因此而認為聖經沒有詮釋的必要。詮釋是必要的，其理由有三。第一，正確的閱讀始於正確的態度。人必須誠心地在聖經中尋求神的旨意，方能明白聖經的真意。只有那些敬畏神的人，才會致力於從聖經中明白神的心意。因此，敬虔的態度是決定性的。只有敬虔的，才不會喜愛小學的爭論，被它俘擄。因此，理解聖經正意的第一步就是校正閱讀的態度。第二，人必須明白聖經的整體才能理解個別的經卷或段落，同時也必須理解個別的經卷或段落，才能掌握聖經的整體。人必須行走於聖經的整體與段落之間。奧古斯丁鼓勵人先完整地讀完整本聖經，然後再細讀其中的經卷和段落。第三，奧古斯丁認為聖經中確有一些經文是隱晦難明的。詮釋方法的訂立，主要是為了這少數的經文，而其中的原則也非常簡單：我們需要透過意義清晰的經文去解釋隱晦的經文。談到釋經者應有的準備，奧古斯丁這樣說：

> 一個敬畏神的人努力在聖經中尋求神的旨意，為免自己愛慕爭辯，他必先以敬虔使自己溫柔。為免受詞彙奧義的障礙，他需要在語言的知識上作好準備。他也需要對某些事物有所認識，以免在面對著比喻的運用時，對這些事物在其中的作用力和特性，一無所知。[25]

對奧古斯丁來說，某些經文之所以難明，主要是由於其中的比喻沒有得到恰當處理，使之與一般平白的敘事或說理混為一談；只要詮釋者掌握到分辨和理解比喻的方法，然後用清晰易明的經文去詮釋它們，隱晦自會解開。

7.9.2 回到聖經文本

馬丁．路德緊隨這原則，認定聖經的真意是明顯的，因為聖經不是完全被動的文本，它自己會「說話」，它本身內蘊著解釋自己的能力。路德深信，「聖經就是它自己最確切的詮釋者」，因此，教會毋須在聖經以外另立依據作為詮釋聖經的權威，那怕是教會的傳統。宗教改革運動以後，「以經解經」成了福音信仰傳統釋經法的主流。我們可以說，路德是「回到聖經文本」(back to the Biblical text)的倡導者。路德認定，回到聖經文本，聆聽它的話，讀經者必須受文本中的文法及歷史事實所規範，不能隨己意解讀。然而釋經者必須同時深悟，他們所聆聽的不單是處於某歷史時空的先知或使徒的言說，在他們言說的背後及言說的內裏，神在說話；聖經的文字(letters)在說話的同時，聖靈也在說話。因此，我們可以這樣說，路德秉承教父及中古釋經者的傳統，認定聖經文本的本意不止於聖經作者的本意；聖經作者當下所領悟的本意，可能受其文化處境或自身的生命經歷所限，致未能完全了解神透過他所說的話的完整意義。死守文法及歷史鑽研的法規，並以此為終極，釋經者只會掌握叫人死的「文字」，而沒有真正掌握到這些文字所承載的「精義」(spirit)。這一點對於當代持福音信仰的釋經者應有很大的提醒與啟迪，叫他們看聖經批判之學看得合符中道，不致在不自覺間落入宗教歷史研究的窠臼，將聖經的本意規限於宗教傳統或某歷史人物言說的本意。

在前面談到奧古斯丁及馬丁．路德對詮釋聖經的一些重要信念，卻未提及偉大的釋經者加爾文，我們現在以加爾文的釋經思想作為這一章的總結。

7.10 閱讀生命文本

有如一個卑微的學生以一種自悟無知的態度去閱讀，棄我執，不惜「失去」自我，這種態度正是這個自戀的世代最需要的，特別當這世代需要先知揭示人真實的生命狀態。這世代最需要聖經的啟示，但要得著聖經的啟示，人不單要肯讀聖經，更要以正確的態度和方法來讀聖經。人何止可以用千百種方式來讀經，而每一種方式都可以有其合理性、趣味性或文化價值，人更可以用一種閱讀的方式來讀經，以證明聖經毫無意義，不值一讀。對於這些人，我們當然一點辦法也沒有。我們只能問，基督徒的釋經者應如何閱讀聖經？對此，加爾文可以帶給我們重要的信息。

加爾文對閱讀和詮釋聖經是抱著極其慎重的態度的，這與當今不少聖經學者形成了強烈的對比。加爾文身為一個聖經學者，他視自己為一個受教會委任的教師，以上帝的話語服事信徒。他認為他所處理的文本，與世上其他所有文本是截然不同的。世上確有很多著述令我們深受吸引，更有不少書本自稱可以向我們提供生命的智慧。但加爾文將聖經與這些著述清清楚楚地分別開來。所有人的知識學問，無論多麼美善真確而又實用，對於幫助我們了解人類的救贖以及上帝國度的展現，是一無用處的。[26] 加爾文指出，異教作家忠告我們，要以歷史為生命的師傅，「然而就我們所知，從來沒有人在這方面有任何寸進。只有聖經才能擔當這任務。」[27] 聖經「清楚地指引我們走上稱義之路，並教導我們如何建立生命。」[28] 聖經是一本生命文本。作為生命文本，它絕不含糊地要求它的讀者必須按它所指示的方式去讀它，絕不可跟隨己意。要不然，讀的人便會一無所得，一點都不能明白它內藏的生命信息。讀者一定要按聖經啟示的內在邏輯、按那位絕對主體所設計的傳遞信息方式來閱讀，方能明白聖經。要解開軍事指令的密碼，解讀的人必須找到解密的「鑰匙」。同樣地，要了解上帝「隱藏的奧祕的旨意」，我們必須使用上帝給我們的鑰匙。聖經所表達的是上帝深藏的感情。[29] 讀的人之所以要抱極其慎重的態度，不單因為它包括著「關乎存在的重要性」，更因為它是以極大的代價寫成的。為了宣講上帝的話語，先知將生命豁了出去。要將上帝的道活現在罪惡的世界中，使之化成生命之道，上帝的兒子竟需受苦受辱，且要死在十字架上。宣講基督的福音，使徒們也需要冒生命危險。他們願意押上生命以書寫福音，固然出於他們的極深的道德責任感，但可不止於此，他們不單是在向人盡己以責，更是在回應那更崇高的使命，就是上帝的差遣。

約翰福音的作者清楚宣告他寫作的目的：「但記這些事要叫你們信耶穌是基督，是神的兒子，並且叫你們信了他，就可以因他的名得生命。」（約二十 31）加爾文忠於約翰的寫作目的，他說：「讀聖經應以這樣的心態去讀，就是為了在其中找到基督。」[30]

7.10.1 作者的臨在與上帝的臨在

在加爾文看來，聖經之有別於其他所有文本，不單因為它是關乎生命的文本，更因為它雖出於人手，卻非源於人。加爾文說：「聖經的教導乃來自天上……它透過人的服事，從上帝的口直湧流到我們當中。」[31] 他有時會用上更強烈的表達：「上帝親自在其中〔聖經〕說話。」[32] 換上更直接的講法，即上帝就是聖經的作者。[33] 因此，**研讀聖經，其實就是面對上帝的臨在**。正確地研讀的人，一定會因上帝的臨在而有一種「敬畏的感覺」。加爾文身為釋經者，常有恐懼戰兢之感。他鄭重地說：

> 假若將獻與上帝的祭物沾污，是一種罪行，我們當然不能容忍任何人以不潔及缺乏訓練的手去處理世上最神聖的事物。因此，處理聖經，毫不謹慎，將它的意思翻來覆去，視之如遊戲一般，這簡直就是狂莽和褻瀆。然而不少學者卻正正是這樣做。[34]

聖經的作者臨在，即是上帝的臨在。上帝自己確保祂的臨在對讀者來說是真實的。祂藉聖靈讓閱讀上帝話語的人經歷祂的臨在。當一個人打開聖經，他必須同時打開他的心靈，以致自己有空間讓上帝以祂奧妙的方式臨在於他的閱讀中。除了敬畏之感，經歷上帝臨在的人必然有一種很深的愛慕之情。因為在聖經裏頭，上帝的聲音就是那位為我們捨棄自己生命的基督的聲音。

上帝在聖經中的臨在不會擠走人間作者的臨在。加爾文並不如基要主義般死守字義。「道，」加爾文解釋：「是指那永恆的智慧，在上帝之內，所有預言和先知的宣告都是由此而出。」[35] 與此同時，他非常重視作者的歷史文化處境、他獨特的存在型態、他的視野和意圖。例如在詮釋使徒行傳時，來到保羅在雅典亞略巴古為福音爭辯的一段，加爾文便花了相當的篇幅去闡述伊壁鳩魯學派及斯多亞派的哲學，為保羅搭建辯論的平台。他更不厭其煩地解釋路加記錄事件的意圖：「路加提及這兩個對立的學派，為了凸顯這兩種不同取向的錯誤……路加將兩種不同的人擺在我們面前，以表明他們如何以不同的形式遠離神。」[36] 在闡釋使徒行傳二十八章保羅如何醫好部百流的父親及其他患熱病和痢疾的人，加爾文將路加描繪為整件事件的一個旁觀者——以醫生的身分作醫學判斷。[37]

在整個「作者臨在」的過程中，上帝「永遠保持祂是主的身分以及祂至高無上的主權。」[38] 因此，對加爾文來說，上帝作為聖經的作者，祂的「作者本意」的客觀性是堅定不移的，完全超越了先知或使徒作為聖經作者的本意，這客觀性比人間任何作者的客觀性來得更「頑強」，更能抵禦任何形式的操控或扭曲。

7.10.2 敬虔與讀經：生命實踐的學問

在人類文化歷史的長河中，不論是西方文化還是中國文化，認知與生命的合一是追尋真理的鑰匙。後現代哲學家傅柯提醒我們：

> 就算希臘哲學建基於理性，它卻依然堅信，一個人若不願為了追尋真理而去管理自己，讓自己預備好，無論是自潔或心靈的自省而至悔悟，他是不可能通向真理的……在十六世紀的歐洲，這問題依然存在：「我需要在一己的身上做甚麼，以致我可以並配得接近真理？」換上另一個說法：真理永遠是有代價的；不作生命的操練（*ascesis*），便不能達至（access）真理……在我看來，與這傳統分道揚鑣，是笛卡兒開始的。他說：「要達至真理，我只需要成為一個能確定理據真確性的主體。」[39]

在加爾文看來，對上帝的認知永遠不可以是純理論的知識。它是一種生命實踐科學（*scientia practica*）。因此，他認為一個釋經者是被任命作生命之道的詮釋者的，他必須這樣詮釋上帝的道，就是當人聽到他詮釋聖經時，便仿如「聽到上帝宣講那些話語。」[40] 這種釋經的態度給釋經者設定了極嚴格的要求。

加爾文非常重視學術，重視到令他如此說：「沒有人可以成為一個優秀的上帝話語的服事者，除非他首先成為一個學者。」[41] 他經常哀歎，「多少以服事上帝話語為務的牧者所受的釋經訓練是多麼不濟……乃因他們從沒有養成一種習慣，就是讓自己被聖靈的語言去模塑，以成為一個好的學者。」[42] 按他的判斷，一個好的聖經學者不只是要裝備自己，使自己擁有良好的語言及思考能力，更要有聖靈所賜的一種屬靈裝備，就是一種新的感應能力（*sensus*），讓他可以感應到上帝的臨在。聖靈的工作提供了認知的聯繫（epistemological link）。「上主將人認知祂話語的確據與聖靈巧妙地連結起來，以致當我們被聖靈光照的時候，我們的心靈完全被一種對上帝話語的尊崇佔據著，使我們能以來到上帝的面前。」[43] 沒有聖靈所提供的裝備與能力，我們只會既盲又聾。

聖靈的工作開闢了一個全新的認知視域——直覺認知的視域，這完全取決於被認知的客體，並且必須以一種有情的關係去開展。有情的主體（the person）在認知作為客體的上帝中，同時成為被上帝認知的對像。讀經者成了直覺認知的對象，完全改變了「直覺知識」的面貌。它改變了「直覺」的意義，也改變了知識的意義。直覺之知不再像以前一樣，以我們的意象建構一些概念以作媒介；直覺之知是一種真正的直接感通、感應，是有情的主體與另一位有情的主體進入親密的相交時出現的一種「直感」。我不能用我的想像、推理來構思另一個人的真相，我只能在與他的相交中聆聽，讓他將真相告訴我，將他自己的面貌和真相用他的方式表達出來。[44]

如此一來，認知有一種被驅使、被吸引、被説服去跟隨的意味。知識成為一種有情的契合。既確認我直覺認知的對象是一個有情的主體，特別是那位不能被操控的神聖主體，當我尋求認識祂之時，我必須放棄以自己為知識的起點。認知有情的主體，特別是神聖的主體，起點不在尋求知識的「我」。在認知的過程中，他者（或神聖的他者——"the Other"）是一份賜給我們的禮物。我們必須如實地接受他者的「賜予性」（the givenness of the Other）。我們蒙召喚去真確地認識他者，這召喚同時呼召我們順服——甚至到捨去自己的地步。這就是真知的謙卑，這謙卑使人放下自大狂妄，也令我欣然接受十字架的愚昧。這正是耶穌所説，凡願意喪掉生命的，必得著生命。

閱讀聖經因此是閱讀自己生命的轉化。這樣的閱讀為的是「人格的塑造」。用加爾文的講法，「透過讀經，我們在敬虔及聖潔的生命上向前推進。」[45] 而講解上帝話語的人必須被道所模塑。解釋聖經絕對不單單是語文註疏的工夫；更基本的，它是生命的工夫。我們或許可以用加爾文講解提摩太書信的一段話來警惕自己：

> 保羅所不願見到的是一個人炫耀自己，以致所有人都鼓掌説：啊，多麼好的講論！啊！多偉大的知識！啊，多精妙的思考⋯⋯當一個人走上講壇，應該是他被人從遠處認出？應該是他受尊崇？不，當然不是。他講道，以致上帝透過人的口向我們説話。[46]

我們用加爾文這段話來總結這一章，寓意深遠。詮釋聖經只有一個目標，就是讓上帝自己説話。釋經者其實只是聆聽者。他們要肩負的釋經工作，不是挖空心思去「掌握」上帝的話語，而是清理自己內裏的迷惘，讓自己預備好對上帝說：「主阿，請說，僕人敬聽！」讓自己能以被上帝的話語抓住。這也正好與本書的原版序〈自序：當上帝的道抓住我〉相互呼應。

註釋

1. 哲學家瓦蒂莫（Gianni Vattimo）認為詮釋的實質意義是虛無主義。因此，詮釋學需要坦誠的論説「詮釋學的虛無使命」（“the nihilistic vocation of hermeneutics”）。參 Gianni Vattimo, *Beyond Interpretation: The Meaning of Hermeneutics for Philosophy,* trans. David Webb (Cambridge,UK: Polity Press, 1997), 1～14。
2. “This ‘I’ which approaches the text is already itself a plurality of other texts, of codes which are infinite or, more precisely, lost (whose origin is lost).” Roland Barthes, *S/Z*, trans. Richard Miller (New York: Hill & Wang, 1974), 10.
3. “Forgetting meanings is ... an affirmative value, a way of asserting the irresponsibility of the text, the pluralism of systems ... it is precisely because I forget that I read.” Barthes, *S/Z*, 11.
4. 參霍華德（Richard Howard）的評註，見 Roland Barthes, *The Pleasure of the Text*, trans. Richard Miller, with a note on the text by Richard Howard (Oxford, UK: Basil Blackwell, 1975), vii。
5. Barthes, *The Pleasure of the Text*, 13.
6. Patricia Ward, “Ethical Traditions and the History of Reading,” unpublished paper read in Yenching International Symposium on Western Literature and Christianity, Beijing, 1994, 1.
7. Plato, *Phaedrus* 245a, quoted in Werner Jaeger, *Paideia: The Ideals of Greek Culture*, vol. 1, trans. Gilbert Highet (New York: Oxford University Press, 1939), 39.
8. Jaeger, *Paideia* 1:49.
9. Aristotle, *Poetics* 9, in *The Basic Works of Aristotle*, ed. Richard McKeon, trans. Ingram Bywater (New York: Random House, 1941), 1464.

10. Aristotle, *Poetics* 6.
11. 此文收錄在蒲魯他克（Plutarch）《道德論集》（*Moralia*；或作"*Ethica*"）一書，是當中七十八篇文章之一。
12. Ward, "Ethical Traditions and the History of Reading," 4.
13. John Milton, *Areopagitica*, in *The Complete Prose Works of John Milton*, vol. 2, 1643–1648, ed. Ernest Sirluck (New Haven, CT: Yale University Press, 1959), 493, quoted in Ward, "Ethical Traditions and the History of Reading," 7.
14. C. S. Lewis, *An Experiment in Criticism* (Cambridge, UK: Cambridge University Press, 1969), 138.
15. 艾略特（T. S. Eliot）在其《荒原》（*The Waste Land*）中有這樣的先知性批判：「人子，你不能知亦不能猜，你只是一堆散亂的意象。」
16. Martin Heidegger, *Being and Time*, trans. John Macquarrie and Edward Robinson (New York: Harper & Row, 1962), §32, 188～195.
17. "Meaning is the 'upon which' of a projection in terms of which something becomes intelligible as something; it gets its structure from a fore-having, a fore-sight, and a fore-conception." Heidegger, *Being and Time*, 193.
18. David C. Steinmetz, "The Superiority of Pre-critical Exegesis," in *A Guide to Contemporary Hermeneutics*, ed. Donald K. McKim (Grand Rapids, MI: Eerdmans, 1986), 65.
19. Benjamin Jowett, "On the Interpretation of Scripture," in *Essays and Review*, 7th ed. (London: Longman, Green, Longman & Roberts, 1861), 1; available from http://www.bible-researcher.com/jowett.html (cited 23 Dec 2011).
20. Jowett, "On the Interpretation of Scripture," 3.
21. Jowett, "On the Interpretation of Scripture," 4.
22. Heidegger, *Being and Time,* 150.
23. Karl Barth, "The Preface to the Second Edition," in *The Epistle to the Romans*, trans. E. C. Hoskyns (London: Oxford University Press, 1933), 7.
24. Barth, "The Preface to the Second Edition," 8.
25. Augustine, *On Christian Doctrine*, trans. D. W. Robertson, Jr. (Indianapolis, IN: Bobbs-Merrill Educational Publishing, 1977), 78.
26. Calvin, *Commentary on Acts*, 17:16ff.
27. Calvin, *Commentary on Romans*, 4:23.

28. Calvin, *Commentary on Romans*, 4:23.
29. Calvin, *Commentary on Hebrews*, 6:17.
30. Calvin, *Commentary on John*, 5:39.
31. Calvin, *Institutes of the Christian Religion*, ed. John T. McNeill, trans. Ford L. Battles (Philadelphia, PA: Westminster Press, 1967), 1.7.5.
32. Calvin, *Institutes* 1.7.4.
33. Calvin, *Institutes* 1.7.4.
34. Calvin, *Commentary on Romans*, quoted in T. F. Torrance, *The Hermeneutics of John Calvin* (Edinburgh: Scottish Academic Press, 1988), 69.
35. Calvin, *Institutes* 1.13.7.
36. Calvin, *Commentary on Acts*, 17:18ff.
37. "Luke points out the nature of the disease, the better to commend the grace of God. For since the cure of dysentery is difficult and slow, especially when fever goes along with it, the old man at death's door was not restored to health so suddenly by the laying on of hands alone and prayers, without the power of God." Calvin, *Commentary on Acts*, 28:7.
38. *Corpus Reformatorum*, XXV, 646, quoted in T. H. L. Parker, *The Oracles of God* (London: Lutterworth Press, 1947), 50.
39. Michel Foucault, "On the Genealogy of Ethics," in *Michel Foucault: Beyond Structuralism and Hermeneutics*, ed. Hubert L. Dreyfus and Paul Rabinow (Chicago: University of Chicago Press, 1983), 251f.
40. *Corpus Reformatorum*, XXV, 646, quoted in Parker, *The Oracles of God*, 50.
41. *Corpus Reformatorum*, XXVI, 406, quoted in Parker, *The Oracles of God*, 59.
42. *Corpus Reformatorum*, LIV, 68, quoted in Parker, *The Oracles of God*, 59.
43. Calvin, *Institutes* 1.9.6.
44. 托倫斯（T. F. Torrance）克服了中世紀知識論論述的迷宮，向我們清楚呈現出加爾文在理解關於上帝的知識時，在知識論上的突破。參 Torrance, *The Hermeneutics of John Calvin*, 80～95。
45. Calvin, *Commentary on the Romans*, 15:4.
46. Parker, *The Oracles of God*, 54.

參考書目

牟宗三。《中國哲學的特質》。台北：學生書局，1975。

宋泉盛。《耶穌，被釘十字架的人民》。莊雅棠譯。嘉義：信福出版社，1994。

何敬羣。《莊子義繹》。香港：人生出版社，1965。

張立文編。《心》。台北：七略出版社，1996。

張灝。《幽黯意識與民主傳統》。台北：聯經出版事業，1989。

Aristotle. *The Basic Works of Aristotle*. Edited by Richard McKeon. Translated by Ingram Bywater. New York: Random House, 1941.

Augustine, *On Christian Doctrine*. Translated by D. W. Robertson, Jr. Indianapolis, IN: Bobbs-Merrill Educational Publishing, 1977.

Baillie, John. *The Idea of Revelation in Recent Thought*. New York: Columbia University Press, 1956.

Barth, Karl. *Church Dogmatics*. 4 vols. Edinburgh: T & T Clark, 1956 ~ 1975.

______. "The Preface to the Second Edition." In *The Epistle to the Romans*. Translated by E. C. Hoskyns. London: Oxford University Press, 1933.

Barthes, Roland. *S/Z*. Translated by Richard Miller. New York: Hill & Wang, 1974.

______. *The Pleasure of the Text*. Translated by Richard Miller. Oxford, UK: Blackwell, 1975.

Bauerschmidt, Frederick C. *Holy Teaching: Introducing the Summa Theologiae of St. Thomas Aquinas*. Grand Rapids, MI: Brazos Press, 2005.

Berdyaev, Nicholai. *The Fate of Man in the Modern World*. Edited and Translated by D. A. Lowrie. Ann Arbor, MI: University of Michigan Press, 1961.

Berkhof, Hendrikus. *The Doctrine of the Holy Spirit*. Richmond, VA: John Knox Press, 1964.

Bethune-Baker, James Franklin. *An Introduction to the Early History of Christian Doctrine to the Time of the Council of Chalcedon*. London: Methuen & Co., 1903.

Bonhoeffer, Dietrich. *Christology*. Translated by John Bowden. London: Collins, 1966.

Bouma-Prediger, Steven. *For the Beauty of the Earth: A Christian Vision for Creation Care*. Grand Rapids, MI: Baker Academic, 2001.

Brundtland, Gro H. et al. *Our Common Future: The Report of the World Commission on Environment and Development*. Oxford, UK: Oxford University Press, 1987.

Bulst, Werner. *Revelation*. Translated by Bruce Vawter. New York: Sheed & Ward, 1965.

Calvin, John. *Institutes of the Christian Religion*. Edited by John T. McNeill. Translated by Ford L. Battles. Philadelphia, PA: Westminster Press, 1967.

Chan, Wing-Tsit. *A Source Book of Chinese Philosophy*. Princeton, NJ: Princeton University Press, 1963.

Childs, Brevard S. *Exodus*. London: SCM Press, 1974.

de Bary, Wm. Theodore. "Neo-Confucian Cultivation and Enlightenment." In *The Unfolding of Neo-Confucianism,* 141 ~ 216. Edited by Wm. Theodore de Bary. New York: Columbia University Press, 1960.

Dodd, Charles H. *The Parables of the Kingdom*. New York: Charles Scribner's Son, 1936.

Ebeling, Gerhard. *Luther: An Introduction to His Thought*. Translated by R. A. Wilson. Philadelphia, PA: Fortress Press, 1972.

______. *Word and Faith*. Translated by James W. Leitch. Philadelphia, PA: Fortress Press, 1963

Eliade, Mircea. *The Sacred and the Profane*. Translated by Willard Trask. New York: A Harvest Book, 1959.

Foucault, Michel. “On the Genealogy of Ethics.” In *Michel Foucault: Beyond Structuralism and Hermeneutics*, 229 ~ 252. Edited by Hubert L. Dreyfus and Paul Rabinow. Chicago: University of Chicago Press, 1983.

Foster, John B. *Ecology Against Capitalism*. New York: Monthly Review Press, 2002.

Gould, Stephen J. *Eight Little Piggies: Reflections in Natural History*. New York: W.W. Norton, 1993.

Heidegger, Martin. *Being and Time*. Translated by John Macquarrie and Edward Robinson. New York: Harper & Row, 1962.

______. *An Introduction to Metaphysics*. Translated by Ralph Manheim. New Haven, CT: Yale University Press, 1977.

______. *Question Concerning Technology, and Other Essays*. Translated by William Lovitt. New York: Harper & Row, 1977.

Heschel, Abraham. *The Prophets*. New York: Harper & Row, 1962.

Hick, John. *An Interpretation of Religion: Human Responses to the Transcendent*. New Haven, CT: Yale University Press, 1989.

Huxley, Thomas H. *Lectures and Essays*. London: Macmillan & Co, 1931.

Jaeger, Werner. *Paideia: The Ideals of Greek Culture*. Vol. 1. Translated by Gilbert Highet. New York: Oxford University Press, 1939.

Jowett, Benjamin. “On the Interpretation of Scripture.” *Essays and Review*. 7th ed. London: Longman, 1861. Available from http://www.bible-researcher.com/jowett.html (cited 23 Dec 2011).

Kant, Immanuel. *Immanuel Kant's Critique of Pure Reason*. Translated by Norman K. Smith. London: Macmillan, 1929.

Kittle, Gerhard, and Gerhard Friedrich, eds. *Theological Dictionary of the New Testament*. Vol. 3. Translated by G. W. Bromiley. Grand Rapids, MI: Eerdmans, 1965.

Küng, Hans. *The Church*. Translated by Ray and Rosaleen Ockenden. New York: Sheed & Ward, 1967.

Lewis, C. S. *An Experiment in Criticism*. Cambridge, UK: Cambridge University Press, 1969.

Lundin, Roger. *The Culture of Interpretation: Christian Faith and Postmodern World*. Grand Rapids, MI: Eerdmans, 1993.

Marshall, I. Howard. *Biblical Inspiration*. London: Hodder & Stoughton, 1982.

Narr, Wolf-Dieter. "Toward a Society of Conditioned Reflexes." In *Observation on "The Spiritual Situation of the Age": Contemporary German Perspectives*, 31～66. Edited by Jürgen Habermas. Translated by Andrew Buchwalter. Cambridge, MA: MIT Press, 1984.

Nelson, Robert H. "Economic Religion versus Christian Values." *Journal of Markets and Morality* 1, no. 2 (Oct. 1998): 142～157.

Packer, J. I. *"Fundamentalism" and the Word of God*. London: Inter-Varsity Fellowship, 1958.

Padilla, C. René. *The New Face of Evangelicalism: An International Symposium on the Lausanne Covenant*. London: Hodder & Stoughton, 1976.

Parker, T. H. L. *The Oracles of God*. London: Lutherworth Press, 1947.

Russell, Bertrand. "A Free Man's Worship." In *Mysticism and Logic*, 47 ～ 48. London: Longmans Green, 1918.

Song, Choan-Seng. "From Israel to Asia: A Theological Leap in Third World Theologies." *Ecumenical Review* 28 (1976): 252～265.

______. "The New China and Salvation History: A Methodological Enquiry." In *Christianity and the New China*. South Pasadena, CA: Ecclesia Publications, 1976.

______. *Christian Mission in Reconstruction: An Asian Attempt*. Madras: Christian Literature Society, 1975.

Steinmetz, David C. "The Superiority of Pre-critical Exegesis." In *A Guide to Contemporary Hermeneutics*, 65 ～ 77. Edited by Donald K. McKim. Grand Rapids, MI: Eerdmans, 1986.

Terrien, Samuel. *The Elusive Presence: The Heart of Biblical Theology*. San Francisco: Harper & Row, 1978.

Thielicke, Helmut. *The Evangelical Faith*. Vol. 1. Translated by G. W. Bromiley. Grand Rapids, MI: Eerdmans, 1974.

Tillich, Paul. *A History of Christian Thought*. Edited by Carl E. Braaten. New York: Simon & Schuster, 1972.

______. *Systematic Theology*. Three volumes in one. Chicago: University of Chicago Press, 1967.

Torrance, T. F. *The Hermeneutics of John Calvin*. Edinburgh: Scottish Academic

Press, 1988.

______. *Theological Science.* Edinburgh: T & T Clark, 1996.

Toynbee, Arnold. "The Religious Background of the Present Environmental Crisis." In *Ecology and Religion in History*, 137 ~ 149. Edited by David Spring and Eileen Spring. New York: Harper & Row, 1974.

______. *Mankind and Mother Earth.* London: Granada Publishing, 1978.

Vattimo, Gianni. *Beyond Interpretation: The Meaning of Hermeneutics for Philosophy.* Translated by David Webb. Cambridge, UK: Polity Press, 1997.

von Harnack, Adolf. *History of Dogma.* Vol 1. Translated by Neil Buchanan. London: William & Norgate, 1905.

Ward, Patricia. "Ethical Traditions and the History of Reading." Unpublished paper read in Yenching International Symposium on Western Literature and Christianity, Beijing, 1994.

Wenham, Gordon J. *Genesis 1–15.* WBC. Waco, TX: Word Books, 1987.

White, Lynn, Jr. "The Historical Roots of Our Ecologic Crisis." In *Western Man and Environmental Ethics*, 18 ~ 30. Edited by Ian G. Barbour. Reading, MA: Addison-Wesley Publishing Co., 1973.

Whitehead, Alfred. *Science and the Modern World.* New York: The Free Press, 1953.

Wittgenstein, Ludwig. *Philosophical Investigations.* 3rd ed. Translated by G.. E. M. Anscombe. New York: Macmillan, 1968.

Wright, Chris. "Christ and the Mosaic of Pluralism's Challenges to Evangelical Missiology in the 21st Century." *Evangelical Review of Theology* 24, no. 3 (Jul 2000): 207 ~ 239.

Wright, G. Ernst. *God Who Acts.* London: SCM Press, 1952.

緊扣時代 服事教會

以文字傳揚基督真道

讀者意見表

衷心多謝你購買本社書籍。本社一直致力以出版事工服事教會，幫助信徒扎根於神的話語，促進靈命增長。為使我們的出版更能滿足你的需要，請填寫下列各項資料，並寄回或傳真予本社。

所購書籍：________________

本書最吸引你的地方：

□作者 □適切性 □文筆 □設計 □實用性

□其他：________________

購買本書地點：

□基道書樓 □基督教書店 □非基督教書店

性別：□男 □女 職業：________________

信仰：□基督徒 □非基督徒

年齡：□ 16 歲或以下 □ 17～25 歲 □ 26～35 歲 □ 36～55 歲 □ 56 歲或以上

學歷：□中三或以下 □中五 □預科 □大學 □研究院

□我欲更多了解基道出版社的事工及考慮支持，請寄給我下列資料：

□機構簡介 □新書資料 □基道會員通訊

□《基道文字事工通訊》

姓名：________________電話：________________

地址：________________

____

傳真：________________ 電子郵件：________________

其他意見：________________

____

多謝賜教！

意見表可以傳真（2687-0281）或直接郵寄以下地址：

香港沙田火炭坳背灣街26號富騰工業中心1011室

基道出版社編輯部收